희망과 좌절

이 도서의 국립중앙도서관 출판예정도서목록(CIP)은 서지정보유통지원시스템홈페이지
(http://seoji.nl.go.kr)와 국가자료공동목록시스템(http://www.nl.go.kr/kolisnet)에서
이용하실 수 있습니다. CIP2017000831 (양장) CIP2017000832 (반양장)

희망과 좌절

해외시장개척 반평생의 발자취

김진숙 지음

지은이의 말

나는 코트라KOTRA, Korea Trade-Investment Promotion Agency(대한무역투자진흥공사)에서 30여 년을 재직했고 정년퇴직한 뒤에는 중소업계에서 10여 년을 일했다. 그동안 해외 여러 나라에서 수행한 우리의 수출품 시장조사와 시장개척 활동은 보고서나 거래추진과 관련된 통신문으로 수도 없이 작성해보았다. 하지만 이번처럼 산문을 쓰려고 보니 매우 고통스러운 점이 한두 가지가 아니다.

무엇보다도 30~40여 년이 지나 기억이 잘 떠오르지 않아 정확한 상황을 도려낼 수 없었다. 대학의 전공은 영어영문학이었지만 영어를 생계수단으로 이용하지 않을 수 없었기에 문학적인 영혼을 수련하는 데 소홀했다.

즉 직업상 내가 택한 군사영어나 무역영어는 대부분 관습적인 것으로 해당 분야의 전문용어를 사용해야 했다. 따라서 관습에서 벗어나 관용어를 자유롭게 표현한다는 것은 상대방에게 불편할 뿐만 아니라 일종의 금기禁忌 같기도 했다.

나는 지난 40여 년간 전 세계 50여 개 국가의 주요 지역에서 한국 상품의 수출시장을 개척하기 위해 상품 견본과 팸플릿을 들고 움직였다. 대부분 낯선 사람들인데도 그들을 만나기 위해 험한 지역도 가리지 않고 찾아 헤매고 다녔다.

이 같은 활동은 코트라에 있었을 때는 주로 우리 업계에 잘 알려지지 않았던 수출시장의 전반적인 저변 수요를 탐색하지 않으면 안 되었기 때문이다. 코트라에서 퇴직한 뒤에는 가죽제품, 의류, 농수산식품 등 특정 분야의 중소기업을 위한 해외시장 개척을 돕기 위해 뛰어다녔다.

당시 우리와 경쟁관계에 있던 대만이나 홍콩 같은 개발도상국도 우리와 똑같이 해외시장의 저변 확대에 총력을 기울이고 있었다. 그들의 업체도 제품과 가격 측면에서 우리 기업과 치열한 경쟁을 하고 있을 때였다.

이에 더해 우리는 냉전의 정치적인 악영향으로 동유럽 시장조차 쉽게 개척할 수 없었던 불리한 시기였다. 하지만 1978년 나는 소련과 구상무역을 협의하기 위해 비공식적이었으나 핀란드 주재 소련 대사관의 상무관과 우리 쪽과의 연락 창구를 구축한 바 있었다. 1980년대 초 프랑스 파리 무역관장으로 있을 때는 한국과 불가리아 사이에 스포츠화 부품의 합작생산에 관한 협의와 계약 체결에 이르기까지 특수 활동을 암암리에 추진했다.

이뿐만 아니라 국내에서는 처음으로 미국산품특별전시회를 개최해 나라 안팎에 큰 충격을 주기도 했다. 1987년 우리의 대미 무역수지는 계속 호조를 보이고 있던 반면 미국은 우리는 물론 다른 나라와도 전반적으로 무역적자 증가 추세에 전전긍긍하고 있었다. 이에 미국은 우리를 무역불균형 국가로 지정하고 각종 통상압력을 강화했다. 한국산 제품에 대한 비관세장벽을 비롯해 여러 수입제한 압력을 가하고 있던 때였다.

하지만 우리 정부는 물론 우리 기업들도 대미수출의 적신호에 대처하기 위해 모든 수단을 강구하고 있었다. 당시 나는 코트라의 해외협력사업부장으로 일하며 누구보다도 이에 대해 선도적인 대책을 수립하지 않으면 안 되었다.

청와대 경제수석실은 당시 상공부와 코트라는 물론 업계의 주요 경영진을 소집해 연일 대책을 협의했다. 어느 날 코트라가 성안한 미국산품특별전시회 개최 계획에 만장일치의 합의를 보고 코트라가 주관해 전시회를 열기로 결정했다.

이 전시회는 미국 안에서조차 큰 호응을 얻어 33개 주, 2개 도시, 219개 기업이 참가했고 미국의 주요 경제지도 긍정적으로 평가했다. 전시회가 성공적으로 끝나자 주한 미국대사는 코트라 사장과 나에게 감사패를 증정했다.

그 밖에 내가 주도해 성취했던 수많은 업적은 일일이 여기에 나열할 필요도 없고 내가 겪었던 고난 역시 낱낱이 들춰낼 필요도 없을 것 같다. 하지만 40여 년간 해외에서 활동하며 보고 느낀 것과 은퇴한 뒤 집에서 칩거하며 떠오른 몇 가지는 노년에 이르러서도 자주 회상으로 나타나고 있다. 그중 어떤 것은 요즘처럼 해외 진출이 급속하게 확대되는 때 극히 일부지만 외국에 나가 있는 분들에게 참고할 만한 내용도 있을 것 같아 그동안 쓴 원고 몇몇을 합쳐 책으로 내게 되었다.

이 책에는 나를 적극적으로 도와주었던 해외의 우리 주요 외교 공관, 국내 주요기관, 국내외 업체, 그 밖의 많은 인사가 등장한다. 행여 그분들에게 누를 끼칠까 염려되어 이름을 언급하는 일은 가급적 피했다. 아울러 고령의 나이로 수십 년 전 과거의 일을 정확히 떠올리지 못해 행여 글에 오류가 있다면 이 자리에서 너그러운 이해를 부탁드린다. 하지만 나를 도와주신 많은 분들에 대한 감사함은 영원히 잊을 수 없어 대신 이 책을 드리고 싶다.

희망과 좌절

차 례

희망과 좌절

프롤로그: 낯선 땅으로

조그만 내가 아니면 누가 벚나무를 기어오를 것인가?

나는 양손으로 나무줄기를 쥐고

멀리 낯선 땅을 내다본다

(중략)

내가 더 높은 나무를 찾을 수 있다면

더 멀리 더 멀리 바라볼 수 있을 텐데

거기에는 더 넓어진 강이

배들로 둘러싸인 바다로 흘러간다

- 로버트 스티븐슨의 「낯선 땅」에서

대항해시대 영국인들은 끊임없이 낯선 땅을 탐험하지 않으면 안 되었다. 근세가 시작될 무렵만 해도 영국은 유럽의 변방 국가에 불과했고 대륙의 서쪽 끝에 자리한 작은 섬에서는 큰 발전을 기대하기가 어려웠다. 영국인들은 섬나라에서 빠져나와 아프리카로, 아메리카로, 아시아로 끊임없이 탐험했고 수백 년 뒤에 그들은 해가 지지 않는 나라를 만들었다.

로버트 스티븐슨Robert Stevenson의 시 「낯선 땅Foreign Lands」에는 미지의 세계를 동경하고 그곳으로 나아가려는 한 소년의 모습이 담겨 있다. 소년은 키 큰 벗나무에 올라가 '배들로 둘러싸인 바다'와 '꽃으로 장식된 옆집 정원' 그리고 '요정의 땅'을 넘겨다본다. 스티븐슨이 그린 소년의 모습은 바다와 해외로 진출하려는 당시 영국인들의 모습이었고 더 넓게는 유럽인들의 모습이기도 했다. 무엇보다 스티븐슨 자신이 일평생 유럽과 북미, 오세아니아를 떠돌았던 스코틀랜드 출신의 영국인이었다.

20세기 한국인의 삶도 수백 년 전 영국인들의 그것과 다르지 않았다. 한반도는 작은 땅인데, 이런 작은 땅에서 우리 민족은 아웅다웅하며 반만 년을 살았다. 20세기 전반 일제에 의한 식민지배는 한국인들로 하여금 더는 익숙한 땅에서 안전하게 사는 것이 가능하지 않다는 사실을 깨닫게 만들었다. 한민족도 수백 년 전의 영국인들이 그랬던 것처럼, 익숙한 땅에서 낯선 땅으로 나가야 하는 시점에 다다랐던 것이다.

그렇게 수많은 한국인들이 낯선 땅으로 향했다. 어떤 이들은 광부나 간호사가 되어 유럽으로 갔고, 군인이 되어 베트남으로 향한 이들도 있었고, 중동에서 건설 노동자로 일한 이들도 많았다.

지금으로부터 40여 년 전에 나 역시 다른 한국인들처럼 낯선 땅을 향해 나아갔다. 나는 어릴 적부터 낯선 땅을 동경해 열심히 외국어 공부를 해왔다. 낯선 땅에서 낯선 이방인들과 더불어 일할 수 있는 직장을 찾았다. 미군 기지에서 내다 버린 영어 소설을 싸게 사서 독학했고 대학에서는 영문학을 공부했다. 학교를 졸업한 뒤에는 공군본부에서 미 공군 군수고문단과 관련된 일을 했고 마침내 코트라에 입사해 전 세계를 돌아다녔다.

내가 코트라 배지를 달고 있을 때와 그 뒤 우리 중소업계에서 일했을 때 한국의 수출시장을 개척하기 위해 뛰어다닌 곳만 50여 개 나라, 60여 개 도시에 이른다. 성격상 완전히 같지는 않지만 코트라는 영국의 동인도회사처럼 국가와 민간이 합작해서 만든 해외진출의 전위조직이다. 먼 옛날 영국인 상인들처럼 나도 무역 일꾼이 되어 40여 년간 전 세계를 누볐다. 대만, 핀란드, 프랑스, 스웨덴에서는 모두 14년을 현지에서 장기 주재했으니 코트라에서 재직한 30년 중 절반 가까이를 낯선 땅에서 보낸 셈이다. 코트라에서 정년퇴직한 뒤에도 우리 중소업계를 위해 10여 년을 중남미와 아프리카 대륙을 돌아다니며 보냈다.

낯선 땅에서 일하는 것은 죽을 만큼 힘든 일이었다. 대만에서 근무할 때는 산업스파이로 몰리기도 했고 아프리카로 출장을 갔을 때는 노상강도를 당하기도 했다. 소련 전투기가 우리 여객기를 격추했을 때는 혈혈단신으로 핀란드 주재 소련 대사관에 들어갔던 적도 있다. 아버님의 부음을 머나먼 북유럽의 땅에서 들었을 때의 심정은 뭐라고 표현하지 못하겠다. 익숙한 땅을 버리고 낯선 땅으로 향하는 것은 그렇게 낯선 위험을 감수하는 일이었다.

지금도 코트라맨으로 첫 해외 근무를 나가던 때가 생각난다. 지금으로부터 40년도 훨씬 전의 일이다. 코트라 주재원으로 대만으로 처음 발령이 난 상황이었다. 대만에 멀쩡한 우리 무역관이 있어 편하게 나가는 길이 아니라 내가 직접 무역관을 창설하려고 나가는 길이었다. 당시 대만 타이베이에는 아무것도 없었다. 그런 곳에 생때같은 처자식을 데리고 부임하는 심정은 막막하기만 했다.

당시 김포공항에서 막 출국하려던 참이었다. 출입국 심사대의 공무원이 나의 관용여권과 출국신고서를 보았다. 그러더니 자리에서 벌떡 일어나 "우리 조국의 수출 전선으로 나가시는데 수고가 많으시겠습니다. 부디 건강하시고 조국을 위해 큰 성과를 내십시오"라며 정중하게 인사를 하는 것이었다. 낯선 땅으로 머나먼 여정을 떠나는 이를 응원하는 그 마음을 나는 지금도 소중하게 간직하고 있다. 이 책과 더불어 낯선 땅으로 향하는 나의 여정에 당신의 동행이 있다면 더 바랄 것이 없겠다.

1부

◇◇◇

하늘은 세계 어디를 가도 푸르렀다

덧없이 더해가는 노년의 아픔 1

병상에서 떠오른 젊은 날의 추억과 다시 본 세상

그동안 병원에는 문병이나 문상 때문에 자주 들어가 볼 기회가 적지 않았다. 하지만 어쩌다가 내가 병원에 들어가서 평생 처음으로 아예 오랫동안 환자로 병상에 누워 있게 되니 허송세월에 억울한 감정과 더불어 이런저런 생각과 함께 퇴원할 날만을 무척 기다렸다.

장기간의 입원으로 내가 활동하던 일의 유동성은 이미 단절되었고 구축해놓았던 인맥과 업무체제마저 변한 마당이었다. 그러는 만큼 퇴원을 해보았자 모든 것을 다시 되돌리기는 매우 힘들 것 같았다. 하지만 퇴원이 그처럼 기다려졌던 것은 이성은 아직도 살아 있고 육신도 다리의 상처를 제외하면 활력을 되찾을 수 있으리라고 생각했기 때문이다.

결국 퇴원은 했으나 이번에는 앞으로 내가 해야 할 일보다 세월에 묻혀 지나간 이미 잊어버렸거나 다시 생각해보기도 싫은 일이 밤낮을 가리지 않고 청명한 날 밤하늘의 별처럼 또렷이 명멸한다. 이제 이를 잊어버리는 일에 몰두해야 할 모양이다.

　　내 하루의 삶 속에는 이제 희망이라는 것이 들어 있지 않은 듯하다. 무엇보다도 한참 성공적으로 익어가던 미국 아칸소 주 리틀록의 한 단체로 구성될 대규모 관광단의 초청 준비에 열중하던 일이라든가, 새벽이면 반드시 빼놓지 않고 집 주변을 산책해서 체력 단련의 연속성을 유지하던 일마저 잃어버린 것 때문에 가슴이 더욱 무너지는 듯하다.

　　이에 더해 이미 여든 살을 넘은 노인인 내가 퇴원을 했다고 하더라도 더하고 싶은 과업이 무엇이기에 그처럼 몸부림치듯 병원을 나서기를 기다렸는지 나 자신도 잘 모를 일이다. 이제 절름발이가 된 마당에 축구라도 할 것인가 아니면 등산이라도 할 것인가? 오직 모든 재난은 나 스스로 불러온 것이 아닌가 하는 생각마저 든다.

　　2012년 1월 2일은 매우 추운 겨울날이었다. 나는 갑작스레 친지의 전화를 받고 잠시 하던 일을 내버려둔 채 아무런 생각 없이 그의 뒤를 따라 산책길에 나섰다. 친지는 올 들어 처음 쏟아진 눈이 갑자기 폭설로 변하자 추위에 움츠렸던 몸을 펴보고 싶은 낭만감이 들었던 모양이다.

내가 그를 따라나서 걷던 곳은 고양시 일산의 호수공원 안 산
책길이었다. 그 길에 계속 퍼붓듯 쏟아지는 눈에 덮인 유리판 같
은 복병이 곳곳에 숨어 있을 줄 누가 알았으랴. 적막감과 엄숙한
침묵 속에 지상에 내리는 여러 형태의 눈꽃에 마음을 빼앗겼던 나
는 빙판을 의식하지 못하고 그 위에 미끄러져 곧 쓰러졌고 오른쪽
무릎의 관절이 파손되는 큰 상처를 입었다.

눈은 허공은 물론 지상의 모든 공간마저 빈틈없이 채우듯 쏟아
져 나는 큰 눈으로 된 구조물에 갇혀 허둥대는 하나의 조형물처럼
스스로 몸의 중심을 잡기 어려웠다. 이미 노년에 이르러 몸의 균
형조차 잃어가고 있는 것조차 모르다가 허둥댄 뒤 순간적으로 쓰
러졌다.

나는 순간 지나친 폭설과 그 냉정함을 원망했다가 곧 잘못 생
각했다는 것을 깨달았다. 당시 나는 서울시 관광협회 부회장의 위
치에서 맡고 있던 방한 유치 사업을 성공적으로 추진해야 할 의무
가 있었다. 수시로 미국과 접촉하는 것은 물론 방한단의 일정을
편성하는 데 필요한 업무일정road map을 편성하고 확정하는 데 열
중하고 있었다. 그러던 때라서 낙상사고는 내 머릿속이 매우 산만
했던 탓이었는지도 모른다.

내가 추진했던 방한 유치 대상은 미국 안에서 최대의 태권도
단체인 미국태권도협회The American Taekwondo Association 소속의 30만
여 회원 중에서 1차로 선정된 200여 명이었다. 이를 시작으로 매

년 1000여 명을 목표로 관광객을 유치할 계획이었다.

　이들은 방한 중 우리 태권도 학자, 고수들과 함께 공동세미나와 시범회를 가질 예정이었다. 태권도의 메카로 일컬어지는 경주 등 국내 각 지역과 무주 태권도종합단지를 탐방하고 태권도 정신 수련의 하나로 관광객들을 한 사원에 투숙시켜 그곳에서 수행修行의 기회도 갖도록 하려는 계획이었다.

　나는 이에 고심을 거듭하고 있던 때라서 내 발걸음은 국내와 바다 건너 미국 대륙 사이를 헤매고 있었다. 그러니 내 발이 온전히 땅에 붙어 있을 수 있었겠나 여기며 스스로 자책하고 고통을 참아보기도 했다.

　완전한 치유의 때를 간절히 고대하기도 했지만 무엇보다도 귀중한 시간을 병상에서 소모해야 하는 무력감이 뇌관이 되어 가슴이 폭발할 것 같은 격정이 밀려올 때는 삶에 대한 좌절감 외에는 아무것도 없었다. 격정은 간혹 상처의 아픔으로 인한 신음처럼 터져 나올 뻔한 적도 있었고, 무위의 삶에 대한 좌절감과 상처의 아픔이 결합되어 절멸할 듯한 슬픔 때문에 나도 모르게 큰 비명이 입으로부터 터져 나올 뻔한 적도 있었다.

　하지만 옆에 누워 있는 다른 환자들이 나의 고통과 비명, 신음을 모두 대신하고 있다는 생각을 해보자 나의 입은 더욱 굳게 다물어지는 것 같기도 했다. 무엇보다도 내가 본의 아니게 병원의 한곳에 누워 다른 사람들과 가까이 얼굴을 맞대고 서로 아픔도 나

눌 수 있게 된 것이 우연인지 아니면 누군가에 의해 강요된 것인지를 놓고 마음속에서 깊이 생각해본 것은 처음이었다.

입원한 지 두 달이 조금 지난 어느 날 나는 퇴원하자마자 오랜만에 집 밖으로 나와 화단 앞에 섰다. 이미 땅을 비집고 나온 아직 꽃을 피우지 않은 백일홍과 애스터aster 꽃의 파란 잎새가 바람에 살랑대고 있는 모습을 보았다.

내가 병상에서 마치 영어囹圄의 몸처럼 갇혔을 그때, 회복과 평소의 자유만을 애절하게 바라던 그때 내 모습처럼 잎새들도 한여름 아름다운 꽃을 피우기 위해 지난겨울 어두운 땅속에서 그렇게 몸부림을 쳤을 것이라고 생각했다. 나는 처음으로 나와 자연과의 일체감을 느껴보았다.

누군지는 몰라도 자연은 나에게 어둡고 밝은 얼굴을 대면시키고 마음과 마음을 이어준다는 느낌이 들었다. 앞으로 내 삶이 아무리 고달프다고 할지라도 희망을 버려서는 안 될 것 같다는 생각도 했다.

하지만 아직도 완전히 치유되지 않은 무릎 상처는 나의 발걸음을 바꿔 뒤뚱거리는 오리 발걸음이 되게 만들었다. 다만 이를 지탱해주는 나무지팡이가 큰 위안이 되고 있다.

아무런 의식 없는 무지몽매한 단순한 한 개의 나무막대기지만 언제나 나와 동반하지 않으면 안 되는 숙명적인 것으로 내 남은 삶의 지평에 종속되어 나를 돕고 있지 않은가? 또한 내 발과 몸을 받쳐주기에 이에 의지해 오직 고르고 평평한 길만을 찾고 있지만 내가 어디를 가든 힘겹게 걸을 때 지팡이가 나의 유일한 동반자가 되어준 데 감사하고 싶어진다.

하지만 전철역의 높은 계단을 오르고 내릴 때처럼 지팡이마저도 별 도움이 안 될 때도 있다. 그러면 어쩌다가 내가 이처럼 순식간에 사고를 당해 살고 있는 주변 환경과 사람, 생활조건에 맞춰 끊임없고 거리낌 없이 나 자신을 맡겨야 하는 기회와 시간, 사람들로부터 멀어지게 되었는지 슬픈 격정이 밀려온다. 특히 시력마저 약해지는 상황에서 이보다 더한 악조건에 직면하면 무엇으로 나의 소모적인 삶을 벗어날 것인지 의문이 떠오르면서 불안감이 엄습한다.

나는 한때 가정에서는 물론 내가 맡은 일에 어려움이 닥치면 이를 극복하는 데 필요한 아이디어를 얻기 위해 집과 사무실에서 멀리 벗어나 바다를 중심으로 어느 한곳을 정하고 거기서 무조건 거닐던 때가 있었다. 무엇보다도 바다는 내 삶의 영역을 훨씬 초월하는 상상의 세계를 보여주고 때로는 어떤 계시와 영감을 주는 듯해서였다. 하지만 이제는 이런 휴식마저도 남의 도움 없이 가능할지 모르겠다.

총력을 쏟았던 해외근무 열정은
고난의 장식품이었을 뿐

대만에서 언어소통과 정책조사 문제로 겪은 고난

무엇보다도 나는 퇴원한 뒤 이제 심신이 쇠약해져 그러는지 소모적인 삶을 극복하기 위한 심적인 갈등을 겪고 있다. 지난 1964년부터 1994년 중반까지 30년간 주로 해외사업과 이에 연관된 국내사업을 포함해 코트라에서 재직할 때의 일이 자주 떠오른다. 그런 기억으로 자랑스러울 때도 있고 간혹 후회와 더불어 괴로울 때도 있다.

당시 내가 겪은 온갖 고초는 운명적으로 나의 존재와 묶여 있는 것으로 생각되어서 모두 잊으려고 했다. 그뿐만 아니라 상실감이나 좌절감은 이미 모두 옛일로 지나쳐버렸다. 하지만 지금처럼 병고와 같은 고난에 직면하면 언제나 머릿속에는 그때가 떠오른다. 그곳에 둔 마음은 아직도 사라지지 않고 내 삶 속의 유령처럼 나타난다.

나의 주요 해외 근무지는 대만, 핀란드, 프랑스, 스웨덴이었다. 이곳에서 우선 주재국 정부와 관련기관, 주요 경제단체와 무역기구, 주요 기업체, 한국과의 무역업체 순서로 활동범위를 정하고 이들을 중심으로 움직였다. 나의 주요 공식 활동은 한국 상품이 진출 가능한 시장환경, 현지의 수출입정책과 제도, 현지 기업들의 무역관행, 구매와 소비형태 조사, 자료 수집, 거래알선 등이었다.

1970년대 우리의 가장 강력한 경쟁국이었던 대만에서 이 같은 마케팅조사 활동을 하는 것은 특히 쉽지 않았다. 나는 이루 형언할 수 없는 고충, 정신적인 압박감, 대만 당국의 경고까지 받아가며 일해야 했다.

대만에서 일할 때 나는 현지에 부임하자마자 급히 배운 서투른 중국어와 때로 일본어를 섞어가며 자료 수집과 정보 파악에 전력을 다해야 했다. 하지만 무역관에 현지 직원 없이 이 같은 업무를 수행하기에 힘이 벅찼다. 그래서 중국어, 중국 역사, 중국 문화에 능통한 현지 전문가를 무역관 직원으로 채용해 임무를 수행했다.

그런데 내가 놀랐던 것은 대만에서는 정부 공무원은 물론 공공기관과 무역기관 직원들 모두 영어가 능통해 일반적인 소통에 별 문제가 없었다는 점이다. 일반 시민도 연로한 시민들은 대부분 일본어가 능통해 언어문제로 발생하는 생활의 불편함은 거의 없었다. 다만 나의 활동과 관련된 전문지식이나 나에게 도움이 되는 분야에 종사하는 이들에게 접근하기 위해서는 무엇보다도 중국어에 능통하지 않으면 안 되었다. 그렇기에 하는 수 없이 현지 직원을 고용한 것이다.

당시 코트라 안에는 중국어에 능통한 직원은 드물었으나 영어에 능통한 직원은 적지 않았다. 특히 창설된 지 꽤 오래된 싱가포르, 말레이시아, 홍콩, 베트남 사이공(지금의 호찌민) 등 중화권 무역관에는 특별 채용된 홍콩 무역관장 외에 중국어에 능통한 직원이 별로 없었다.

코트라에 입사한 뒤 해외근무요원으로 선발되기 위해서는 우선 영어를 위주로 시행하는 해외파견직원 선발시험에 통과해야 했다. 1970년대 초까지 코트라의 해외 무역관은 주로 미국, 일본, 영국, 독일, 프랑스, 홍콩 등의 40여 곳뿐이었다. 선발되는 인원도 매우 적었기에 해외근무 지역이 어디가 되었든 요원으로 선발된다는 것 자체가 큰 영광이었다. 코트라의 해외파견은 일간신문에 인사 관련 기사로 보도될 정도였다. 국내의 어느 기관이나 기업보다도 코트라는 해외진출에 관한 한 선두주자로 공인받았고 젊은 이들에게는 선망의 직장이었다.

해외에 파견되려면 무엇보다도 본사에서 최소 5년은 근무해야 하는 조건이 중요시되었다. 입사한 뒤 5년쯤은 되어야 조직의 특성과 업무에 익숙해지고 해외에서도 사명감을 갖고 부여된 임무를 충실히 수행할 수 있으리라고 판단했기 때문인 것 같았다.

하지만 이 같은 관행과 제도는 비현실적인 것으로 판단되어서였는지 세월이 가면서 점점 힘을 잃었다. 어느 때부터는 본사 근무 기간의 조건도 완화되었고 발령 대상지의 언어도 구별하지 않게 되었다. 누구나 영어 구사력만 있으면 자신이 원하는 해외 어느 지역에서도 근무할 수 있게 되었다. 그뿐 아니라 외국어에 문외한인 이들도 해외에서의 수습 기회를 부여한다는 명목으로 발령받고는 했다.

이 때문에 거의 대부분의 직원들은 미국을 약속된 땅으로 보고 자신의 적격성은 외면한 채 미국 파견을 위해 전력을 다했다. 하지만 미국을 그처럼 애써 찾아갈 수 있었던 처음의 행운이 그 뒤에 가혹한 시련으로 끝맺지 않고 큰 소망을 이루었는지 나는 알 수 없었다.

나는 1971년 3월 코트라의 46번째 무역관인 대만 타이베이 무역관 창설요원으로 발령받았다. 그렇게 대만에서 1974년 3월 말까지 3년간 주재하며 월 580달러의 급여로 네 가족의 생계유지비, 주택비, 자녀교육비를 감당해야 했다. 개인 차량은커녕 무역관 업무용 차량도 지원되지 않아 맨몸으로 각 요로를 찾아 헤맸다.

나는 대학에서 영어를 전공하고 공군본부에서 영어번역관으로 근무했던 경력을 갖고 있었다. 하지만 영어권이 아닌 중화권인 대만에 파견되어 언어문제로 엄청난 고충을 겪었다. 무엇보다도 중국어를 완벽히 구사할 수 없어 자료 수집과 조사 사업 업무를 수행할 수 없었기 때문이다.

최악의 근무환경과 언어장벽 외에도 힘든 점은 더 있었다. 우리의 수출 경쟁력을 향상시키기 위해 정부와 청와대가 수시로 갖는 수출진흥정책회의에 들어갈 자료를 준비하는 일이었다. 이를 위해 한국과 경쟁국인 대만의 정책과 환경을 수시로 조사하고 코트라 본사에 보고하지 않으면 안 되었다.

대만에서 근무한 덕분에 비록 빈약하지만 중국어를 배웠다는 수확이 있다. 그때 배워둔 중국어로 지금까지 중국어 통용권에서 별지장이 없는 약간의 의사소통이 가능하게 된 결실은 얻었다. 다만 금전적으로는 거의 빈손으로 귀국했는데, 나는 대만으로 출국하기 전에 살던 전셋집에 다시 삶터를 마련하게 된 것만으로도 다행스럽게 생각했다. 하지만 어느 날 부모님이 나의 집에 오셨다가 하신 말씀이 지금도 잊히지 않는다.

"남의 자식들은 중동 등 해외에 나가 큰돈을 벌어와 국내에서 논과 밭을 사기도 한다더라. 그런데 너는 도대체 3년씩이나 해외에 나가서 무엇을 어떻게 했기에 빈손으로 돌아왔어!"

하지만 이미 오래전 작고하신 당시 사장이 어디에서 들었는지 대만에서 내가 겪은 고생을 늦게나마 알고 위로해줘서 크게 감사했다. 그다음에 본사 과장으로 승진하게 되어 다행으로 생각했다. 당시 나는 국내의 한 기업으로 전직할 예정이었다. 그곳은 나중인 1980년대 중반에 대기업으로 성장한 회사였다. 하지만 가족과 친지의 반대로 포기하고 코트라의 ≪해외시장≫이라는 일간지를 발행하는 홍보부 출판과장으로 근무했다.

핀란드에서 언어소통과 자녀교육 문제로 겪은 고난

1976년 3월 두 번째 해외 근무지로 부임한 핀란드에서도 업무용 차량이 지원되지 않았다. 자녀교육비 보조는 물론 주택비조차 지원되지 않아 월 800달러의 급여에서 월세로 300달러를 빼고 나면 고물가인 핀란드에서의 생활은 5년 전 대만에서와 마찬가지로 최저생활이 불가피했다.

무엇보다도 초등학교 3학년 아들과 6학년 딸을 경제적인 사정으로 핀란드 현지 학교에 입학시켰다. 하지만 핀란드어에 불통인 아이들은 학교에서 따돌림당했고 그 사실을 안 아내의 눈에는 언제나 눈물이 고여 있었다. 하는 수 없이 서울의 집에서 빼낸 전세금을 환전한 뒤 우선 딸만이라도 외국인 자녀 전용인 아메리칸 스쿨American school에 입학시켰다. 딸이 다니는 외국인 학교의 연간 학비는 무려 1만 달러에 달했다.

첫 해외 근무지인 대만에서 겪었던 고충이 마치 유전이라도 된 것처럼 그다음 해외 근무지인 핀란드에서도 똑같은 언어상의 장벽에 부딪쳤다. 하지만 핀란드 정부, 업계, 관련기관 요원들은 영어에 매우 능통해 활동하는 데 별지장이 없었다. 다만 핀란드에서는 이웃인 스웨덴, 덴마크, 노르웨이와 똑같이 영자 일간신문이나 영자 간행물이 전혀 없어 활동에 필요한 자료를 확보하기 어려운 고충이 있었다.

이 때문에 나는 대만에서와 마찬가지로 현지어에 능통한 현지 직원을 둘 수밖에 없었다. 관계기관의 협조로 적임자를 소개받았지만 추천된 사람은 1200달러의 월급을 요구했다. 이는 무역관장인 나의 급여를 훨씬 상회하는 수준이었다. 고심 끝에 나와 거의 같은 월 800달러로 조선공학 전문학교를 마치고 중급 수준의 영어가 가능한 다른 사람을 현지 직원으로 채용했다.

비안토Vianto라는 이름의 현지 직원은 평일 오전 아홉 시에서 오후 다섯 시까지 근무했다. 주 휴일과 공휴일은 핀란드 제도와 한국의 국경일 휴일을 모두 따르게 되어 그의 근무일은 매우 적었다. 그 대신에 보너스는 없었으며 휴가는 연 30일, 휴가일과 휴가 기간은 무역관장인 나와 협의하기로 했다.

나중에 생각해보니 14년간 주재했던 해외 무역관 네 곳의 수많은 현지 직원들 중 비안토만큼 나를 잘 도왔던 사람은 없었던 것 같다. 비안토는 당시 스물아홉 살 청년으로 중소 조선업을 경영하는 사업주의 맏아들이었다. 책임이 막중한 무역관장으로서 나는 어둡고 추운 겨울이나 백야가 절정에 달한 여름이나 다들 휴가를 떠나 텅 빈 시가지의 2층 사무실에서 늦은 밤까지 홀로 일했다. 그런 모습이 안타까워 보였던지 비안토는 퇴근을 스스로 두 시간 늦춰 일하고는 했다. 자가용이 없던 나와는 달리 비안토에게는 어여쁜 애인이 있어 항상 그녀가 차로 출퇴근길을 함께하고는 했는데 그런 모습이 부러웠다.

나는 1979년 헬싱키 무역관장 임기를 마치고 핀란드를 떠났다. 비안토는 그 뒤 한국의 한 문방구 수출업체와 제휴해 당시 북유럽의 3대 문방구 기업 중 하나인 W사를 인수해 큰 사업가로 성장했다. 나는 핀란드에 있을 무렵부터 이미 그의 성공을 예견했다. 비안토는 나의 기대대로 멋지게 성공했다.

파리에서 국내 내빈 접대로 겪은 고난과

내가 만난 친절한 프랑스인들

나의 세 번째 해외 근무지는 프랑스 파리였다. 특히 1981년에서 1985년까지 파리 무역관장으로 주재했을 때 일은 잊을 수 없이 자꾸만 떠오른다.

나는 파리 무역관장으로 5년여 동안 일하면서 프랑스를 방문하는 각종 통상사절단과 국내 내빈들에 대한 영접과 의전 활동을 수행했다. 수많은 귀빈이 프랑스에 도착해 한국으로 돌아갈 때까지의 모든 일정을 내가 차량을 운전하며 소화했다.

프랑스에서의 내 생활은 파리 외곽의 오를리Orly 공항을 향해 새벽 다섯 시에 집을 나서는 데서 시작했다. 내가 직접 마중 나가 직접 차를 몰고 한국에서 온 손님을 모시고 다녔다. 집, 사무실, 공항, 호텔, 면세점 등을 다람쥐가 쳇바퀴 돌듯이 돌았다. 개선문, 노트르담Notre Dame 성당, 루브르Louvre 박물관, 미라보Mirabeau 다리, 에펠Eiffel 탑, 엘리제Elysée 궁전, 콩코드Concorde 광장, 판테온Pantheon 등 파리 하늘 아래 유명한 관광지라면 어디든 찾아갔다.

공항을 매일같이 들락날락하니 파리의 여행사나 호텔 안내원들과 내 신세가 다르지 않았다. 여행객으로 분주한 공항 입구에는 그들과 함께 항상 내가 서 있었다. 내 상의에 꽂힌 코트라 배지를

1981년 9월 필자가 코트라 파리 무역관장으로 재직할 때 이회창 대법관(당시 현직)을 수행한 뒤 받은 감사 편지. 이 대법관은 대법원(supreme court) 로고가 인쇄된 편지지를 썼다. 아래는 편지의 전문이다.

김진숙 님

지극한 대접을 받고도 떠날 때는 인사를 드리지 못한 채 떠나버려 죄송스럽기 짝이 없습니다. 떠나는 날 코트라로 전화하였으나 받질 않았고(토요일이었습니다) 댁의 전화번호는 받아둔 것이 없으니 결례를 하고 말았습니다. 용서하여주시기 바랍니다.

파리의 첫날은 김진숙 님과 이효수 선생의 알뜰한 배려로 아주 좋은 대접을 받았습니다. 특히 집사람은 음식에 고통을 받다가 파리 첫날 대접해주신 보식으로 입맛을 고치게 되어 더욱 감사함을 잊지 못하고 있습니다.

걱정하시던 마르세유의 일은 잘되어 가는지요? 진숙 님의 말씀을 들으면서 전혀 도움을 못 드리는 안타까움을 금할 길이 없었습니다. 그러나 진숙 님의 능력과 지각으로 조속히 좋은 해결을 볼 수 있을 것이라고 믿어 의심치 않습니다.

이효수 선생께도 저희 내외의 고마운 말씀을 전해주십시오. 다시 꼭 뵙게 되기를 기대하면서 이만 줄이겠습니다. 안녕히 계십시오.

1981. 9. 22. 이회창 올림

1982년 11월 필자가 코트라 파리 무역관장으로 재직할 때 윤보선 전 대통령을 수행한 뒤 받은 감사 편지. 윤 전 대통령은 자신의 호인 해위(海葦)를 따 '해위용전(海葦用箋)'이라고 인쇄된 고유 편지지를 썼다. 아래는 편지의 전문이다.

이역만리에서 나라를 위해 분투하시는 귀하의 노고에 치하와 위로를 드립니다. 본인 등은 40여 일간의 여행을 마치고 지난 11월 25일 무사히 귀국했습니다. 본인 일행이 귀하의 주재국을 방문하였을 때 베풀어주신 환대에 대하여 심심한 감사의 말씀을 드립니다. 앞으로 귀국하시게 되거든 필히 상봉할 기쁨을 주시기를 바라 마지않습니다.
1982년 12월 5일 서울시 종로구 안국동 48 윤보선

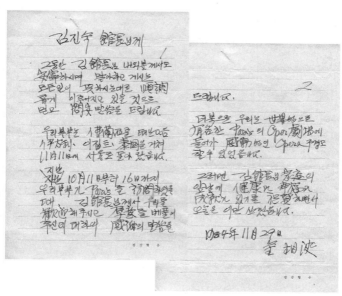

1984년 11월 필자가 코트라 파리 무역관장으로 재직할 때 김상협 전 국무총리를 수행한 뒤 받은 감사 편지. 김 전 총리도 윤보선 전 대통령처럼 '김상협 용'이라고 종이 하단에 인쇄된 고유의 편지지를 썼다. 아래는 편지의 전문이다.

김진숙 관장님께

그동안 김 관장님 내외분께서도 안녕하시며 맡아 하고 계시는 모든 일이 뜻하시는 대로 순조롭게 이루어지고 있을 것으로 믿고 문안 말씀을 드립니다.

우리 부부는 불란서를 떠난 다음 이태리, 이집트, 태국을 거쳐 11월 11일에 서울로 돌아왔습니다. 지난 10월 11일부터 16일까지 우리 부부가 파리를 방문하였을 때, 김 관장님께서 우리를 환영해주시고 후의를 베풀어주신 데 대하여 감사의 말씀을 드립니다. 덕분에 우리는 세계적으로 유명한 파리의 오페라 극장에 들어가 감동적인 오페라 구경도 할 수 있었습니다.

그러면 김 관장님 가정의 앞날에 건강과 행복과 성취가 있기를 기원하면서 오늘은 이만 쓰겠습니다.

1984년 11월 29일 김상협

본 호텔 안내원들이 종종 이렇게 물어왔다.

"코트라라는 이름의 호텔은 처음 들어보는데요. 위치가 어디인가요?"

의전 업무는 내게 부여된 업무 범위를 넘는 것으로 그 바람에 본연의 의무를 수행하는 데 많은 고충을 겪었다. 그 와중에 연평균 세 번의 국제전시회를 주관하는 것도 나의 일이었다. 과중한 업무로 무엇보다도 내 가족과 나 자신이 누려야 할 희망적인 삶을 영위할 수 있는 기회와 권리를 빼앗겼다. 그로 인한 기대하지 않은 영향이 지금까지도 이어지는 듯한 느낌이 밀려올 때가 있다.

과중한 의전 업무를 수행하면서 육체적인 피로가 심했고 나의 기본 임무를 벗어난 데 따른 불안감도 적지 않았다. 하지만 국내 내빈들이 성공적으로 프랑스 방문을 마무리하고 만족해하며 나에게 감사 표시를 할 때면 모든 피로가 사라지고 나 자신은 본래의 모습으로 돌아와 계속되는 고충도 무난히 이겨낼 수 있었다.

그럼에도 피로가 극에 달하고 고난이 마치 운명 같아 한탄하고 싶을 때는 내가 파리지앵parisien(파리의 택시를 가리키는 별명) 같다는 생각도 들었다. 그럴 때면 나도 그들처럼 차의 오디오를 통해 샹송chanson을 들으며 마음을 달랬다. 파리지앵이나 내가 자주 들었던 샹송은 서민의 애환을 노래한 것이 대부분이었는데 예컨대 이브 뒤테이Yves Duteil, 이브 몽탕Yves Montand, 자크 브렐Jacques Brel 의 노래였다.

파리에서 일할 당시 나는 거의 쉴 새가 없었고 아내와 자녀들은 비좁고 낡은 아파트에서 무언가 상실감에 빠져 멍해 있었다. 국내 내빈의 방문이 없는 휴일에만 집에서 매우 가까운 센Seine 강가의 공터로 가족을 데리고 나가 산보를 했다. 맛있는 크레페crêpe (우리의 빈대떡 같은 음식)를 빵집에서 사 먹던 것이 유일한 주말생활이었다.

빵집 앞에는 항상 노인 몇몇이 강가 벤치에 앉아 독서를 즐기고는 했다. 어느 노인은 캔버스를 펼치고 유화를 그리는 광경이 자주 목격되었다. 날이 갈수록 나는 그들과 자주 만났고 서로 친하게 되자 그들과 이런저런 세상사에 대해 자주 이야기를 나누었다. 나는 노인들에게 이끌렸고 좋아했으며 그들 또한 나와 나의 가족에게 매우 친절했다.

노인들은 자기가 본 현상에 대한 관점, 사색을 불러오는 삶의 이모저모, 애착과 추리 같은 것을 소재삼아 나와의 대화를 이끌었다. 그들은 삶의 질에 대해 나에게 한국적인 의식을 묻고는 했다. 그들은 친절하게도 나의 말을 사사건건 논증으로 이끌었다.

나는 익숙하지 못했던 불어 구사력으로 간혹 영어를 섞어 말했으나 그들은 기어코 불어로 의사를 표현하도록 했다. 나의 서툰 불어 실력이 애석했던지 간혹 불어 발음이나 표현의 잘못을 고쳐주기도 했다. 그들과의 대화는 나의 불어 실습에 도움이 되었고 이것만이 나의 유일한 즐거움인 것 같았다.

나는 항상 완벽한 불어를 갖기 위해 노력을 이어갔다. 1953년 고교 2학년 때 1년간 독일어 선생님 댁을 떼를 쓰듯 방문해 불어 문법을 약간 터득했으나 1955년 대학 진학과 함께 불어 공부를 중단했다. 하지만 어렴풋한 기억을 되살려 이후 불어 학습에 다시 열중한 결과 회화는 아직 미약했으나 신문이나 자료를 판독하는 데는 별지장이 없었다. 더구나 센 강가의 노인들을 포함해 주변 프랑스인들은 나에게 매우 친절했고 몇몇과는 매우 깊은 친분까지 쌓게 되어 불어 실력이 향상되는 느낌을 가졌다.

한참이 지나 이들 중 나와 더욱 친해진 68~73세의 서너 노인은 지식인이자 한때 프랑스의 세계적인 유리산업체인 S사의 고위직 출신이었다. 지금은 은퇴하고 연금생활을 하고 있었는데 독서를 매우 즐기고 있다면서 나에게 좋은 책을 소개해주기도 했다. 나는 평일에 무역관 인근의 작은 카페café로 간혹 노인들을 초대해 사교社交상의 이런저런 추억을 더듬어보는 시간도 가졌다.

노인들은 내 활동에 필요한 인맥을 소개해주기도 했다. 내가 파리에 주재하는 코트라 무역관의 책임자라는 사실을 안 뒤부터 노인들은 무역 부문의 영향력 있는 인사들을 소개해주었다. 어떤 때는 과분하게도 나의 직무와 별 관련 없는 정부 고위인사나 경제계의 거물까지 소개해주어 그들의 넘치는 도움에 오히려 난처해진 때도 있었다.

어떤 때는 내가 자신들보다 젊어서 그랬는지 나의 파리생활 사정과 경험담을 듣고 싶어 했다. 이에 싫증이 난 내가 답변을 어물쩍 넘기면 질문 공세가 더욱 심해졌다. 아무리 답변을 잘해도 질문 공세가 심해지면 나는 그들에게 질문과 대화의 장르가 너무 넓은데 이를 다 소화하기에는 그곳의 벤치가 너무 좁다며 자리를 피할 뜻을 보였다. 그러면 함박웃음이 터졌던 일은 나의 영원한 추억거리 중 하나다.

프랑스에서 수행한 활동 중 가장 민감하고 어려웠던 것은 선진 기술 산업자료를 취득하는 일과 프랑스의 대외무역 정책을 조사하는 일이었다. 이 분야의 실무 담당자를 면담하는 것은 매우 힘든 일이었는데 노인들은 나의 어려움을 알고 도우려고 했으나 모두 허사였다.

하지만 내가 해외에서 오랫동안 만난 공무원이나 일반인 면담자 중에서 프랑스인들만큼 자상하고 적극적인 이들은 별로 없었다. 그들은 공적인 일이나 사적인 일이나 불문하고 나에게 유익한 조언을 건넸고 그들이 할 수 있는 최대한으로 도와주었다.

내가 만난 프랑스인들은 한국과 한국인을 매우 좋아했는데 일단 한국인을 처음 만나면 프랑스의 테제베TGV 고속철도기술, 원자력발전기술, 에어버스airbus 비행기 구입에 감사의 뜻을 표하는 것으로 대화를 시작했다. 이뿐만 아니라 프랑스인들은 파리의 패션가에서 유명상품을 구입하는 한국인들의 쇼핑 행렬을 보고 대리만족하듯 자신들을 과시하기도 했다.

코트라 파리 무역관은 개선문에서 약 200미터 떨어진 곳에 위치해 있었다. 그리고 개선문 근처에는 L가방 전문점이 매우 가깝게 자리 잡고 있었다. 휴일을 제외하면 가방 매장의 문 앞에는 아침 열한 시 개장 전부터 쇼핑객의 행렬이 길게 늘어서 있는 것이 보였다. 쇼핑객의 대부분은 한국인과 일본인들이었다.

무역관 주변으로 내가 자주 찾아 다과를 즐기던 한 카페가 있었다. 카페 주인은 쇼핑객의 행렬을 모두 한국인으로 본 듯 내가 그곳에 들르기만 하면 인사 대신 생뚱맞게 손가락으로 브이ᵛ자를 만들며 '한국인 최고'를 표시했다.

그러던 어느 날 개선문과 L가방 전문점 사이에 있는 한 맨션급 호텔에 투숙했던 서른 명의 한국인 관광객이 그의 카페에 점심 스낵snack(간단한 식사)을 예약했다고 한다. 잠시 안내원이 자리를 비운 사이에 관광객 중 불어를 좀 하는 이가 프랑스의 점심으로 인기가 높은 쇠고기 감자튀김 30인분을 다른 일행에게 묻지도 않고 임의로 예약해버린 모양이었다. 카페 주인은 일거에 큰 주문을 받고 기쁜 나머지 시장에서 새 재료를 구입한 것은 물론 서른 명의 테이블을 준비하는 등 만반의 태세를 갖추었다.

하지만 막상 점심이 되어 카페에 도착한 한국인 손님들은 각자 다른 음식을 주문했고 그 바람에 주인은 당황하고 화가 났으나 참았다고 한다. 단지 각각 다른 손님들의 주문대로 음식을 내놓느라고 애먹었다고 말하며 이번에는 낯익은 브이 모양 손가락 대신 멋

1984년 12월 한국과 프랑스 기업인을 위한 간담회가 열렸다. 행사 뒤 파리 무역관이 주최한 리셉션에서 대화를 나누는 윤석헌 프랑스 주재 한국대사와 필자의 모습.

1985년 4월 프랑스 남부 낭트에서 한국상품특별전시회를 개최했다. 이어진 만찬회에서 낭트 상공회의소장, 지역 경제인들과 함께한 필자의 모습.

쩍었다는 듯 어깨를 으쓱 들었다. 만약 이들이 한국인이 아니었으면 손해배상을 청구하려고 했다며 호들갑을 떨기도 했다.

나를 포함한 한국인들에게 보여준 프랑스인들의 친화력, 정직함, 섬세함 덕분에 나는 오랫동안 해외 여러 나라의 현지 생활에서 느꼈던 소외감을 극복할 수 있는 힘을 얻었다. 업무는 물론 개인 생활 측면에서도 능동적으로 프랑스인들에게 접근해 내게 부여된 임무를 수행할 수 있었다. 특히 불어 공부는 고난에 쌓였던 나의 해외생활에 큰 위안을 주었다.

프랑스에서의 임기 3년이 다 되어 나는 코트라 본사에 귀국 의사를 여러 차례 밝혔다. 하지만 교체할 만한 인력이 없다는 이유로 본사는 내 임기를 2년 더 연장했다. 결국 하는 수 없이 프랑스에서 5년을 지낸 뒤에야 한국으로의 귀국 명령을 받게 되었다.

길고 길었던 해외생활의 끝에 이르러 우리 가족은 모두 기쁠 줄 알았으나 우울한 정서를 벗어나지 못했다. 어딘가를 떠난다는 것은 슬픈 일이었고 프랑스를 떠날 때가 되어서야 이 나라의 아름다움을 알게 되었다. 문득 프랑스의 아름다운 심연으로 여행하고 싶어졌다. 나는 프랑스에서 오래 살았으면서도 분주한 대외활동 때문에 파리가 아닌 다른 곳은 제대로 가보지 못했다. 나와 가족은 잃어버린 기회를 한탄했고 특히 딸은 눈물을 감추지 못했다.

미국산품특별전시회 개최와 스웨덴의 국력을 간파한 여한餘恨

드디어 1985년 통상임기 3년을 훌쩍 넘기고 5년 만에 프랑스에서 돌아와 본사 해외협력사업부장에 임명되었다.

1980년대 중반 한국은 3저 현상(저유가, 저금리, 원화 약세)에 힘입어 수출이 매년 획기적으로 증가하고 있었다. 선진국 시장, 특히 미국 시장으로 수출이 많이 늘어 1986년의 경우 미국과의 무역에서 얻은 흑자가 97억 달러에 달했다. 당연히 한국을 상대로 하는 미국의 통상압력이 거세게 불었다.

나는 본사로 돌아온 지 얼마 되지 않았지만 청와대가 주관하는 미국의 통상압력대책회의에 여러 차례 참석해 실효성 있는 방안을 모색하는 일에 열중했다. 그러던 어느 날 청와대 경제수석이 주재하는 회의에서 미국 상품의 수입을 촉진하기 위해 가칭 미국상품수입전시회를 제안했다. 회의 참석자들은 대부분 미국으로부터 실질적으로 수입을 증대할 수 있는 방안이라며 찬성했다.

당시 국내에서는 반미시위가 심심치 않게 일어나고 있었다. 그래서 곧이곧대로 미국산 상품의 수입을 늘리기 위한 전시회를 연다고 하면 반대여론이 일어날 우려가 있었다. 그래서 전시회 명칭에서 '수입'이란 표현을 제외하고 포괄적인 의미로 미국산품특별전시회U.S. Products Show로 정했다.

예상한 대로 청와대 회의 참석자 중에서도 몇몇 인사는 이 전시회가 오직 미국 상품을 수입하는 데만 집중하면 다른 나라에서도 통상압력을 가해올지 모른다는 이유로 난색을 표했다.

그러나 당시 한국은 일본과의 무역에서 적자가 극심한 상황으로 강력하게 시장다변화를 추진하던 실정이었다. 미국산품특별전시회는 일본으로 치우친 수입처를 전환해 수입 다변화를 위한 획기적인 조처로 타당한 전략이라고 강조해 일부의 반발과 오해를 무마시켰다. 동시에 미국의 통상압력에 대응하기 위해 앞뒤를 가리지 않고 취해야 할 이열치열以熱治熱의 방법이라고 역설하자

회의 참석자들은 모두 웃었다. 시간이 지나면서 이 전시회의 본뜻을 이해하게 된 무역업계와 일반 국민들도 크게 환영하고 나섰다.

전시회 개최에 대한 반발은 코트라 안에도 도사리고 있었다. 해당 업무를 맡은 실무 담당자가 코트라의 한국명이 대한무역진흥공사라고 하지만(현재 명칭은 대한무역투자진흥공사로 바뀌었음) 말이 무역진흥이지 사실은 수출진흥공사인데, 어떻게 국민 세금으로 운영되는 기관이 남의 나라 수입을 촉진하는 일을 벌이느냐고 이의를 제기하면서 추진할 의사가 전혀 없이 시간만 보내고 있었다.

여러 차례에 걸쳐 이 전시회는 수출을 더 잘하기 위해 기왕에 일본에서 들여오는 기계류나 부품류를 미국에서 수입함으로써 일석이조의 효과를 거둘 수 있는 것으로 우리 국익에 보탬이 되는 사업이라 설명하고 적극 추진할 것을 지시했으나 움직이지 않았다. 관공서나 일부 공기업에서 볼 수 있는 전형적인 복지부동 사례에 부딪친 것이다.

할 수 없이 경영진에 보고해 실무진 교체를 건의했다. 마침 같은 부서 안에서 나의 뜻과 이 행사의 국가적인 중요성을 충분히 인식한 부하가 있어 두 사람이 서로 자리를 바꾸도록 했다. 한 달 이상의 시간을 허비한 뒤 1987년 3월 초부터 본격적인 준비 작업에 들어갔다. 미국 기업과 주州 정부관을 유치하는 데 최소 반년을 잡고 전시회 개최 기간은 같은 해 11월 2일에서 5일까지로 정했다.

전시회 준비를 위한 특별대책반task force team은 본사에서도 능력과 자질이 뛰어난 직원들을 모아 구성했다. 당시 대책반의 팀장으로 박행웅을, 실무를 맡은 베테랑 팀원으로 고지찬, 김평희, 신남식을 선발했다. 그리고 이들을 도울 아르바이트 여학생 아홉 명을 몇몇 대학의 직업보도실에 요청해 확보했다.

박행웅이 이끄는 팀은 임무를 받자마자 전시회 실행계획, 개최요령과 규정을 25일여 만에 완성해 인쇄물로 제작해냈다. 미국 경영계에 호소력 있는 영문 홍보물을 만들기 위해 임시로 미국 일류대학 졸업생을 고용하기도 했다.

그때 열심히 일한 학생 중에는 대학에서 영문학을 전공한 송혜주라는 친구도 있었다. 출중한 능력을 인정받아 전시회가 끝난 뒤 정규직으로 입사해 지금은 코트라의 간부사원으로 실력을 발휘하고 있다. 수십 년이 지난 지금도 물불을 가리지 않고 열심히 일하던 당시의 모습이 선연하다.

미국산품특별전시회의 목적은 미국과의 통상마찰을 해소하는 데 있었기에 단순히 미국 상품을 한국에 가져와 수입업체와 국민에게 보여주는 것이 아니라 실제 수입이 성사되게 만들어야 했다. 따라서 미국 기업이 내놓는 상품별로 한국의 수입 희망업체를 일일이 찾아 날짜별, 시간별로 상담 계획을 짜는 데 전력투구했다. 대학에서 구한 아르바이트생들이 주로 이 업무에 투입되었다.

어느 날 나는 전시회의 진행 상황을 상공부(지금의 산업통상자원부) 장관이 주재한 회의에서 상세히 보고했다. 장관은 크게 만족하고 나에게 미국 현지로 출장을 가서 가능한 한 많은 미국의 수출 제조업체가 참여하도록 독려하라고 지시했다.

이에 따라 뉴욕 무역관에서 차출한 직원 한 명을 대동하고 미국 12개 주 24개 도시를 40여 일간 순회 방문했다. 나는 가는 곳마다 미국 기업들의 참여를 간절히 호소했다. 미국 각지의 매스컴은 우리의 방문을 대대적으로 보도했으며 한국과의 교역을 희망하는 기업들은 우리의 난데없고 예외적인 수입문호 개방에 놀라 숱한 질문을 쏟아냈다.

현지 상공회의소가 마련한 설명회에서 미리 준비해 간 브리핑 슬라이드를 통해 전시회 개요와 한국 정부의 수입개방 정책을 자세히 설명했다. 전시회에 참여한 미국 기업에게 참가비용을 면제하고 기본 부스를 무료로 제공하며 품목별 상담 계획을 세워준다고 밝히자 기업들은 물론 주 정부의 상무商務 관계자들도 우리의 파격적인 우대에 적극적인 호응을 보였다.

설명회에서는 원산지가 미국인 상품 중에서도 특히 기술집약 분야와 부품소재 분야의 상품을 환영한다고 했다. 이 두 분야의 경우 거래를 알선하는 것은 물론 한국으로의 수출이 성사될 때까지 계속해서 지원할 것이라고 약속했다.

수십 일간 강행군을 이어가다 보니 워싱턴에서는 결국 쓰러져

1987년 5월 미국 테네시 주 존 윌더(John Wilder) 부지사를 방문한 자리에서. 윌더 부지사에게 많은 미국 기업이 미국산품특별전시회에 참여하도록 요청했다.

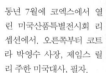
동년 7월에 코엑스에서 열린 미국산품특별전시회 리셉션에서. 오른쪽부터 코트라 박영수 사장, 제임스 릴리 주한 미국대사, 필자.

동년 11월의 켄터키 주 마샤 콜린스(Martha Collins) 지사의 방문 모습. 필자는 콜린스 지사의 미국산품특별전시회 참관을 안내했다.

설명회에서 브리핑만 하고 질의응답은 현지 무역관장이 대행하는 사태도 벌어졌다. 설명회를 가진 뒤에는 몰려드는 미국 기업들의 인콰이어리inquiry(거래알선)를 처리하느라고 많은 시간이 소모되었다. 동시에 한국에서는 미국 상품의 수입에 관심을 갖는 기업을 물색하는 데 많은 시간과 노력이 들어갔다.

당시 코트라 직원들은 미국산품특별전시회의 성공적인 개최와 팔로업follow-up에 특별한 의미를 부여하고 있었다. 한국전쟁 이후 한국은 미국으로부터 줄곧 원조를 받아왔는데, 이제 그것을 갚을 기회가 왔다는 데 뿌듯한 자부심을 느꼈기 때문이다. 그래서 코트라 사람들은 모두 열과 성의를 다했다. 1987년 3월부터 7월까지는 매일 저녁 여덟 시까지 근무했고 8월부터 11월 초에 전시회를 개관할 때까지는 매일 밤 열 시까지 일하며 토요일에도 출근했다.

그때 나와 함께 고생했던 대책반의 박행웅 팀장과 세 명의 팀원은 그 뒤 코트라를 퇴직하고 나서도 주요 공기업에서 크게 각광을 받으며 근무했다. 이들 네 사람이 보여준 뛰어난 기획력, 대외 교섭력, 행정력이 없었더라면 미국산품특별전시회를 채 1년이 되지 않는 기간에 성공적으로 개최할 수는 없었을 것이다.

한국의 여러 관계기관도 우리를 열심히 도와주었다. 예컨대 관세청 서울 세관에서는 미국 상품의 통관이 전시회 날짜를 맞출 수 있도록 일요일에도 직원들이 출근해 해당 상품을 통관시켰다.

그 결과 그해 11월 코엑스coex 특별전시장에서 열린 미국산품특별전시회에는 미국의 33개 주와 2개 시 정부, 219개 기업이 참가했다. 9831건의 제품 상담과 158건의 기술과 투자 상담이 이뤄졌다. 상담 금액은 모두 9000만 달러에 달했다. 전시회 기간 중에 플로리다 주의 젭 부시Jeb Bush 상무부 장관(조지 H. W. 부시George H. W. Bush 대통령의 둘째 아들)을 비롯해 미국의 수많은 상무 관계자가 방한했다. 그들은 전시회 현장을 방문해 한국 정부와 한국 기업들의 진정한 수입 의사를 확인하고 만족하며 돌아갔다.

당시 코트라 사장으로 부임한 지 얼마 되지 않았던 박영수 사장은 미국산품특별전시회가 국가적으로 얼마나 중요한지 누구보다 잘 알고 있었다. 본인이 수장으로 있는 조직에서 이 같은 큰 행사를 성공적으로 개최한 데 극찬했다. 제임스 R. 릴리James R. Lilley 주한 미국대사는 미국 정부를 대신해서 코트라를 방문해 사장에게 미국 상품의 적극적인 구매 활동을 전개한 데 감사패를 전달했다. 나에게도 개인 표창장이 전시회가 있은 뒤에 부임했던 스웨덴 무역관으로 전달되었다.

당시 박영수 코트라 신임 사장은 치안국장(지금의 경찰청장), 부산시장, 서울시장, 대통령 비서실장 등 정부에서 여러 최고위직을 역임하신 명사였다. 하지만 그때는 코트라에 부임한 지 얼마 되지 않았던 때라 회사 내부사정은 잘 모르고 있었다.

그러던 중에 대규모 국제행사를 성공적으로 치르며 국내외의 찬사와 격려에 고무되었는지 어느 날 사장실로 나를 부르더니 나

1987년 11월 미국산품특별전시회의 성공적인 개최로 제임스 릴리 주한 미국대사
로부터 받은 감사패. 아래는 감사패의 내용 전문이다.

In Recognition and Appreciation of
Mr. Kim, Jin Sook Director
Korea Trade Promotion Corporation for His Outstanding Contribution
in Organizing and Staging the U.S. Products Show
November 2-5, 1987
Korea Exhibition Center
James R. Lilley
U.S. Ambassador

의 노고와 성과에 대해 극찬해주었다. 사장은 이에 더해 본사의 임원 개편을 고려했는지 뜻밖에 나를 본부장으로 승진시키려고 해 크게 놀랐다.

나는 감사하고 싶었으나 본부장 승진에 관한 것보다는 불과 5년 뒤에 있을 정년퇴직을 준비하고 있었다. 그와 관련해 은밀히 한 대형 건설기업 산하의 창호窓戶사업의 창업을 준비하고 있던 상황이었다. 나로서는 관심도 없는 회사의 갑작스러운 인사에 잡음이 생기면 내가 원인인 것으로 오해받기 쉬우며 임명권자에게도 누를 될까 두려워 임원 승진 제안을 거절했다.

무엇보다 정기 인사철이 아닌데도 신임 사장으로부터 극진한 신임을 받는 것으로 소문난 내가 어느 본부장을 밀어내고 대신 자리를 차지한 것처럼 보이면 나에게 도덕적인 규탄이 은밀히 집중될 것 같아 적극 사양했다.

나의 반응에 사장은 약간 불쾌한 표정을 지으며 인사명령을 강행하려고 했다. 나는 코트라의 전통과 인심, 동향 등을 상세히 설명하고 한 가지 대안을 제시하며 만류했다. 당시 사장에게 한 나의 간청은 이런 내용이었다.

"교체 대상인 해당 임원의 임기는 앞으로 1년 남았습니다. 현재 스웨덴 스톡홀름 무역관장으로 발령받고도 그곳으로 부임을 주저하는 직원 대신 저를 보내주시면 당분간 건강도 회복하고 현재 병고에 시달리는 제 아버님의 병원비 조달에도 약간 도움이 될 것 같습니다. 그뿐만 아니라 사장님도 새로운 업무 계획을 구상하시는 데 매우 유익할 것 같으며 그 임원의 임기가 끝나는 1년 뒤에 제가 그 자리에 승진해 귀국한다면 무난하리라고 생각됩니다."

당시 나는 미국산품특별전시회로 인한 과로 때문이었는지 몸이 무척 쇠약해지고 있었다. 이에 더해 아버님도 노환으로 오랫동안 병상에 누워 있어 어려운 사정에 직면해 있었다. 사장은 나의 제안에 눈을 감고 듣고만 있다가 한참 뒤 찬성하며 스톡홀름으로 떠나도록 놓아주었다.

그 뒤 스웨덴에 나가 있을 때도 사장은 나에게 아무런 부담을 주지 않고 틈틈이 국제전화로 먼저 안부를 물어왔다. 사장은 1년 뒤 사정이 생겨 갑자기 회사를 떠났지만 사장 내외가 스웨덴을 방문했을 때 우리 부부는 크게 기뻐하며 두 분을 정성껏 모셨다. 한참 시간이 흐르고 내가 정년퇴직한 뒤에도 간혹 사장 내외를 찾아 문안인사를 드리며 함께 국내의 여러 곳을 여행했다.

사장은 내가 본부장으로 승진하지 못하고 정년을 마친 것에 대해 당신이 직접 당한 아픔처럼 간혹 나를 이렇게 위로했다.

"이유가 어찌 되었든 승진을 마다하고 자기 갈 길을 간 사람은 내 육십 평생에 자네 외에는 보지 못했어! 사람은 기회를 잘 포착해야 하는 거야!"

사실 내가 평생 겪은 서너 개의 조직생활 중에서 가장 비통한 감정이 들었던 시기가 바로 인사철이다. 인사철이 다가오면 서로

1989년 4월 멀리 스웨덴 스톡홀름 시청이 보이는 해변에 나란히 앉은 박영수 사장과 필자. 박 사장은 코트라에서 퇴임한 뒤 부부 동반으로 필자를 찾아오셨다.

절친한 것으로 알았던 몇몇 사람들조차 내면에 품은 경쟁의식을 적대적으로 노골화하고 비이성적인 술수를 거침없이 행사하는 모습을 보이고는 했다.

내가 바라는 경영진의 상은 스스로 조직의 운명과 함께하려는 사람, 사회적인 의무를 준수하고 조직 안에서 창조적으로 노력하는 인재를 발굴하려고 노력하거나 이를 중시하는 사람이다.

하지만 이 같은 나의 기대는 몽상에 불과했고 오직 직장을 조용히 옮길 기회만을 노리고 있었다. 하지만 마음에 드는 곳이 없어 정년이 올 때까지 참기로 했다. 사실 이 같은 갈등이 최고로 쌓여 있던 시기에는 이미 정년이 다가온 무렵이었고 창호사업의 창업을 준비하던 때라서 다른 생각은 하지 않는 편이 오히려 좋을 것 같았다.

그때 코트라 외에도 다른 한 곳에서 나를 적극적으로 필요로 해서 이직 여부를 놓고 망설이기도 했다. 하지만 그 자리는 내가 파리 무역관장 시절 그곳과 프랑스의 어느 기업 사이에 구축했던 사업의 결실에 대한 보상의 성격이 있어 포기했다.

나는 하는 수 없이 병상의 아버님을 아내에게 맡겨둔 채 그대로 집을 떠나 매우 추운 11월 말의 스톡홀름에 도착했다. 며칠 동안 호텔에서 투숙하다가 집을 얻어 거의 1년 반을 홀로 지내던 중 아버님마저 세상을 떠나셨다는 부음을 들었다.

지금 회상하면 나는 코트라에서 30년간 재직하며 단 한 번도 사장이나 임원 누구에게도 승진에 관해 요청하거나 인기 있는 미국 지역 무역관 근무를 요청한 적이 없다. 오직 회사가 시키는 대로 따를 뿐이었으나 마음에도 없던 스웨덴 근무를 자청한 일은 큰 잘못이었다는 것을 늦게야 깨달았다.

무엇보다도 아버님의 임종을 지켜보지 못한 것이 마음에 한이 되었다. 더구나 그 무렵 내가 가장 의지하고 싶었고 존경했던 박영수 사장도 회사를 떠났다. 나는 극도의 외로움을 느꼈으며 간혹 이유 없는 분노와 함께 활력도 잃어버려 더는 업무를 감당할 수 없었다.

KBS라디오 프로그램 〈가로수를 누비며〉를
방송하며 겪은 고난

나는 스웨덴을 떠나 자진 귀국해서 국내의 한 지방 사무소에 머무르며 활력을 되찾고자 했다. 당시 대전 사무소장의 정년퇴직 시기에 맞춰 때를 기다린 끝에 다행히 대전 사무소장으로 보임을 받을 수 있었다.

그러나 지방은 무역업체 수가 적었고 있다고 하더라도 일부 방적, 공예품과 농산품 위주의 업체가 대부분이었다. 대기업이나 중견기업의 수출 하청을 맡고 있는 곳이 많아서 이들에게 직접 거래 알선이나 수출기회를 조성해봐야 별 효과가 없을 것 같았다.

나는 대안으로 이들에게 국제무역 환경, 신시장, 상품에 대한 정보를 제공하는 방식으로 업계를 지원했다. 《대전일보》에 정보소개 칼럼을 기고했고 이따금씩 대전MBC에 출연해 무역 정보를 전파했다.

하지만 지난 수년간 내가 해외에서 수행하며 축적한 정보와 활력과 경험을 모두 소진하지 못하고 지방에서 제한된 분야에만 열중하지 않을 수 없는 현실을 자탄하고 버림받은 사람처럼 쓸쓸히 세월을 보낼 것 같은 불안감이 엄습해왔다. 나는 하는 수 없이 대전사무소에 부임한 지 아홉 달 만에 자진 사임하고 다시 본사로 귀임했다. 그리고 조용히 지난날 내가 은밀히 코트라와 나라를 위해 활동했던 일을 정리하면서 필요하다면 이를 업계의 참고자료로 제공할 계획을 세웠다.

이를 위해 나는 본사 연구실의 연구원을 자청해 그곳에서 여러 자료를 수집, 정리하고 있었다. 그러던 어느 날 회사는 반년여 만에 나를 정보상담처장에 임명해 진행 중이던 자료 정리 작업은 중단되었다. 그 대신에 매주 세 번에 걸쳐 KBS라디오에서 아침 일곱 시 반에 방송하는 프로그램 〈가로수를 누비며〉 시간에 내가 아직 못 다한 이야기를 방송했다.

하지만 나의 라디오 방송이 인기가 높아지자 이곳저곳에서 별것 아닌 일로 시비를 걸어와 방송을 시작한 지 약 넉 달 만에 그만둬야 했다. 시비의 내용인즉 급변하는 해외시장과 환경의 실상을 다룬 것은 참고가 되고 유익한 정보인 것이 맞지만 코트라 경영진 중 한 사람이 내가 경영진의 사전 양해 없이 독단적으로 방송에 출연하는 것을 못마땅하게 여기고 있다는 것이었다.

하지만 방송 출연, 기자와의 인터뷰, 간행물로의 기사 출고 등은 사시社是 범위 안에서 내가 맡은 고유한 업무 중 하나였다. 나의 방송 시간은 약 15분에 불과했으나, 코트라가 발행하는 일간지 ≪해외시장≫의 내용 중 특기할 만한 기사, 매일 아침마다 자료실에 도착하는 ≪월스트리트저널Wall Street Journal≫, ≪파이낸셜타임스 Financial Times≫와 그 밖의 해외 간행물 중 국내 업계는 물론 일반 국민에게도 참고가 될 만한 기사를 발췌하고 해설을 덧붙여 코트라의 역할과 내용을 널리 전파하는 것이 업무 목적이었다.

이를 위해 나는 매일 정식 출근시간에서 두 시간 반 전인 아침 여섯 시 반까지 회사에 출근해 도착하는 우편물 중 유용한 것을 먼저 빼내고 그날 아침 일곱 시 반에 내보낼 방송자료를 부리나케 작성했는데 이런 것은 나의 부수적인 활동의 일부였다.

내가 방송 준비를 열심히 한 데는 숨겨진 이유도 있다. 나의 기본 임무는 사내 각 부서의 자료를 취합하고 업계를 위해 무역, 투자와 관련된 거래 문의에 대응하며 이를 종합 처리하는 정적靜的인 것이 위주였다. 하지만 1964년 입사할 때부터 1980년대 초까지 해외정보 수집과 조사, 홍보, 거래알선 등 다양한 임무를 수행했던 전력이 관성이 되어 내가 모은 정보는 유·무용 여부를 떠나 해외정보에 관한 한 어떤 것이라도 버리고 싶지 않았다.

더구나 1980년대 중반부터 코트라의 역할이 중소기업의 거래 알선 위주로 이동하면서 전통적이며 핵심적인 사업인 해외시장 조사, 상품정보 수집, 취합한 정보의 업계 전파는 밀려나고 있었다. 하지만 나는 각종 해외정보를 이용하지 않고 그대로 사장하거나 버리는 현실이 안타까워 일단 보관하면서 방송 자료 등으로 이용하려고 했던 것이다.

예를 들어 내가 방송에서 못 다한 이야기 중에는 한국의 수출 업체가 스웨덴과 인근 북유럽에서 괄목할 만한 실적을 내지 못하는 이유를 사례를 들어 설명하려고 한 것도 있었다. 그 이야기는 청취자들에게 좋은 반응을 얻으리라고 예상되었는데도 실행하지 못한 것이 지금까지도 아쉬움으로 남는다.

관련 내용을 간략히 소개하면 이렇다. 어느 날 업무 활동과 관련해 나는 스웨덴 스톡홀름에서 20여 킬로미터 떨어진 한 전원마을을 방문했다.

처음 가본 그곳 마을의 남녀 노인들은 거의 온종일 직물 짜깁기, 공예품 손질 아니면 독서에 빠져 있는 것 같아 보였다. 대부분의 스웨덴 일반인처럼 노인들 역시 얼굴에 두려운 침묵을 두르고 있는 것 같았다. 오직 마음속 깊이 숨어 있는 쓸데없는 잡념을 쳐내고 있는 모습이어서 그랬는지 자유분방한 나에게는 이들이 무섭게 보이기까지 했다.

두려운 마음으로 마을회관 같은 곳으로 가서 나를 기다리고 있던 대여섯 명의 사람들에게 다가갔다. 그런 뒤 몇 마디 말을 건네고 방문의 목적을 밝히며 협조를 부탁했다. 처음에는 나의 방문에 무표정한 반응을 보이는 것 같다가 마침내 모두 얼굴을 폈다.

하지만 그들의 생활용품과 관련해 앙케트 조사서를 내밀고 한국 상품의 인지도를 묻자 이맛살을 찌푸리더니 곧 무서운 표정으로 얼굴이 바뀌었다. 나는 민망해하며 무례를 범한 것에 간단히 사과하고 그곳에서 허탕을 치고 돌아왔다. 그리고 나의 행동이 잘못이었다는 것을 늦게야 깨달았다.

스웨덴 국민들은 모범적인 예의범절, 평준화된 높은 지식수준, 풍요로움을 구가하는 사회복지, 끈질긴 신뢰와 절약정신을 갖고 있다. 그리고 일반소비재나 상품은 카탈로그나 이와 유사한 상품 전문자료를 근거로 검토한 뒤 실물을 구매하는 것이 스웨덴인들의 관습이라는 것을 나는 몰랐던 것이다.

스웨덴은 수준 높은 문화와 과학, 세계적인 수준의 기계산업과 안정된 사회 속에서 세계 어느 나라에도 뒤지지 않을 잠재력을 가진 국가다. 1980년대에 한국 소비제품은 스웨덴 진출에 허점이 많아 수출이 부진했다.

하지만 이와 반대로 스웨덴의 첨단기술 부문은 물론 일반 과학기술 부문은 우리가 적극적으로 접근해 전수傳受받아야 할 분야였다. 한국이 일찍이 스웨덴의 세계적인 기업 에릭슨Ericsson의 전기전자통신 기술을 전수받아 낙후되었던 통신기술을 세계적인 수준으로 높인 것이 좋은 사례라고 할 수 있다.

스웨덴은 1950년대 한국전쟁 당시 병원선을 파견하는 등 우리가 여러모로 많은 도움을 받은 나라다. 이런 인연은 전쟁이 끝난 뒤에도 이어져 스웨덴으로 한국 출신의 전쟁고아가 많이 입양되었다. 스웨덴은 세계적인 부국인지라 입양을 간 이들 대부분이 다행스럽게도 부족함이 없이 살고 있다.

스웨덴을 여행해본 사람이라면 모두 알게 되는 일이지만 이 나라 국민들은 어디에서나 항상 정중동靜中動의 표정을 짓고 산다. 시장, 광장, 건물 안의 어느 곳을 가더라도 흔들리지 않는 몸자세와 침묵이 지배한다. 스웨덴인들은 일상의 세계를 형성하고 내면에서 발산되는 동력으로 인생의 행복을 찾는 것 같아 보인다.

대중의 구매의욕을 부추기는 텔레비전 상품광고는 엄격히 규제되었고 떠들썩한 공연 장면도 보기 어려웠다. 텔레비전 방영시간 자체가 뉴스를 제외하면 극히 제한되고 짧았다. 드라마 같은 것은 마치 불가촉不可觸인 듯해 사람들의 호기심을 끌지 못한 채 대중의 관심에서 동떨어져 있는 것 같았다. 이렇게 조용한 나라에서 한때 세계를 놀라게 한 4인조 보컬그룹인 아바ABBA 같은 그룹이 태동한 것이 신비스럽게 느껴졌다.

일상적으로 필요한 생필품의 선택은 앞에서 이미 언급한 것처럼 몇 가지 상품전문 광고지와 신문과 함께 배달되는 간단한 전단에 의존한다. 필요한 물품은 광고 인쇄물을 보거나 대형마트의 현장에서 눈으로 직접 보고 판단하고 경험에 근거해 구매한다.

스웨덴의 이런 국민정서를 이미 대충 알았으면서도 업무상 조급한 마음에 그들에게 우리 상품의 실상을 면밀히 보여주지 않은 채 추상적으로 판단하고 접근했다. 그런 식으로 우리 수출 상품에 대해 그들의 소비의식을 묻고자 했으니 내가 어찌 쫓겨나듯 그 자리에서 물러서지 않을 수 있었겠는가? 지금 생각해도 얼굴이 저절로 붉어진다.

어느 날 스웨덴을 방문한 국내 정치인들 중 한 분이 나에게 스웨덴의 특징에 대해 묻기에 완벽한 자주국방을 유지하는 나라는 전 세계에서 스웨덴 하나뿐이라고 하자 그는 고개를 기우뚱했다.

스웨덴은 자주국방을 위해 전투잠수함, 고속순양함, 초음속전투기 등 최첨단 무기부터 군복, 군화, 각종 개인장비에 이르기까지 모두 자체 생산한다. 또한 세계 어느 나라와도 동맹을 맺지 않은 중립국이며 노벨상을 제정한 국가라고 설명하자 그제야 그 정치인은 고개를 끄덕였다.

내가 방송에서 하고 싶었던 이야기는 또 있다. 1978년쯤이었던 것 같다. 어느 날 나는 출장 중에 미국의 뉴욕 할렘Harlem 가에서 그리 멀지 않은 센트럴파크Central Park에서 홀로 산책을 즐기고 있었다. 그러다가 잠시 방향을 잃어 길을 헤매고 있을 때 어느 흑인 청년을 만나 제대로 안내받은 일이 있었다.

그가 나를 안내하며 나눈 대화 중 내 귀를 스친 이야기로 약간의 관심을 끈 것은 청년의 고국인 아프리카 G국의 수도 C시에 대한 것일 뿐 그 밖의 이야기에는 무관심했다. 그때 나는 청년이 안내하는 길의 정확한 방향만을 생각했지 그의 이름이나 삶의 역정歷程에는 아무런 관심이 없었고 그저 고마운 마음뿐이었다.

하지만 이미 기억에서 지워져버렸고 그의 얼굴마저 잊어버린 지 5년 가까이 흐른 어느 날 내가 프랑스 파리 무역관장으로 있을 때 그 흑인 청년의 얼굴을 더듬듯 떠올려야 했다.

왜냐하면 프랑스 파리에 있는 자원개발 회사의 중동 계통 임원을 만나 아프리카 G국의 다이아몬드 원석 발굴과 관련해 그 나라를 현장답사하게 되었기 때문이다. 당시 나의 임무 중에는 자원개발 사업도 포함되어 있어 관심을 가졌고 코트라 본사의 출장 승인도 받은 상태였다.

나는 출장을 떠나기 전에 항상 출장 가는 분야의 사회적인 평가나 인식, 시설, 제품, 시장규모 등에 관한 자료를 전략적으로 수집하고 파악했다. 현지에서 만나는 사람들과 상담을 할 때 주도권을 잡고 싶었기 때문이다.

무엇보다 첫 만남에서 목적 달성의 가닥을 잘 잡으면 그 뒤 대부분의 활동은 성공적인 결과를 맞고는 했다. 이 때문에 나는 첫 상면에서 상대의 마음 전체를 알아보기 위해 상대의 의지와 대화 속에서 논리적인 반응을 중시했다. 이래야만 내가 상대에게서 어떤 긍정적인 인상을 얻을 수 있으며 상대가 나를 파트너로 신뢰할 수 있을 것이라고 믿었기 때문이다.

나는 먼저 파리에 있는 자원개발 회사와 접촉해 기초적인 자료를 얻었으나 내용은 부실했다. G국의 문화, 산업, 역사를 잘 이해할 수 있도록 정비된 자료도 없었다. 그래서 아프리카 진출 사업을 전문으로 하는 회사에 자문을 구하고 인력을 지원받아 현장답사를 해보기로 했다.

우선 나는 자원개발 대상국가인 G국을 방문해 정부 고위층을 만나게 되면 상례적인 인사보다 진한, 5년 전 뉴욕에서 만난 흑인 청년을 언급해 내가 G국에 대해 이미 오래전부터 친숙한 감정을 갖고 있었다는 외교적인 레토릭rhetoric을 쓸 계획을 세웠다. 그렇게 G국에 대한 나의 신뢰감을 표명할 생각이었다.

며칠 뒤 나는 에어프랑스Air France 편으로 파리를 떠나 오후 일찍 수도 C시의 공항에 도착했다. 공항에는 지금은 이름을 잊은 한 안내원이 나를 마중 나와 있었다. 약간 늦은 시간이었지만 탐방할 곳 중 하나로 미리 지정되어 있었던 한 광산으로 직행하자고 그를 이끌었다.

안내원은 당황하지 않고 자동차로 약 세 시간 거리의 어느 야산으로 나를 데리고 갔다. 산의 한곳에 이르러 차를 세우더니 내려서 10여 분 걷자고 했다. 우리는 걸어서 가파른 언덕을 넘어 주위에 철조망을 쳐놓은 어느 동굴의 입구에 도착했다. 날은 이미 어둑해져 있었다.

그러나 그곳에 이르러 본 동굴은 입구부터 몹시 망가진 상태였고 한눈에 봐도 폐광이었다. 철조망을 비켜 지나 동굴 안으로 10여 미터 들어가 보았으나 그곳 역시 마찬가지였다.

어떤 불길한 예감이 내 머리를 스치면서 곧 실망감이 엄습했다. 날도 이미 어두워져 불안감이 밀려오던 그때 안내원은 "좀 늦었지만 나는 정부의 공무원"이라며 자신을 소개했다. 안내원의 말에 따르면 이 사업의 주관자는 국내외의 개발 프로젝트에 많이 관여하고 있는데 과거 정부의 내무부 장관이었고 지금도 현직 장관의 친척이라고 했다. 그리고 그날 밤 나를 위해 사업 주관자의 집에서 환영 만찬이 있을 예정이라고 했다.

1983년 9월 아프리카의 전통가옥 론다벨 앞에 선 필자. 다이아몬드 광산과 관련해서 현지조사
차 아프리카를 방문하던 중이었다.

우울한 정서에 빠져 있던 중에 안내원의 말을 듣자 파리에서
텔레비전이나 관광책자를 통해 본 '삼랑가'라든가 '오랑가'라든가
하는 이름의 토벽 건축물이 떠올랐다. 나는 아프리카의 돔 형태의
집을 환상적으로 여겨왔다. 지금 기억으로 나를 안내한 이는 G국
의 전통가옥을 '칠랑가'라고 불렀던 것 같다. 나중에 알아보니 아
프리카의 전통가옥 명칭은 론다벨rondavel이라고 부른다고 한다.
하여튼 나는 이 중 어느 전통적인 민가에 초청되었다는 환상 덕분
에 우울했던 마음이 좀 풀리는 것 같았다.

그러나 막상 사업 주관자의 집 앞에 이르자 내 환상은 또다시

깨졌다. 집은 우리 식 옛 양철지붕의 'ㄱ'자형 집과 똑같았으며 마당은 넓었으나 내가 상상하던 돔 형태의 토벽으로 된 아프리카 전통가옥이 아니었다.

하지만 나는 안내인이 요구하는 대로 신을 벗은 다음 토방을 딛고 방 안으로 들어갔다. 저녁상을 가운데 두고 사업 주관자라는 집주인과 마주 앉았다. 식탁 모양은 우리의 전통적인 밥상 형태와 거의 같아 보였다.

주인과 악수를 나누면서 나는 "G국과 인연을 맺게 되어 기쁩니다"라는 매우 평범한 인사말과 더불어 5년 전 뉴욕에서 처음 만났던 G국의 한 청년에 대해 이야기를 꺼냈다. 그러자 주인은 믿을 수 없을 만큼 빠른 재치로 그 청년이 자기 가족의 일원이라고 말하는 것이었다.

그 말이 아무리 사실이라고 한들 지나치게 빠른 반응에 어떤 위선과 음모가 숨어 있는 것 같아 실망감이 떠올랐다. 더구나 내가 그 청년의 이름을 묻자 주인은 나를 데려간 안내인과 현지어로 잠시 쑥덕거리더니 어떤 이름을 대었다. 하지만 그것은 내가 도저히 알아들을 수 없는 언어이자 높고 낮은 발음의 이름이었다.

나 역시 청년의 이름은 이미 잊어버린 채 얼굴의 환상만 떠올랐을 뿐이므로 더는 그 청년을 친견親見의 중간 호재로 이용하기에는 무리일 것 같아 침묵을 지켰다. 아프리카 정글 속의 한 공간에서는 그럴 수밖에 없었다. 주인 역시 청년이 누구인지는 물론 그의 친척으로 내세울 만한 근거나 이름조차 정확히 대지 못하면서 상견^{相見}상 부드러운 분위기를 조성할 만한 호재로 그 이름을 거짓 설정하고 이용하려는 듯 고심 띤 표정이었다. 이를 보고 나 역시 선^善에 어긋나고 어쩔 수 없이 그렇게 한 나의 위선을 마음속으로 질책하자 스스로 얼굴이 붉어졌다.

집주인의 옆에 나란히 앉아 나를 마주 보고 있는 그의 아내들이라고 소개된 네 명의 예쁜 여인을 보자 그가 좀 전에 내게 내놓은 말은 위선일 것이라는 확신이 들었다. 왜냐하면 내가 보기에 이들 여인은 집주인의 사업상의 필요에 따라 외교적인 들러리로 나타나 사업을 성공적으로 촉진하는 역할을 맡은 사람들 같았기 때문이다.

어찌 되었든 이것은 나의 관심 밖의 일이지만 사실이라고 할지라도 내 관심의 틈새에 낀 하찮은 사안이었다. 나의 머릿속에는 오직 다이아몬드의 대박을 꿈꾸는 사람들의 얼굴과 내가 왜 내 삶의 시선에 맞지 않는 얼토당토않은 일에 끼어들게 되었는지에 대한 의문뿐이었다.

하지만 내가 해야 할 일과 그 부담감이 떠오른 잡념을 곧 덮어버렸다. 맥주잔이 오고 가고 네 명의 여인이 상 위에 놓인 찜닭 다리를 번갈아 찢어 그중 하나를 나의 접시에 놓아주거나 여러 야채 중 오이만 골라 먹는 나의 입맛을 눈치챈 듯 접시가 비워지면 바로 다시 채워 넣었다. 그러는 동안 집주인은 지루하게 그의 이야기를 이어갔다.

다이아몬드에 관한 그의 긴 이야기는 1890년대부터 1950년대 초까지 프랑스인들이 60여 년간 매달렸던 채광의 역사였다. 그리고 그 이야기는 거의 모두 성공적인 역사였다. 그의 말에 귀를 기울이고 있으니 어느 누군가가 "역사가 믿을 만한 정령의 모습으로 나타나 그의 등 뒤에서 격려하고 나도 이를 믿으라고 타이르는 것 같다"라고 말했다는 생각이 떠올랐다.

또한 집주인은 "지금 G국 정부나 자신이 바라는 것도 그다음의 역사를 위해 누가 어떻게 먼저 발굴할 수 있느냐에 달려 있다"라고 말하고는 매우 뜻있는 말을 내가 들으라는 듯 한숨을 섞어 중얼거렸다. "모든 일은 돈이 말하거늘……. 우선 돈이……"라며 한숨을 쉬더니 맥주잔을 들고 나에게 건배를 청했다.

그는 즉석에서 상호협력을 위한 의향서 letter of intent를 먼저 작성하고 서명하면 좋을 성싶다고 했다. 마치 무진장한 광물이 땅에 묻혀 선점先占할 주인을 기다리는 듯했고 광물은 가능하면 빨리 햇빛을 보고 싶은 열망에 목말라하고 있다는 듯한 반응이었다.

하지만 나는 그가 말하는 '역사의 얼굴'인 다이아몬드가 매장되어 있다는 정확한 장소나 채굴과 관련된 자료를 단 한 건도 제대로 보지 못했다. 이 때문에 사업의 단초가 되는 의향서 한 장에도 서명하고 싶지 않았을 뿐만 아니라 어떤 구두 약속도 하지 않을 것을 마음속으로 다짐했다.

다음 날 아침 관련된 정부기관이라는 건물을 방문한 뒤 이어서 다른 광산 네 곳을 더 찾아보았으나 더 가볼 필요도 없는 자연동굴 같은 곳이 전부였다. 이와 관련된 정부 부처를 다시 찾아 자료를 얻거나 열람만이라도 해보려고 했으나 아무도 나를 도우려고 하지 않았다. G국 정부의 공식 안내인이라는 사람조차 머뭇거리며 나를 피하는 것 같았다. 끈질긴 요청 끝에 내가 얻은 자료 두 가지는 불어로 쓰인 프랑스인이 작성한 것 하나와 오래되어 누렇게 손때가 묻은 것 하나뿐이었다.

나는 G국에서 남은 사흘간 헛된 일에 매진하는 것보다는 차라리 원래 위치인 파리로 돌아오는 쪽을 택했다. 파리의 자원개발 관련기관에서 자료를 수집하고 분석해 프랑스인 전문가의 조언을 얻은 뒤 개발 가능성 여부를 판단하는 것이 최선의 방법이라고 결정을 내렸다. 그래서 G국과 그 이상의 직접적인 접촉은 포기하고 그곳을 일찍 떠났다.

나는 탐사보고서에 다이아몬드 프로젝트의 실상을 프랑스에서 얻은 조사와 분석자료, 전문가의 조언을 근거로 상세히 밝혔다. 그리고 G국의 다이아몬드 광산개발 계획은 포기하겠다고 코트라 본사에 보고하면서 국내의 어느 업체라도 이 같은 프로젝트에 관심을 갖지 않도록 건의했다.

이렇게 스웨덴 전원마을 이야기나 아프리카 다이아몬드 광산 이야기 등을 KBS라디오 〈가로수를 누비며〉 방송에서 모두 풀어

보고 싶었다. 하지만 회사 안팎의 이런저런 사정 탓에 그만 못 다한 이야기가 되고 말았다. 그래도 이 책에서나마 남은 이야기를 내놓을 수 있으니 다행스러운 일이다.

국위 선양과 아프리카의 로망

케냐 나이로비 박람회에서 만난 케냐타 대통령 부부

내가 글로 남기고 싶은 아프리카의 로망 중에는 한국의 수출품을 아프리카 전역으로 확대하기 위한 전략으로 개최한 각종 한국 상품전시회에서 있었던 영광과 치욕적인 사건 등도 들 수 있다. 예를 들어 1975년 당시 아프리카 국가 중 가장 평화롭고 부유하다는 평가와 함께 안전한 여행도 가능한 곳으로 알려진 동부 아프리카의 케냐에서 일어난 일을 빼놓을 수 없다.

우리는 케냐 정부가 정해놓은 국제박람회장 부지에 200여 평의 반영구적인 콘크리트 상설전시관 건축용 대지를 확보했다. 당시 한국은 외화 사정이 매우 어려웠는데도 정부는 케냐에 우리 상품전시관을 건축했다. 케냐를 거점으로 동부 아프리카에서 수출 시장을 확대하겠다는 큰 꿈이 있었기 때문이다.

한국상품전시관은 나이로비 국제박람회 개최 시기에 맞춰 개관했다. 전시 품목은 여성의 신변세화, 농기구, 각종 경기계 부품,

라디오, 자전거, 타이어, 어망 등 주로 경공업제품으로 전시관의 화려한 인테리어 덕분에 인기를 끌었다.

하지만 처음에는 현지 시공업체가 사용한 부적절한 장치용 자재와 부자재, 불량한 채색 염료로 전시관 책임자였던 나와 시공업체 사이에 분쟁이 발생해 큰 곤욕을 치렀다. 다행히 박람회 개회 바로 전날 밤에 모두 수습되어 우리 전시관은 거의 철야공사 끝에 개관할 수 있었다.

박람회 개회식에는 케냐의 조모 케냐타^{Jomo Kenyatta} 대통령 부부를 비롯한 정부 고위관리와 각국 외교사절이 참석했다. 개회 선언과 더불어 아름다운 여가수가 동부 아프리카의 스와힐리어 가사로 축가를 부르자 장내는 엄숙해졌다.

노래는 처음에는 우렁차게 들렸다가 갑자기 애수를 띤 낮고 슬픈 음성으로 리듬이 바뀌어 푸른 가을 하늘을 향해 퍼져나갔다. 분위기는 더욱 엄숙해졌고 나도 이 소리에 별 다른 이유 없이 숙연해졌다. 아프리카 음악은 대부분 음정이 빠르고 애조를 느끼게 하는 특징이 있는 것 같았다. 우리의 남도 육자배기처럼 애조를 띤 선율이어서 남의 나라 노래인데도 우리의 것처럼 들렸다.

한참 뒤 개회식이 끝나자 곧이어 성가의 음조와 약간 닮았으나 리듬이 빠른 음률의 음악을 악단이 연주하기 시작했다. 음악에 맞춰 내 옆에서 카키색 반바지에 빈 담배파이프를 들고 멍하게 서 있던 한 영국인이 가볍게 발을 구르고 있었다. 내가 그에게 들리는 악기의 이름이 뭐냐고 정중히 묻자 그는 어깨를 한 번 으쓱 들더니 "콩가conga 아니면 탬버린tambourine인 것 같은데 잘 모르겠다"라고만 말했다.

잠시 뒤 다시 음악이 바뀌는가 싶더니 역시 애조가 섞인 빠른 음률의 음악이 드럼 소리와 함께 넓은 장내에 울려 퍼졌다. 케냐타 대통령은 당시 아흔 살에 가까웠지만 예순 살로 보일 만큼 정정했다. 대통령은 영부인과 함께 단상에서 내려와 박람회에 참석한 수많은 군중에 섞여 삼바와 비슷한 빠른 음악에 맞춰 춤을 추었다.

나 역시 이들처럼 엉덩이를 흔들며 춤을 추지 않고서는 불화의 이방인으로 찍히지 않을 수 없을 것 같았다. 나만의 관습과 명분에만 집착해 나와 다른 것이라고 바로 눈앞의 제도와 관습도 외면한 채 우리 국익과 시장개척에만 매진하는 것은 무리한 일이라는 생각이 들었다.

케냐타 대통령은 20여 분간 군중 속에서 춤을 추다가 부인과 함께 춤의 스텝을 서서히 자국 전시관으로 옮기기 시작했다. 대통령은 그곳에서 30여 분쯤 관람하다가 발길을 바로 옆의 한국전시관으로 옮겼다. 대통령의 주위에는 삼엄하게 경계를 하는 경호원, 국무위원, 외교사절 등이 뒤따르고 있었다.

우리 전시관에 대통령이 들어오자 나는 정중히 고개를 숙여 환영한다고 말했다. 그는 나의 손을 잡더니 "전시관 광경이 아름답다"라고 말하고 박정희 대통령이 새마을 복장을 하고 식수植樹하는 사진과 방적공장 공원들이 작업하는 대형사진을 물끄러미 한참 동안 바라보았다.

그때 영부인 케냐타 여사가 나에게 미소를 띠고 악수를 청했다. 전시품 중 자수정 반지, 목걸이, 팔찌와 전복자개, 칠보보석함 등을 만져보았다. 목걸이는 직접 목에 걸어보고 반지도 끼어보면서 나에게 물었다.

"전시회가 끝나면 여기 전시품은 모두 귀국으로 반송합니까?"

나는 이곳의 모든 전시품은 거래를 위한 참고용 샘플로 수입에 확실히 관심을 갖는 바이어에게만 거래용 참고자료로 무상으로 건네는 것이라고 했다. 그러자 영부인이 나에게 한 가지 제안을 해왔다.

"나도 바이어가 되고 싶은데……. 가능하다면 전시회가 끝난 뒤 이 공예품 중 자수정과 칠보제품은 모두 나에게 판매하든가 무상으로 건넬 수 있습니까?"

나는 속으로 쾌재를 부르며 곧 대답했다.

"예! 기꺼이 무상으로 드리겠습니다. 영부인께서는 저희가 찾고 있는 케냐 최대의 신뢰할 만한 바이어시니까요."

장내는 갑자기 "와, 하!" 소리와 함께 함박웃음으로 가득 찼다. 영부인 역시 흐뭇한 표정을 지으며 떠났다. 내 옆에서 우리 대사와 참사관 한 사람이 이 모습을 지켜보며 말했다.

사진(위쪽): 케냐 나이로비 국제박람회의 한국 상품전시관 테이프 커팅 행사. 왼쪽부터 필자, 박람회 회장 부부, 케냐 통상부 장관, 케냐 주재 한국대사 부인.
사진(왼쪽): 한국상품전시관을 찾은 케냐타 영부인과 여사를 안내하는 필자.

"우리의 금년도 케냐 외교 목표는 이미 거의 달성했군!"

한국상품전시관에는 10여 일간 연일 인산인해를 이루듯 관람객이 몰려왔다. 케냐 유력 일간지 ≪데일리 나이로비Daily Nairobi≫는 한국의 경제발전상과 케냐타 대통령 부부의 방문 사진과 한국관 전시 광경을 큰 기사와 함께 도배하듯 지면을 채웠다.

이는 실제 거래성과로도 나타나 전시회 기간 동안 모두 80만여 달러의 수출계약이 성사되었다. 당시 한국의 아프리카 월간 총수출액에 비하면 매우 높은 성과였다. 대통령 부부의 방문 효과가 이처럼 클 줄 몰랐다.

10여 일이 지나 박람회가 종료되던 날 늦은 오후 전시품을 정

리하느라고 분망한 우리 전시관에 건장한 청년 대여섯 명과 두 여
성이 예고 없이 일시에 들어왔다. 케냐타 여사와 여비서, 경호원
들이었다.

나는 영부인이 관심을 두었던 자수정과 칠보제품 등 여러 개를
미리 잘 포장해두었다가 이날 정중히 드렸다. 여사는 고맙다는 인
사와 함께 나의 이마에 가벼운 키스를 남기고 떠났다.

나이지리아 라고스에서 당한 봉변과 나의 애환

케냐와는 달리 나이지리아 수도 라고스에서는 가벼운 사건이
었지만 수난을 당하기도 했다. 1978년 나이지리아 라고스에서 한
국의 수출품특별전시회를 개최하는 데 따른 타당성을 조사하기
위해 10여 일간 체류할 때였다.

서울에서 런던을 경유해 라고스까지 향하는 장시간의 비행기
여행에 지쳐 현지에 도착한 당일에는 투숙한 호텔에서 깊은 잠에
떨어졌다. 그러다가 이른 새벽 호텔 밖에서 은은하게 들려오는 파
도 소리에 잠을 깼다. 소리에 이끌려 호텔과 가까이 마주한 바닷
가로 나와 홀로 가벼운 산책을 하고 있었다.

그때 바다에서는 많은 돌고래 떼가 일사불란하게 물 위로 치솟
아 올라와 파상적으로 물보라의 포물선을 긋고 곧 잠수했다. 그
광경을 나는 넋을 잃고 쳐다보고 있었다. 특히 바다와 백사장이
너무 아름다운 나머지 이때 내 몸이 이 세상으로부터 완전히 벗어

난 듯한 자유를 느꼈지만 이런 생각은 환상이었다. 세상은 내가 생각하고 소망하는 것이 아니었다는 점을 곧 깨달았기 때문이다.

갑자기 뒤에서 나타나 목에 날이 날카롭고 섬뜩한 칼을 대고 서 있는 두 명의 괴한에게 나는 두 팔을 잡히고 카메라, 지갑, 여권을 빼앗겼다. 이에 당황했으나 곧 달아나는 괴한들 뒤를 따라가며 광활한 백사장을 향해 "도와달라!"라고 큰 소리로 외쳤다.

다행히 호텔 창문으로 이 광경을 목격했던지 백인 청년 두 명이 달려와 불한당의 앞을 가로막고 체포한 다음 수갑을 채워 사라졌다. 나중에 알게 되었지만 그들을 체포한 것은 나이지리아 정부에 배치된 치안 담당 영국인 집정관들이었을 것이라고 어떤 사람이 귀띔해주었다.

힘들게 해외로 출장을 다니다가 마주한 위기에 나는 하늘로라도 탈출하고 싶은 분노에 사로잡혔다. 무엇보다도 반항 한 번 하지 못하고 꼼짝달싹 못 하고 어이없이 당한 무력감을 이겨내기가 힘들었다. 나는 나이지리아에서 전시회를 개최하는 일을 다시 생각해보기로 마음을 먹었다.

하지만 강도 사건은 꼭 나이지리아였기에 발생한 것이 아니라고 여기고 마음을 돌려 다시 일을 수행하기로 했다. 그렇게 전시회 타당성 조사를 계획대로 수행한 일은 나중에 보니 잘한 일로 생각되었다. 그로부터 다섯 달쯤 뒤 전시회는 비교적 무난히 치러졌고 여러 해가 지나 이와 유사한 사건을 프랑스 파리에서 다시

1979년 3월 나이지리아 라고스에서 열린 한국의 수출품특별전시회 모습. 한국상품전시장을 찾은 나이지리아 유력 실업인들과 그들에게 우리 상품을 소개하는 필자.

당하고 난 뒤부터는 나이지리아에서 한국의 수출품특별전시회를 추진한 일은 분명 잘한 것으로 확신하게 되었다.

왜냐하면 수년이 지난 어느 날 우리 관광객이 프랑스에 와서 하는 대표적인 말이 "프랑스는 천국 같다"라는 것이었으나 나는 파리에서 업무용 차량은 물론 집의 세간을 세 번이나 털리고 말았다. 그처럼 나는 범죄는 세계 어디에서나 발생하는 사회문제이며 일상적인 현상인 것으로 생각해왔다.

나이지리아는 민주주의 실체를 제도적으로 잘 표방하고 있었으나 내 눈에는 시민의 정치, 경제적인 자유는 통제되었고 한정된 사람들만을 위한 불합리한 부와 자유의 문제를 안고 있는 것이 보였다. 아프리카 최대의 산유국이면서도 이 같은 문제를 해결하지 못한 채 오직 가난만이 이곳저곳에 보여 가슴이 아팠다.

그럼에도 나는 위험을 감수하고 용기를 내 수도 라고스와(지금은 수도를 아부자로 옮겼음) 카노 지방 등 대도시 몇 군데의 상공회의소를 차로 순회했다. 그렇게 전시회를 개최하기 위한 타당성 조사를 지속했던 것은 다행스러운 결단이었다.

나이지리아의 이곳저곳을 순회하는 중에 나는 이 나라 시장의 특성, 소비구조와 소비재의 수출입 상황, 현지문화 등을 직접 보거나 조사했다. 그래서 나중에 개최된 우리 수출품특별전시회에서 국내 참가업체들이 나의 조사자료를 참고하도록 했다. 나의 자료에서 도움을 받은 기업 중 몇 곳은 새로운 거래처를 발굴했다. 특히 어망, 직물 원단, 플라스틱 생활용품의 수출계약을 체결하는 등 큰 결실을 맺었다.

여행 중 만난 사람들과 친교를 맺던 기쁨

가나 아크라에서 만난 김복남 사장

내가 프랑스 파리 무역관에 부임하기 1년여 전인 1979년 어느 날 서부 아프리카 가나의 수도 아크라를 방문한 적이 있다. 그곳에서 식품가공 기업으로 참치가공 공장을 운영하던 김복남 사장을 만났다. 그는 가나 정부의 극진한 보호와 경제적인 지원까지 받고 있던 한국인으로 그 나라에서 유력인사가 된 인물이었다.

한국인 두세 명을 제외하고 500여 명에 달하는 공장의 현지인 종업원들은 깨끗한 흰 작업복 차림이었다. 종업원들의 얼굴에서는 그 나라 보통의 시민들과는 달리 윤기가 넘쳐흘렀다.

그들은 매일 아침 여덟 시와 오후 여섯 시 두 차례에 걸쳐 공장 중심부에 특별히 세워진 국기 게양대의 펄럭이는 태극기 앞에 나란히 서서 스피커에서 흘러나오는 우리 애국가를 한국어 가사 그대로 따라 부르고 있었다. 마치 지구를 벗어난 듯한 외딴 서부 아프리카에서 푸른 바다를 끼고 하얗게 서 있는 공장에서 흘러나오는 애국가를 듣고 있자니 새삼스레 나 자신, 나의 조국, 나의 임무 등에 대한 각오를 새로이 하며 여러 감회가 떠올랐다.

그때 석양빛을 받아 황금처럼 번쩍이는 앞바다 위에 수많은 참치 떼가 마치 애국가에 맞춰 행렬을 이룬 듯 헤엄치는 것이 내 눈에 들어왔다. 곧 알게 된 사실이지만 바로 이 참치 떼가 김복남 사장의 사업소득 원천이라고 했다.

김 사장에 따르면 고가의 수출품인 참치를 잡는 데 한국에서 스페인령인 라스팔마스Las Palmas 어장까지 가려면 약 석 달이라는 긴 항해 기간이 소요된다고 한다. 당연히 위험할 뿐만 아니라 이 기간 동안 엄청난 유류비, 인건비, 각종 장비 유지비가 투입되어야 하기에 가득률稼得率이 매우 낮다는 것이다.

하지만 이곳 가나에서는 바로 앞바다에서 특별한 장비 없이도 손쉽게 참치를 잡아 내수용과 수출용으로 판매해 막대한 수입을 이어갈 수 있었다고 한다. 그는 500톤짜리 새 어선을 가나 정부의 보조금으로 구입하는 데 성공했다고도 말했다.

김 사장의 사무실 책상 뒷벽에는 당시 한국과 가나 대통령 두 분의 사진이 태극기를 중심으로 좌우로 걸려 있었다. 그는 조국을 배신했던 과거를 뉘우치기 위해 그렇게 했다면서 가나에 정착한 지 벌써 10년이 넘었다며 우수에 젖은 얼굴로 힘없이 말했다. 나중에 알게 되었지만 김 사장이 고백한 '조국을 배신한 죄'란 다름이 아니라 우리 어선에서 무단 탈출한 일을 두고 이른 말이었다. 각박한 삶 때문에 어쩔 수 없이 저지른 일이라고 했다.

김 사장은 우리 해군의 UDT(수중파괴반) 출신으로 제대한 뒤에 한 원양어업체에 취직해 라스팔마스 어장 근해에서 참치잡이 선원으로 일했다. 하지만 오랜 항해, 극도의 피로감, 적은 보수에 만족할 수 없어 기회만 오면 그곳을 떠날 준비를 하고 있었다.

그러던 어느 날 일을 마치고 라스팔마스 항으로 귀환해 어느 주막에서 쉬고 있었을 때였다. 한 흑인이 그에게 다가와 한국 어선의 놀라운 어획기술에 대해 여러 질문을 던지는 것이었다. 흑인은 자신도 가나에서 참치를 잡고 있으나 기술이 부족하고 선박이 낡아서인지 어획률이 높지 않다고 했다. 무엇보다도 참치 수출이나 가공에 관한 기술과 경험이 없어 이것만 해결할 수 있다면 참치잡이로 떼돈을 벌 수 있을 것이라고 했다.

마침 고된 뱃일로 언제든 떠날 기회를 노리던 김 사장은 거리낌 없이 흑인을 따라나설 마음을 굳혔다고 했다. 흑인의 설명과 제안에 곧 매혹되었는데 그때 김 사장의 귓속에서는 전광석화와 같은 천둥소리가 진퇴를 모르고 망설이던 그에게 결단을 촉구하듯 귀가 멍할 정도로 울렸다고 했다.

김 사장은 주저하지 않고 흑인을 따라나섰다. 곧 흑인의 배에 탔으나 배가 너무 낡아 가나 항에서 수백 킬로미터나 떨어진 라스팔마스 항까지 어떻게 항해했는지 의아할 정도였다고 했다.

김 사장은 흑인의 배에서 하룻밤을 새우고 동이 트기 전에 가나를 향해 항해를 시작했다. 흑인의 배는 대양을 항해하기에는 적합하지 않은 작고 낡은 어선이었다. 80톤 급의 동력선이었으나 동력장치는 빈약했고 멀리 항해하기에는 매우 위험한 선박이었지만 어쩔 수 없이 그를 따라가야 했다고 한다.

거의 하루 반나절 배를 탄 끝에 겨우 가나 항에 도착해 흑인의 집에서 그의 가족과 며칠을 보냈다. 그 뒤 흑인과 함께 가나 정부 기관을 방문해 밀항의 이유, 그의 절박한 사정, 특히 참치어업에 관한 장래계획을 소상히 밝혔다. 이에 가나 정부는 김 사장을 난민으로 처리한 뒤에 장기 체류허가와 함께 어업권도 인정해주었다고 했다.

그렇게 김 사장은 자신의 밀항이 무단 국외탈출이어서 죄책감에 시달리던 중이었다. 다행스럽게도 1980년대 초 어느 날 참치 어획증대와 참치 수출로 가나의 경제를 도운 공로와 가나의 고용 창출에 기여해 한국과 가나 간의 우의를 증진했으며 서부 아프리카에서 한국의 국위를 크게 선양한 공로를 우리 정부가 인정하게 되어 김 사장은 사면되었다.

그 뒤 내가 가나를 떠나고 나서 4년가량 지난 1983년 어느 날 프랑스 파리 무역관에 있을 때 한국 대사관에서 개최한 광복절 기념 리셉션에서 김 사장과 우연히 재회했다. 그는 나를 그때까지 기억하고 있어 매우 반가웠다. 김 사장은 해외동포 유공자로 한국 정부의 국가표창을 받은 뒤 가나로 돌아가는 중이라고 했다.

그리고 나서 다시 10여 년이 흐른 1995년이었다. 어느 날 김 사장이 영면했다는 뉴스가 그의 파란만장한 이력을 간단히 요약해 소개한 기사와 함께 여러 일간신문에 게재되었다.

그렇게 그의 부음을 접한 지 벌써 20여 년이나 흘렀는데도 그의 영웅적인 모습은 지금까지도 내 머릿속에서 지워지지 않고 있다. 어느 날 우연히 다시 가나를 찾았을 때 자꾸 김 사장의 환영이 떠올라 나는 일을 제대로 할 수 없었다.

코트디부아르에서 만난 프랑스 외교관

가나에서의 추억이 떠오를 때마다 나는 코트디부아르(상아해안국)의 추억도 함께 떠올리지 않을 수 없다. 가나에서 귀국하던 길에 코트디부아르의 수도인 아비장을 거쳐야 했기에 그곳에서 하룻밤을 보냈다. 다음 날 밤 열 시에 출발하는 파리행 비행기에 탑승하지 않으면 안 되었기 때문이다. 거의 온종일 아비장에서 헛되이 시간을 보낼 수는 없어 호텔 바로 앞 해변의 백사장을 혼자 거닐었다.

한참 동안 해변을 거닐고 있을 때 백사장에 매트를 깔아놓고 일광욕을 하는 어느 백인의 눈이 나의 눈과 마주쳤다. 하지만 나는 예전에 나이지리아 라고스 해변에서 불량 청년들에게 당했던 경험을 되살려 가능한 한 모르는 사람의 눈을 피하기 위해 애쓰던 중이었다. 그래서 백인에게서 곧 눈을 돌렸으나 그는 나를 유심히 바라보는 것 같았다.

그가 아무런 이유 없이 나에게 악의를 품고 있든지 그러지 않든지 나는 서구적인 예의범절로 그에게 먼저 잔잔한 미소와 함께 "헬로우? 사바ça va?(불어의 '안녕')"라며 인사를 건넸다. 나는 그의 국적에 상응하는 언어를 알 수 없었기에 그가 골라잡아 알아들을 수 있도록 영어와 불어 두 가지 말을 섞어 남발했다. 그는 이 중 나의 미소와 불어만을 골랐는지 곧 나에게 불어로 화답하고 자신은 그곳 프랑스 대사관 직원이라고 밝혔다.

그에게 나는 낯선 사람이었지만 내가 보낸 잔잔한 미소가 그에게 은연히 상호연대감을 형성하고 그 여운이 흘러들어 영향을 준 것 같았다. 나는 걸음을 멈추고 그에게 다가가 손을 내밀어 악수를 청한 다음 옆의 모래사장에 앉아 얼굴을 맞대고 드디어 말을 나누게 되었다.

그는 한때 주한 프랑스 대사관에서 근무했던 경험과 한국의 아름다운 전통문화를 중심으로 추억담을 늘어놓았다. 나는 불어 습득에 얽힌 화젯거리를 그의 말에 간간이 끼워 넣었다. 대화가 이어질수록 친근감도 더해지는 것 같았다.

그는 영어에도 능숙해서 나와의 의사소통에 거의 장애가 없었다. 그 덕분에 우리는 거의 오후 내내 긴긴 이야기를 했고 비행기 출발을 기다리는 지루한 시간을 보낼 수 있었다. 어느덧 비행기 시간이 되자 나는 일어났는데 약간 섭섭한 느낌이 들었지만 어쩔 수 없이 명함만을 남기고 자리를 떠나야 했다.

그런데 이것이 인연으로 연결되어 8년여 뒤 파리의 한 모임에서 그를 다시 만나게 되었다. 그리고 그로부터 업무 활동에서 약간의 조언도 얻게 되었다. 이런 일을 겪으니 어느 누군가가 책에 썼던 글이 기억에 떠오르면서 다음과 같은 생각이 머릿속에서 일어났다.

"언어란 낯모르는 사람들과 친교를 맺어주고, 잘못이 있어도 관용의 반응을 주고, 살랑대는 음률을 타고 세계를 떠돌며 사람들을 감동시키고, 가볍게 혀로 놀리다가 혼도 나고, 무거운 뜻을 담고 있다가 때로는 글자로 찍혀 운명의 모습으로 변하기도 하는 기호"라는 말에 관해서였다.

중남미의 두 나라에서 목격한
대조적인 해외투자 유치 공무원들

내가 남기고 싶은 이야기 중에는 본사 해외협력사업부장으로 재직하던 어느 날 우리 외무부 통상사절단과 함께 중남미의 몇몇 나라를 방문했을 때 겪은 일도 포함하고 싶다. 그중 중남미 최소 국가인 BZ국에는 나 홀로 방문해 한국과의 경제협력이나 그 밖의 상호교류 방안에 관한 협의를 하기로 했다.

아름다운 해변에 단독으로 세워진 하얀 벽과 붉은 지붕의 마치 별장처럼 보이는 건물이 BZ국의 경제담당관(영국 출신 커미셔너) 사무실이었다. 그곳에 미리 약속한 시간에 도착했는데 해당 담당관은 낮잠에서 아직 깨지 않은 듯 졸음이 가시지 않은 표정으로 나를 맞이했다. 설사 내가 그의 바쁜 시간에 불쑥 찾아왔다고 하더라도 방문자 앞에서 조는 표정을 짓고 있으면 어색할 일이다.

나는 자리를 잡고 앉자마자 경제협력 방안에 대해 의견을 밝혔고 그제야 그는 겨우 말문을 열었다. 경제담당관은 지난날 한국의 각계 인사와 단체가 이 나라를 수도 없이 방문하고 경제협력에 관한 의견을 나누었으나 아직까지 확정된 것이 하나도 없는 점을 원망하듯 이렇게 대답한 뒤 다시 입을 다물어버렸다.

"말로만 약속한 것이었지만 당신들이 지난날 나에게 한 약속대로라면 이곳에는 이미 한국의 자동차와 부품조립 공장이 세워져 가동되고 있어야 합니다. 그러니 당신들과는 더는 투자나 경협 전반에 관해 이야기할 필요가 없을 것 같아요. 마침 지난번 한국 기업과 몇 가지 사항에 관해 협의한 자료가 있으니 참고해도 좋아요. 필요하다면 언제인가 다시 만나서 구체적으로 협의했으면 합니다. 대단히 미안하군요."

그의 입장을 충분히 이해하면서도 나도 모르게 얼굴이 붉어지는 것을 느꼈다. 하지만 뒤돌아 나오면서 아직도 가난하고 조그마한 이 나라를 현실적인 경제성장의 역사로 가득 채우려면 수많은 곡절을 겪지 않고서는 불가능하다고 생각했다. 공장을 설립하려는 계획이 차질을 빚어 늦어지고 있다고 해도 인내와 능동적인 접근으로 투자를 유치해야지 그처럼 거만하고 찡그린 얼굴로는 해외 투자자를 불러 모을 수도 사로잡을 수도 없다. 어쩌면 그는 훗날 경제적인 낙후를 초래한 장본인으로 누군가에게 따귀를 맞을지도 모를 일이라고 생각했다.

같은 중남미 국가였지만 과테말라는 BZ국과 달랐다. 1979년 11월 과테말라 국제박람회에 참가한 우리는 주로 섬유제품과 생활용품을 전시했다. 박람회의 한국전시관 관장이었던 나는 중남미 전체를 대상으로 바이어와 상담하는 일에 열중했다.

나는 한국전시관을 친히 찾아주신 과테말라 대통령과 과테말라 시장에게 우리의 중남미 주요 수출품을 소개했다. 그러면서 한국과 과테말라 사이의 교역증진은 물론 중남미의 모든 국가와 교역을 늘려야 할 필요성을 강조했다. 이에 과테말라 시장은 나에게

1979년 11월 과테말라 국제박람회에서 한국전시관 개관 테이프를 커팅하고 있다. 앞줄 왼쪽부터 과테말라 박람회 회장, 과테말라 주재 이남기 한국대사, 필자.

명예시민증을, 박람회 회장은 나에게 감사장을 수여했다.

이때 나는 수입시장이 매우 협소한 과테말라에 대해서는 포괄적인 수출전략보다는 특정한 유망산업을 중심으로 진출해야 한다고 역설했다. 때마침 1970년대 말 우리 수출 주종상품 중 하나인 의류와 섬유산업이 사양길로 접어들고 있었다. 이를 타개할 방안으로 섬유 가공비용은 물론 기타 제조업의 인건비도 저렴한 중남미가 대안으로 떠올랐다.

그중 특히 정치, 사회적으로 안정된 나라인 과테말라를 중남미 시장의 교두보로 판단하고 섬유업계의 진출을 독려했다. 이를 계기로 1980년대 말까지 과테말라는 우리 교민에게 의류제조의 메카로 불릴 만큼 많은 한국 기업이 진출했다. 과테말라 현지생산을 통해 당시 우리 섬유업계가 미국으로 수출할 때 겪었던 쿼터^{quota} 장벽을 돌파하기도 했다.

내 삶 속에 숨어 있다가 나타난 재난, 프랑스 아디다스 사건

악몽보다 더 고약했던 아디다스 사건

시간이 흐를수록 익어가는 노년의 삶과 더불어 직업상 내 일생 최대로 시달렸고 나 자신마저 잃어버릴 것만큼 고통스러웠던 시간을 되돌아보려고 한다. 내가 프랑스 파리 무역관장으로 재직하던 시절의 이야기다.

코트라 파리 무역관은 매년 국제 파리 가죽제품 전시회에 참가했다. 전시회 참가는 한국의 순純가죽과 합성수지로 만든 스포츠 의류나 신발, 그 밖의 장신구의 유럽 수출시장 개척과 수출 기회 조성이 목적이었다. 또한 세계 유명제품의 개발 상황을 참고할 수 있는 유익한 전시회로 국내 기업들에게도 매우 인기가 있었다.

그런데 1983년 9월 개최된 전시회에서 매년 참가해왔던 우리 기업 중 J사가 수출판촉용 샘플로 전시한 스포츠 운동화가 아디다스^{adidas}의 삼색 띠 운동화와 똑같은 디자인으로 제작되었다는 것이 아디다스 조사원들에게 발견되었다. 아디다스는 파리 지방법원에 우리를 고소했고 법원은 압수영장을 발부해 위조품으로 의심되는 J사의 전시용 샘플 다섯 점을 무역관장인 나나 다른 무역관 직원들이 모르는 사이에 압수해 가져간 모양이었다.

전시회 담당인 무역관 여직원 하나만 이 일을 알고 있었는데 대수롭지 않게 생각해 그만 방심하고 있었다. 그렇게 며칠이 지난 어느 날 파리 지방법원은 우리 무역관에 법원 출두명령서를 보냈다. 하지만 그 여직원은 코트라 무역관은 한국 대사관 소속으로 면책특권이 있으며 이 사건은 민간기업 사이의 문제인 만큼 우리가 법원에 출두할 이유가 없다고 판단해 법원에서 온 서류를 자의로 파기해버렸다. 그리고 이를 담당 직원이나 나에게 보고조차 하지 않았던 것이다.

법원은 우리 쪽이 이유 없이 법원에 출두하지 않았다고 보고 결석재판을 열었다. 그리고 우리와 J사에 대해 검찰의 구형과 법원의 판결이 내려졌는데 내용은 다음과 같았다.

"아디다스 사의 신발류 디자인 특허인 삼색 띠를 한국의 J사가 도용해 아디다스 제품과 똑같이 그들의 수출 신발류에 부착했다. 이 때문에 아디다스 사는 연간 수천만 프랑의 손실을 입었다. 그리고 코트라 파리 무역관은 이를 방조했기에 무역관과 J사는 손해배상액으로 500만 프랑을 아디다스 사에게 지불하라. 그리고 프랑스 최대 일간지 두세 곳에 특허위반을 알리는 사과 광고를 3회

이상 게재(광고비 500만 프랑 상당)하라. 아울러 재발방지를 약속하고 양 피고의 최고경영진은 사과하라"라는 내용이었다.

이때 나는 불가리아와 한국 사이에 신발류 부품 합작생산 계약을 체결하기 위해 업계 대표와 함께 불가리아의 수도 소피아에 있었다. 한밤중 파리 무역관으로부터 전화로 이 소식을 듣자 나는 누군가에게 정수리를 얻어맞은 듯한 충격을 느꼈다.

매일 프랑스에는 한국 귀빈들, 업계 경영진, 세일즈맨, 공무원, 정치인, 나의 여행안내를 믿고 찾아오는 친지에게서 소개받은 사람들이 쏟아져 내리듯 밀려왔다. 그들의 프랑스 방문에 필요한 일정을 도와주느라고 지쳐 있던 중에 받은 청천벽력과 같은 소식에 나는 기절할 듯한 충격으로 침대에 쓰러졌다. 급히 파리로 돌아온 날 밤 아내가 말하기를 한밤중에 내가 잠에 빠져 있다가 갑자기 알아들을 수 없는 말로 크게 소리치며 잠꼬대해 가족이 모두 잠에서 일어나 내 옆에 앉아 망연히 밤을 새웠다고 한다.

날이 밝자 나는 아침 일찍 무역관으로 나가 홀로 조용히 앉아 이 사건에 대한 대책을 강구했다. 무역관에서 급한 몇 가지 서류를 뒤적이다가 출근시간이 다 되어 프랑스 주재 한국 대사관을 방문해 대사를 만났다. 대사에게 불가리아 출장보고를 겸해 아디다스 사건의 내용을 간단히 설명했다.

무엇보다 코트라 파리 무역관은 한국 대사관 소속의 산하기관으로 외교면책 특권이 있었다. 그리고 코트라는 민간업계의 제품 제조와 판매에는 직접 관여하지 않으며 오직 시장조사와 무역 관련 정보수집 등 전반적인 마케팅 활동을 담당하고 있다고 보고했다. 무역관의 이런 입장을 대사관이 프랑스의 유관기관에 직접 전달해줄 것을 간청했다.

그다음으로 나는 변호사를 선임해 항소하도록 조치했다. 그리고 우리의 면책특권과 함께 향후 무역관이 한국 업계를 도의적으로 설득해 위조품 제조나 판매와 같은 불행한 사례가 재발하지 않도록 최선을 다하겠다는 이야기를 내가 아디다스 쪽을 직접 방문해 설득하기로 했다.

변호사를 선임하도록 무역관 직원들에게 지시한 뒤 나는 파리에서 570여 킬로미터 떨어진 국경도시 스트라스부르에 있는 아디다스 프랑스 지사를 향해 홀로 차를 몰았다. 스트라스부르는 한때 독일 영토였으나 제2차 세계대전 뒤 프랑스로 반환된 바 있다.

오전 열한 시쯤 파리를 출발한 나는 밤 여덟 시 무렵 어두워진 뒤에야 스트라스부르에 도착했다. 허름하고 비좁은 독신자 숙소 같은 여관에 투숙하고 다음 날 오전 열 시쯤 숙소를 나서 아디다스 지사를 향했다. 한참 뒤 스트라스부르 외곽의 평원지대 한 능선 위에 늠름하게 서 있는 하얀색 건물이 눈에 들어왔다.

나는 정문 수위에게 변호사의 이름을 대고 약속 없이 왔으며 파리 주재 한국 대사관 소속으로 중요한 일로 급히 만나고 싶다고 했다. 수위가 인터폰으로 메시지를 전하자 변호사가 직접 정문에 나와 안내하겠다고 답하는 소리가 내 귀까지 들려왔다. 잠시 뒤 키가 후리후리하고 멀리서 봐도 눈빛이 반짝였으며 붉은 얼굴의 변호사가 반가운 표정으로 내 앞에 나타났다.

"올라라$^{Oh\ là\ là}$(불어의 감탄사)! 이렇게 먼 곳까지 직접 찾아오다니! 놀랍군요!"

나는 그에게 어떻게 화답하면 좋을까 생각하다가 무언가 좀 아는 체를 하고 싶었다.

"이렇게 친절하게 맞이해주셔서 감사합니다. 어느 때인가는 역사적인 이 도시를 한 번 찾아보려고 했는데……. 이참에 잘 온 것 같기도 하고……."

우리는 나란히 약간 높고 경사진 곳에 세워진 건물 입구까지 걸어가 건물 2층에 올라간 뒤 한곳에서 멈추었다. 나와 그가 발걸음을 멈춘 곳의 바로 앞은 출입문 없이 복도와 연결된 홀^{hall}이었다. 홀의 사방 벽에는 여러 의류, 신발류, 장신구가 전시되어 있었는데 그는 나를 'Korea'라는 패널이 있는 곳으로 인도했다.

그곳은 아디다스의 디자인과 상표를 위조한 품목을 수년간 수집해 나라별, 회사별로 구분해 전시한 곳이었다. 적발한 회사들에 대해서는 하나둘씩 순차적으로 법적 조치를 취하고 있다고 했다. 아시아의 주요 개발도상국인 T국, H국, S국, Th국의 위조품도 구분해 전시하고 있었다. 놀랍게도 위조품의 나라별 순위에서 한국은 T국에 이어 두 번째로 큰 위조국가로 분류되어 있었다.

변호사는 놀라서 멍히 서 있는 나를 그의 사무실로 안내했다. 그는 위조품 때문에 입는 회사의 손실이 연간 약 2000억~3000억 프랑에 달한다며 한숨지어 말했다. 이번 법적 대응은 T국과 한국에 대한 것이며 아디다스는 그동안 두 나라의 관련조합과 정부에 여러 차례 위조품을 단속해줄 것을 직간접적으로 요청했으나 전혀 반응이 없어 최후수단을 행사하게 되었다고 역설했다.

위조품의 실물전시장에서 나는 그에게 코트라가 할 수 있는 일과 할 수 없는 일을 명확히 설명했다. 한국 정부를 향해 위조품에 대한 제재 조치를 강력히 요청하겠다고 약속했으나 그는 나의 말을 믿지 않는 눈치였다. 무엇에 관해서든 말을 하면 할수록 내가 매우 나약하고 처량한 존재처럼 느껴져 더는 입을 열지 못했다. 냉정한 마음으로 한국의 위조 관행을 근본적으로 발본색원하는 조치를 연구해보겠다는 말을 남긴 채 자리에서 일어났다.

아디다스 사옥 입구 근처에 세워둔 승용차로 다가가 내가 차를 타고 정문을 빠져나갈 때까지 변호사는 헤어질 때 모습 그대로 현관 앞에 서 있었다. 파리로 귀환하는 긴 시간의 자동차 여행을 염려하며 나의 여정이 무사하기를 바라는 듯한 모습이 차의 뒷거울로 보였다. 그 순간 나는 그로부터 무언가 얻을 수 있고 내 소망이 달성될 것 같은 영감을 받았다.

당시 코트라 파리 무역관에는 나를 포함해 법적인 대응논리를 펼 수 있는 유능한 직원이 없었다. 불어에 능통한 현지 직원이나 아르바이트 유학생조차 법적인 논리는 물론 인문학적인 논리로 우리 변호사나 특히 아디다스 쪽 변호사를 설득할 수 있는 실력을 갖춘 사람이 없어 절망하고 있었다. 그때 스트라스부르를 직접 찾아 상대편 변호사를 만나 얻은 좋은 영감은 나 스스로에게 큰 용기를 주었다.

더구나 나는 항상 영어와 짧은 불어를 갖고 일했다. 불어만으로는 완벽히 내 의사를 표현할 수 없는데도 고심 끝에 다시 아디다스를 찾아가 최후의 담판을 갖기로 했다. 내 뜻이 관철되지 않으면 회사에 사직서를 제출하고 다른 생업을 찾을 결심까지 했다.

다시 스트라스부르로 떠나기 전 먼저 전화로 아디다스 쪽 변호사에게 면담 의사를 밝혔다. 그러자 그는 먼 길임을 이유로 내가 직접 찾아올 필요 없이 그가 파리로 출장 나올 때 만나 이야기하자고 했다. 면담 시기는 나중에 따로 정해 알려주겠다고 말한 뒤 전화를 끊었다.

나는 하는 수없이 그가 말한 면담 기회를 기다렸으나 오랫동안 소식이 없었다. 어느덧 1년 반 이상 사건을 끄는 동안 나는 이 일 때문에 심적인 압박감이 더해지고 날이 갈수록 마음이 불안해져 참을 수 없었다. 그러던 어느 날 새벽에 고속도로가 한가한 틈을 타서 나는 다시 예고 없이 스트라스부르로 그를 찾아 나섰다.

나는 흥분한 나머지 격한 감정을 내보이거나 아니면 그곳에서 훌쩍거리며 달라붙지 않으면 안 될 상황에 봉착한다고 해도 결코

추태는 보이지 말자고 다짐했다. 이성적인 대화와 인간적인 배려로 이 문제를 풀어보고 싶었다.

아디다스 쪽 변호사와 직접적으로 만나는 것은 이번이 두 번째지만 그동안 수없이 통화하며 나눈 대화로 상대를 잘 알게 되었다. 그러니 우리 둘 중 누군가가 비가시적인 거짓이 있었다고 해도 서로 잘 이해하고 함께 노력한다면 이번 사건은 쉽게 종결될 것 같은 느낌을 갖고 있었다. 이 방문으로 어쩌면 타협이 더 쉽게 이뤄질지도 모른다고 생각했다.

드디어 그곳에 도착해 그와 만나자마자 나는 이렇게 말했다.

"그동안 우리가 나눈 대화는 사실상 서로가 승리자가 되려고 하는 교활한 것이었을지도 모릅니다. 이 때문에 나는 내 양심을 되돌아보고 있는데…… 이번에도 타협을 보지 못하면 나는 현재의 직장에서 아예 사직할 결의를 했습니다.

이를 위해 밤잠을 설치며 고심하다가 어느 책에서 본 디자인에 대한 희롱 섞인 패러디를 연상하며 괴로움을 달랬지요! 오래전 어느 책에서 읽은 것인데 디자인이란 허상에 사로잡힌 사람들의 일시적인 애착심을 자극하는 것이라든가, 천사와 같은 순결한 모습이라든가, 사람의 마음을 사냥하는 도구와 같고 사람의 눈을 일시에 덮어버리는 것이라든가 등등……. 그런데……. 디자인이 이번에는 나의 목을 자르고 있습니다."

그러자 변호사는 눈을 크게 뜨고 놀라다가 다시 미소를 띤 얼굴로 돌아오더니 단호히 이렇게 말했다.

"올라라! 이거 큰일 나겠군! 당신이 사직을 결심할 각오라면 이렇게 이번 사건을 종결합시다! 나는 당신을 한국의 가미카제神風 특공대원으로 만들고 싶지 않소! 당신의 끈질긴 주장과 그동안 나에게 쏟아온 정성에 감탄했소!

이번에 압수된 위조품을 전시한 J사는 100만 프랑의 벌금을 물고 코트라는 향후 J사가 디자인 위조품을 프랑스를 비롯해 그 밖의 해외 어디에도 판매하지 않도록 최선을 다해 감시합니다. J사 외에 한국의 다른 업체도 우리 제품의 디자인이나 소재를 위조하거나 생산하지 않도록 한국 정부의 협조를 얻어 철저한 조치가 취해지도록 코트라가 직접 나서주기를 바랍니다.

이 내용을 한국 정부에 건의하고 건의서 사본을 우리에게 제출하는 조건을 수용한다면 고소를 취하하겠습니다. 어떻게 생각합니까?"

나는 그에게 즉각 "좋소"라고 동의하고 싶었다. 왜냐하면 평소 내가 굳게 믿고 있는 그와는 법적인 것보다 이성의 힘으로 합의를 보고 싶다는 관념을 갖고 있었기 때문이다. 변호사의 제안을 그대로 수용하는 것이 최상의 방법이라고 생각했다. 다만 나는 개인적으로는 동의하고 있으나 코트라 본사의 검토와 승인을 거쳐야 한다고 말했다. 그 역시 나의 사정을 이해하고 처리절차를 기다리기로 했다.

나는 면담의 전 과정을 상세히 코트라 본사에 전문으로 보고했다. 다음 날 본사는 긴급전문을 통해 아디다스의 제안을 수용한다고 전해왔다. 앞으로 이 같은 불행한 일이 재발하지 않도록 관련 업계를 선도할 뿐만 아니라 정부에게도 강력히 단속해줄 것을 건의할 예정이라고 통보해왔다.

나는 거의 1년 반 동안 아디다스 쪽 변호사에게 시도 때도 없이 전화하고 기습적으로 방문해 내 주장만을 강력히 펼친 일을 후회했다. 그가 나에게 보여준 이성적인 결단에 마음속 깊이 감사했다. 이를 위해 나는 한국에서 보내온 동의 및 승인 전문의 사본을 들고 무역관이나 대사관의 누구에게도 알리지 않고 스트라스부르를 혼자 조용히 다시 찾아갔다. 이번이 세 번째 기습 방문이었다.

변호사를 다시 찾은 이유는 그동안 나에게 보여준 그의 아량에 깊이 감사하기 때문이었다. 나는 앞으로 기회가 오면 그에게 더욱 깊은 신뢰와 진실로 보답하겠노라고 말하고 코트라 본사의 전문 사본과 불어로 번역된 내용을 그에게 보여주었다.

변호사는 나의 방문과 노력에 감사하며 오히려 이번 일로 나에게 큰 괴로움을 끼친 데 사과하고 싶다고 했다. 이어 그는 T국, H국 정부와 업체 간의 소송에서 겪은 고난과 애로를 언급하며 이들과는 우리처럼 순리적인 협의와 이성적인 판단으로 소송을 취하하게 된 적이 한 번도 없었다고 했다. 그들에게는 매우 강경하게 대응하고 있다는 말이었다.

1984년 6월 파리에서 아디다스 프랑스 지사가 있는 스트라스부르로 가는 중에 잠시 쉬고 있는 필자의 모습. 사진의 배경은 소도시 린드하임의 간선도로다. 이 길을 승용차로 세 번 달려가 아디다스 쪽 변호사와 직접 담판을 짓고 소송을 취하시켰다.

그는 원래 네덜란드인으로 아디다스의 고참 변호사이며 어느 대학교에서 강의도 맡고 있다고 했다. 한국과 인연을 맺은 지 오래되었으며 그동안 한국을 여러 차례 방문했다고도 했다. 한국을 방문하는 중에 몇몇 업체가 아디다스의 제품 디자인과 소재를 위조한 사실을 발견했지만 수년 동안 주시만 해왔다고 한다.

하지만 날이 갈수록 자사의 위조품이 증가하던 참에 이번에는 T국과 한국 기업들, 특히 코트라가 파리 가죽제품 전시회에서 한국을 대표해 전시회를 주관하고 있는 것을 발견하고 법원에 고소하게 되었다고 했다.

나는 사건을 직접 해결하고 파리의 임지로 돌아오면서 도로 주변이나 아름다운 프랑스의 전원도시 중심을 경유했지만 그곳 중 어느 한곳에서도 쉬고 싶지 않았다. 과중한 업무와 가족의 천박한 생활환경이 떠올라 스스로 분격한 나머지 아무것도 보이지 않았기 때문이다.

사건이 종결된 뒤인 1984년 초의 어느 날 변호사가 파리로 출장 나온 때를 이용해서 오리 요리로 세계적으로 유명한 식당인 투르 다르장Tour d'Argent에서 오찬을 함께했다. 그렇게 그와 같이 지난날을 회고하며 유익한 시간을 보냈다. 식사 초대는 사소한 일이었지만 내가 그에게 건네고 싶었던 최소한의 감사 표시였고 내가 해야 할 인간의 도리라고 생각했다.

파리의 도둑 사건

아디다스 사건이 오랫동안 나를 결박해 여기서 벗어나지 못하고 마비되었던 이성과 함께 엄청난 괴로움에 시달리다가 사건이 해결되어 오랜만에 안도의 숨을 내쉬고 있던 어느 날이었다. 한국 내빈의 프랑스 방문 통보도 없고 연휴가 시작되어 나는 모처럼 가족과 함께 파리 교외로 나가 하룻밤을 지새울 계획을 세웠다.

이 소식을 들은 가족은 매우 즐거워했고 한국 기준으로 당시 고교 2학년이었던 아들은 학교 친구에게 자랑삼아 이야기한 모양이었다. 그러자 이 소식이 아들 친구의 부모님에게도 알려져 우리 가족은 아들 친구의 가족과 함께 여행을 떠날 계획을 세웠다.

이들 중 한 분이 평소 내가 차를 몰고 거의 휴일도 없이 내빈을 영접하던 것이 안타깝게 보였던지 이번 여행에는 내가 운전할 일 없이 자신이 준비한 12인승 미니버스로 함께 떠나자고 제안했다. 나는 그의 제안에 감사해하며 업무용 차는 평소처럼 아파트 주차 장에 주차해두고 프랑스 남부의 아름다운 해양도시 보르도를 향 해 여행을 다녀왔다.

모처럼 즐거운 여행을 끝내고 귀가했는데 집에 돌아와 보니 아 파트 문 열쇠가 기계로 도려내져 큰 구멍이 나 있는 것이 보였다. 순간 나는 도둑의 침입이 있었던 것을 감지하고 집 안에 들어갔 다. 마치 누군가 세간을 모두 들고 이사를 간 듯 집은 텅 비어 있 었다. 급히 아래층으로 내려와 주차장을 살펴보았는데 나의 업무 용 차량인 BMW도 없어져 있었다.

관리실에 찾아가 소장에게 알렸으나 그는 아무 말도 하지 않고 멍청한 모습으로 나를 응시만 하고 있었다. 그는 옛 Y국의 난민 출신으로 불과 네 개 층인 내가 사는 아파트의 관리소장이었다. 도무지 할 일이 없는 듯한 대여섯 명의 젊은 흑인들을 끌어들여 무엇을 하는지 그의 관리실은 항상 북적대고 있었다.

1980년대 말까지 파리 최대의 낙후지역이자 나의 주거지인 라 데팡스La Défence에는 가난한 흑인과 빈곤층이 많이 살았으며 범죄 의 온상이라고 누군가 나에게 귀띔해준 바 있었다. 불행하게도 내가 이곳에 살게 된 것은 나의 전임자가 살았고 무엇보다도 월세가 파리 어느 곳보다 저렴했기 때문이다.

이 때문에 나는 자녀의 신변에 항상 신경을 써야 했고 아내는 관리소장 아이들에게 선물 등을 나눠주며 친분을 쌓으려고 했으나 아무런 소용이 없었다. 도둑을 맞은 뒤 나는 세간을 다시 사고 도난품을 보험처리하고 경찰에 고발하고 관리소장과 주변 흑인의 동태를 주시하는 등의 쓸데없는 일에 힘을 쏟아야 했다.

도난당한 물건 중 아내의 결혼반지, 목걸이, 의류, 시계, 나의 카메라와 녹음기 그리고 세간 도구인 세탁기와 식기건조기 등은 보험으로 처리했다. 하지만 생활비로 쓰기 위해 서랍에 넣어두었던 약간의 현금은 영수증 같은 일정한 증거가 없다는 이유로 보상받지 못했다. 프랑스 경찰은 도난신고만 접수할 뿐 모른 척했고 해가 지나도 아무런 반응이 없었다. 오직 사건 뒤 한동안 잠적했던 흑인들이 하나둘씩 다시 나타났을 뿐이었다.

나는 프랑스 생활에 지치고 환멸감이 들어 퇴근 즉시 인근의 한 술집에서 홀로 만취할 때까지 위스키를 마셨다. 한참 뒤 택시를 타고 허름한 28평짜리 나의 주거지에 이르러 비틀거리는 걸음으로 약간 뒤로 물러나 아파트를 쳐다보았다. 아파트는 하나의 괴물 같아 보여 더는 하루도 이곳에서 살고 싶지 않았다. 나는 비틀거리며 관리실에서 흑인 여럿과 함께 앉아 있던 관리소장을 향해 큰소리로 나무랐다.

"당신은 무얼 하는 사람이며 나의 도난사건에 관심도 두지 않는 이유가 무엇인가?"

하지만 그의 얼굴은 전과 똑같이 무덤덤해 보여 더욱 약이 올랐지만 어쩔 수 없었다. 오로지 무조건 이곳을 떠나 한국으로 돌아가고 싶은 생각뿐이었다.

집 안으로 들어와 술에 취한 채 끊임없이 닥치는 고난의 원인에 대해 생각했다. 폭주하는 업무와 함께 업무상 중요한 내빈 일정에다가 내가 나서지 않아도 될 일까지 직접 관여하지 않으면 안 되는 무역관의 형편에 탄식했다. 내 마음대로 귀국할 수 없는 처지도 원망했다.

사실 나는 분망한 일정에 가정을 잘 보살필 여유가 별로 없었다. 여기에 내 무역관의 여건을 되돌아보자 모든 것이 허상처럼 생각되었다. 조직이든 개인이든 그 안에 기회주의, 무사안일, 무능이 내재하고 있다면 문제가 터지는 것은 자명한 것으로 이미 발생한 데자뷔déjà vue, 이를 어찌할 것인가 고민만 했다.

나는 분망한 무역관에서 발생한 모든 문제에 대해 어느 누구를 문책하거나 책망하지 않고 모든 것을 혼자 감당하며 해결했다. 겉으로 드러나지 않았지만 내면에 웅크리고 있던 여러 문제, 수많은 내빈의 일정 지원에서 제기된 문제, 건전한 대외관계 유지 등의 문제에 나는 마음속 고통이 극심했다. 우리 업계의 아디다스 디자인 변조에 따른 고소 사건을 내가 최종적으로 해결한 것도 한 사레다.

무역관의 속사정을 모르는 이들은 마음속에서나마 나와 같은 자책감과 죄의식에 우울한 정서를 갖거나 나의 슬픈 정서와는 무관한 듯 비인격적인 모습을 보일 때 나는 더욱 고독감을 느꼈으나 지적하지 않고 내버려두었다. 어느 때인가 그들도 근본이 드러나서 내가 겪는 고통보다 훨씬 더한 시련을 겪을지도 모른다고 생각했기 때문이다.

현지어에 어두운 코트라 주재원은 대개 현지에서 고용된 직원의 도움에 의존하게 된다. 해외 무역관의 인력 구조상 현지인이 차지하는 비중은 크며 이들의 도움을 백안시할 이유는 없다. 하지만 본사를 대표해 나가 있는 주재원이 언어 장벽에 막혀 현지인에게 임무를 대행시키고 의존하는 것이 좋은 상황은 아니다. 현지인은 그곳 물정에만 밝을 뿐 한국 사정에는 어두우며 무엇보다 코트라 직원만큼 잘 훈련받은 통상 전문가가 아니다. 현지인에게서 코트라 직원만큼의 책임감이나 창의적인 발상을 기대하는 건 언감생심이다.

예컨대 우리나라 최대 기업인 S사는 20여 년 전부터 이 같은 문제를 해결하고자 노력했다. 그 결과가 이른바 '지역 전문가' 프로그램이다. S사에서 지역 전문가로 선발되면 한두 해 동안 해외로 나가 파견된 지역의 사회, 문화, 산업, 환경 등을 익히고 돌아온다. S사의 인재들이 현지의 언어와 문화를 습득하고 현지인과 교류하며 인적 네트워크를 구축하는 게 프로그램의 목표다. 파견 기간 동안의 생활비나 수업료는 모두 회사에서 부담한다.

1980년대 초반 프랑스에서 근무할 때부터 나는 해외 주재원이라면 마땅히 갖춰야 할 역량에 대해 많은 고민을 했다. 그리고 국내의 유력인사가 파리를 방문할 때마다 이 같은 생각을 은근히 피력했다. 하지만 어느 누구도 내 생각을 반영해주지 않았다. 답답한 현실이 시정되지 않는 것에 간혹 나는 슬퍼했다.

어느 날 밤 나는 집 안의 소파에 홀로 앉아 지난 4년간 28평에 불과한 아파트에서 프랑스를 방문하고 나에게 협조를 의뢰한 수많은 인사와 우리 업계의 가난한 세일즈맨들을 정성껏 모셨던 일을 떠올렸다. 다음 날 출근과 함께 한국으로의 귀임 의사를 밝힐 결심을 하고 잠자리에 들었다.

다음 날 나는 전화로 코트라 본사의 인사담당 본부장에게 귀국 의사를 밝히고 마음의 안정을 시도했으나 명확한 답변을 얻지 못했다. 이에 나는 무의식적이나마 마음이 가는 대로 방황하고 싶어졌다. 나는 더는 갈 곳 없이 추락하고 있다는 영감만 얻었지만 이런 낌새를 가족이 느끼게 할 아무런 이유가 없었다. 오직 나 자신의 문제로만 생각해 가족은 물론 무역관 안의 누구에게도 표출하지 않았다.

내 삶의 내면과 외면 모두가 일그러진 현실로 나타난 이상 어떻게 하든 이곳 파리를 벗어날 수밖에 없다고 판단했다. 다시 한

번 귀국 의사를 본사에 밝힐 생각을 하고 전화로 담당 임원에게 간청했다. 그 결과 다시 해가 바뀌어 1985년 4월 나는 드디어 한국으로 돌아올 수 있었고 본사 해외협력사업부장에 임명되었다.

나는 지금까지 글을 쓰면서 지난날을 정확히 기억해내려고 노력한 것이 아니라 내가 잊지 않고 언제나 안고 사는 경험의 일부를 생각나는 대로 늘어놓았을 뿐이다. 그런데도 어찌된 일인지 열등감과 함께 초췌해진 거울의 내 모습을 대하면서 혐오감도 느껴진다.

2

잊을 수 없이 자주 떠오르는 핀란드에서 살던 시절

동토 속에서도 푸른 생명이 살아 숨 쉬는
핀란드의 대자연

예로부터 금수강산이라고 일컬어왔던 우리 하늘은 어느 때부터인가 황사와 미세먼지로 뒤덮였다. 어지간히 가까운 거리에서도 주변이 뿌옇게 보이고 미세먼지는 나에게 호흡곤란과 같은 신체 이상징후를 불러온다. 이때마다 나는 1970년대 중반과 1980년대 말 북유럽의 핀란드와 스웨덴에서 근무할 때 그곳에서 마셨던 맑은 공기와 아름다웠던 밤의 별빛을 떠올린다.

특히 지구의 동토대凍土帶의 한 곳인 핀란드는 매년 8월 중순부터 다음 해 3월 중순까지 거의 여덟 달 동안 무섭게 춥고 어두운 겨울이 이어진다. 이때는 스키나 사우나를 하고 오직 밤하늘의 별

빛을 감상하는 낭만으로 지냈다. 또한 매우 짧은 봄과 더불어 석 달여 이어지는 여름철에는 밤에도 거의 낮과 같이 대기가 밝았다. 하지만 낮이라고 해도 날씨가 흐려 어둑할 때는 간혹 겨울의 밤하늘에서 보는 것과 같은 별들의 장관을 볼 수 있었다.

수도 헬싱키에서 40여 킬로미터 거리의 나무숲으로 둘러싸인 내 아파트의 3층 유리창문 밖으로는 간혹 다람쥐가 몇 마리 뛰어다녔고 갈매기가 두어 마리 날아다녔다. 집에 가족 중 어느 한 사람이라도 들어와 있으면 어떻게 알았는지 갈매기가 창문을 부리로 쪼았고 다람쥐는 창문에 거의 닿도록 늘어진 자작나무 가지에 매달려 먹이를 재촉했다. 마치 서커스에서 가냘프고 예쁜 여성이 줄타기 곡예를 하는 것처럼 우리 집 창문에 그 가느다란 다리를 대었다가 떼었다가 했다.

이 같은 삶을 위한 처절한 행동과 모습이 나에게는 너무나 환상적인 것으로 보여 시간이 나면 이를 회화화繪畫化 하든가 글로 쓰고 싶었다.

하지만 나는 회화에는 문외한이었고 소질도 없어 이 광경을 오직 사진으로 촬영해두었다. 하지만 당시 열두 살이었던 나의 딸은 그림으로 그려 학교에 제출해 호평받았고 그 그림은 지금까지도 40여 년간 우리 집의 벽에 걸려 있다. 무엇보다 나 역시 이들 동물과 같은 역동적인 삶이 아니고는 세상의 역경을 헤쳐가기 힘들 것 같다는 생각을 지우지 않기 위해서였다.

내가 핀란드에 부임한 지 석 달 정도 지난 6월의 어느 날 처음으로 가족과 함께 교외로 주말 외출을 나갔다. 6월의 부드러운 햇살이 구름 한 점 없는 코발트색 하늘과 이미 새잎으로 단장한 자작나무 잎새를 한층 더 푸르게 물들이고 있었다.

나는 차를 타고 잠시 시내를 배회했지만 어디를 가든 곧 호수와 바다에 접하는 시가지를 벗어날 수 없었다. 사방이 바다였고 시가지는 바다의 중심처럼 보였다.

그곳의 풍광은 아름다웠지만 업무 성과에 대한 욕망과 미완의 책무가 아지랑이처럼 내 머릿속에서 아롱대는 것 같아 아무런 정취를 느낄 수 없었다. 단지 차 뒷좌석에서 떠드는 가족의 환호하는 소리만 들을 수 있을 뿐이었다.

모처럼 아름다운 자연의 어떤 초월적인 힘에 환호하는 가족과 함께 나 역시 마음을 자유롭게 풀었으면 싶었다. 그러나 기대할 수 없는 것을 기대하는 것은 내 감각만을 자극할 뿐이어서 오직 모든 근심을 버리는 데 최선을 다했다. 가족과 함께 헬싱키에서 50여 킬로미터, 집에서는 100여 킬로미터 떨어진 먼 길까지 달려가 이름 모를 어느 해안가에 차를 세웠다.

그곳 지형은 언뜻 봐서 평원 같았지만 자세히 바라보자 약간 굴곡져 있어 완전히 평원 같지는 않았다. 나중에 알게 되었지만 핀란드가 접한 발트 해Balt Sea는 지중해와 같이 다른 대양에 면해 있지 않을 뿐만 아니라 바닷물에 염분이 거의 없고 수심이 깊지도 않으며 세계적으로 해안선이 길다거나 넓다는 식의 특이점도 없다고 한다.

특히 핀란드의 지형은 서쪽 해안에만 넓은 평원이 있고 동쪽으로는 고대 빙하기의 잔해와 남쪽의 푸른 지평선이 맞닿아 있고 북쪽은 동토벨트tundra belt 지대인데도 다양한 모습을 하고 있다는 사실을 알게 되었다.

북극의 빙하가 녹아 흘러온 바닷물은 수정처럼 맑고 염분이 없어 바다 주변의 자작나무, 잣나무, 소나무, 가문비나무 등에 풍부한 영양소가 된다고 했다. 이들 나무는 대부분 전국 6만여 곳의 호숫가와 바닷가에 밀집해 있는데, 이것은 핀란드의 주종산업인 목재와 제지산업의 원동력이며 매우 중요한 자원이었다.

훨씬 나중에 알게 된 사실이지만 이들 나무는 이탄암泥炭岩인 땅에 얇게 뿌리를 박고 있어도 낙락장송으로 키가 커서 신비스러워 보였다. 핀란드의 울창한 산림은 거의 이탄 성분의 비옥한 지질 덕분이라고 했다.

햇빛에 눈부시게 반작이는 호수, 바다, 강과 자연적인 연못 바닥에는 흙이 아닌 각종 수목의 잎새들, 특히 자작나무 잎이 수백 년간 침전되어 호수와 바다 밑바닥에 흙처럼 깔려 있다고 했다. 해변 역시 흙 대신 검정 이탄석이 깔려 있는 것을 보았다. 가족과 함께 차에서 내려 가까운 해안가를 거닐자 그곳에는 수천, 수만 년간 달라붙어 있는 것 같은 만나manna라는 이끼가 유리알 같은 물결에 떠밀려 왔다 갔다 춤을 추고 있는 것처럼 보였다.

나는 가족과 함께 야산을 따라 길게 늘어선 해변을 거닐었다. 아이들은 뛰며 해변의 물 가까이에 몰려다니는 물고기 떼를 향해 쉿쉿 소리를 지르며 잠시 헤어졌다가 다시 모여 걸었다. 산모퉁이의 작은 개울을 건너려고 했을 때는 마침 바닷가로 물을 마시러 나온 엘크elk(큰 뿔이 난 사슴으로 크기가 황소만 한 개체도 있음)를 보고 우리 가족은 비명을 질렀다. 하지만 그 엘크는 거만한 몸통을 한 번 가볍게 흔들 뿐 우리를 피하지 않았다.

크고 근엄하게 보이는 이 동물은 자연 안에서만큼은 우리를 포함해 모든 것을 알고 있다는 듯이 태연하게 물을 몇 모금 마시더니 우리 쪽으로 머리를 돌려 한참 노려보다가 천천히 숲속으로 사라졌다.

내가 핀란드에 부임한 지 어느덧 다섯 달 정도 지나자 8월 말의 음산한 계절이 다가왔다. 지난여름 오직 말로만 듣던 오로라aurora는 아직 보지 못했지만 여름 내내 백야였던 밤은 이제 자주 불어오는 질풍과 먹구름으로 오후가 되면 때때로 검은색으로 점차 어두워지고 있었다.

드디어 9월로 접어들자 낮은 점점 더 진한 어둠으로 덮이고 여름 내내 함박웃음을 띠고 뜨거운 태양 아래 푸른 몸을 맡기고 늘어졌던 수많은 풀과 관목과 갈대는 황금빛을 띠기 시작했다. 단지 소나무, 가문비나무 등은 마치 자연을 향해 도전하듯 본연의 푸른 자태 그대로 남아 있었다.

예상한 대로 눈발은 8월 중순의 어느 날부터 내리는가 싶더니 곧 거센 폭설로 이어졌고 낮은 매우 짧아졌다. 모든 변화는 눈에 보이는 듯 선명해 아름다운 자연현상에 도취한 나머지 나의 모든 의식도 자연과 함께 녹아버리는 것 같았다.

헬싱키 국제무역박람회

마침 핀란드 정부가 주최하고 한국이 최초로 참가하는 헬싱키 국제무역박람회 참가 준비에 여념이 없던 나는 마음속에 길게 늘어져 있던 격동과 잘 지워지지 않던 상념의 가지도 쳐버리려고 노력하고 있었다. 무엇보다도 안팎으로 두껍게 가로놓여 있던 당시 소련과 그 위성국들의 장벽을 넘어 우리 수출시장을 구축하려는 전략적인 목적 달성이 필요했다. 북유럽의 혹한과 더불어 박람회 행사 때문에 늘어나는 근심과 걱정을 일거에 일소해버리지 않으면 안 되었다.

또한 나의 근심과 걱정은 1인 무역관장으로서의 한계와 더불어 나의 전임자가 고용했으나 영어마저 서툴렀으며 단지 전화 수발 정도밖에 하지 못했던 한 중년여성 때문이기도 했다. 나는 도저히 그녀와 함께 대외활동을 할 수 없었기에 헬싱키에 부임한 지 약한 달 뒤에 그녀를 해고했다.

하지만 자격 있는 현지 직원을 구할 수 없어 홀로 뛰지 않으면 안 되었기에 나는 극심한 고통을 감수해야 했다. 온종일 어둡고 추운 겨울 동안 업무용 차량마저 지원되지 않고 활동대상 지역, 기관, 경제인, 바이어들을 수시로 찾아간다는 것은 매우 큰 고통에 더한 재난과도 같았다.

이는 마치 내가 나 자신을 향해 스스로 가하는 폭력 같았으며 감내하기가 매우 어려워 대사관과 교민의 도움을 얻고자 했다. 하지만 대사관마저 대사를 포함해 직원이 세 명, 현지 직원이 두 명뿐이어서 그곳에 도움의 손을 뻗치기 어려웠다. 핀란드의 한국 교민이라고는 당시 유학생 신분으로 중앙아시아의 주요 언어인 산스크리트어Sanskrit language에 능통한 고송무 씨 한 분뿐이었다.

그는 한국외국어대학교 출신으로 1970년 초 핀란드에 유학해 오랫동안 정착한 사람이었다. 핀란드어와 함께 산스크리트어에도 능통해 헬싱키 대학교는 물론 그 밖의 주요 대학에서 산스크리트어를 가르쳤다. 그의 강의를 듣는 수강생 중에는 북한 학생도 간혹 섞여 있어 북한 소식도 들을 수 있었다고 한다.

하지만 1990년대 동유럽의 개방과 자유화, 이념의 해체 바람을 타고 그는 중앙아시아 우즈베키스탄의 국립 타슈켄트 동방학대학교 한국학대학 학장으로 부임해 활동하던 중 1993년 교통사고로 별세했다. 이런 소식을 그의 사후인 1999년 어느 날 우연히 에어

프랑스 비행기 안에서 만난 한 핀란드인을 통해 들을 수 있었다.

그는 미혼이었지만 언제나 혼자 있기를 좋아했고 핀란드를 간혹 방문하는 한국인들과의 접촉도 싫어했다. 단지 나의 집에 자주 들러 우리 아이들에게 동화 이야기를 들려주었고 아내가 해주는 청국장과 된장찌개, 김치를 매우 좋아했다. 나는 그의 부음 소식에 슬픔이 밀려왔으나 비행기 안에서 그저 멍히 앉아 있을 따름이었다.

더구나 헬싱키 박람회 기간 중에 코트라 본사에서 사장을 비롯해 핀란드 정부의 요인과 많은 기업인들, 소련을 비롯한 동유럽 국가의 무역기관 요원, 외교관들이 우리 한국관을 방문할 것으로 예상되었기에 더욱 초조했다.

핀란드에서 나의 주요 활동목표는 동유럽 산업계 인사와 교류 관계를 구축하는 일이었다. 박람회 기간에는 내가 예상했던 대로 그들과 정상적인 거래방식이 아닌 구상무역counter trade 조건에 따른 교역에 대해 주로 상담했다.

나는 열흘간의 박람회 기간 중 동유럽 특히 불가리아, 체코, 헝가리의 국영 무역회사 경영진과 구상무역이나 합작사업에 관해 협의했다. 이들과 향후 계속해서 접촉하기 위해 연락 창구를 구축한 일은 큰 성과로 평가받았다.

무엇보다도 큰 성과는 박람회 기간 동안 핀란드 주재 불가리아 대사관의 외교관 쿠즈네브Kuznev라는 사람을 만난 것이었다. 쿠즈

1982년 9월 불가리아의 무역파트너들로부터 한국과 교역할 때 필요한 사항을 듣는 필자의 모습. 왼쪽부터 불가리아 산업부 장관, 불가쿠프 사장, 필자.

1983년 5월 불가리아와 한국 간에 무역증진을 위한 협의 모습. 오른쪽부터 필자, 코트라 윤자중 사장, 불가쿠프 회장, 불가리아 상공부 장관. 가운데 등을 보이고 앉은 사람이 피린의 디네브 사장이다.

네브는 나중에 나와 함께 신발류 합작 프로젝트를 추진한 불가리아인 사업가 디네브Dinev를 소개해준 사람이다.

이에 더해 헬싱키 박람회에 참가한 서유럽 여러 국가의 경제인과 동유럽과 삼각무역을 전문으로 하는 서유럽 기업들과 어망, 신발류, 자전거 타이어, 인형 등의 품목에서 상당량의 수출계약을 맺었다. 그 무렵 한국이 유럽에 선보였던 주요 유망 수출품이 26

여 개 품목에 불과했던 것을 회고하면 박람회에서 거둔 약 80만 달러의 수출 실적은 적지 않은 액수였다.

디네브와 함께한 불가리아 신발류 합작 프로젝트

나의 해외생활 중 무엇보다 기이한 일이 1983년 초에 있었다. 어느 날 한 불가리아인이 프랑스 파리 무역관을 찾아와 나에게 면담을 요청했던 것이다. 그는 내가 1977년쯤인 핀란드 헬싱키 무역관장 시절 사용했던 때 묻은 명함을 내보이며 반가운 모습을 보였다.

그때 나는 그 불가리아인을 전혀 기억할 수 없었지만 당시의 정황을 듣고, 특히 그가 한국의 재외공관 몇 군데를 통해 나를 찾아온 경로를 듣게 되자 감격과 함께 그의 옛 얼굴이 희미하게 떠올랐다. 나는 자리에서 일어나 할리우드식 포옹으로 그를 맞이했다. 그러고는 곧 다시 친해져 밖으로 나와 파리의 개선문에서 멀지 않은 카페에 들러 이야기를 나누었다. 그의 이름은 쿠즈네브였는데 당시 그의 이름을 기억하지 못했던 것이 대단히 미안했다. 지금에 이르러 추억을 돌이켜보니 그때 내가 그에게 이렇게 농담 삼아 말했던 것이 떠오른다.

"여보게, 친구! 공산주의나 사회주의자들이 쉽게 변절하지 않고 어찌 그리도 끈질긴지 이제야 알 것 같군! 우리가 서로 만난 지 벌써 여러 해가 흘렀는데 지금 다시 나를 찾아와 무역을 하겠다고 끈질기게 벼르고 있다니! 하지만 내 임무와 관련된 무역문제라면 모를까? 나는 절대로 이념에 끌려가지 않을 확고한 주관을 갖고 있다는 점을 명심하게!"

1980년대 초부터 한국은 동유럽 시장을 확대하는 데 많은 노력을 기울이고 있었다. 그러던 차에 쿠즈네브는 나에게 마치 천우신조와 같은 존재였다. 그때 나는 너무나 감격했고 그와의 기억을 더듬으며 마음속에서 어느 철학자의 금언을 되새겼다.

"과거와 현재는 연속적인 두 순간을 지칭하는 것이 아니라 공존하는 두 요소를 지칭한다. 하나는 현재인데 이것은 끊임없이 지나간다. 다른 하나는 과거인데 이것은 계속해서 존재한다"라는 말을……

그 뒤 쿠즈네브는 나에게 디네브라는 사람을 소개해주었다. 디네브는 불가리아 무역업체인 피린Pyrine의 사장이었다. 그렇게 나는 디네브와 인연을 맺게 되었는데 그는 불어가 유창한 데 비해 영어는 전혀 할 줄 몰랐다. 나는 하는 수 없이 불어에 능통한 무역관 직원 한 명을 통역으로 붙여 업무를 추진했다. 그뿐만 아니라 불가리아가 주최한 국제박람회에도 'KOTRA-Pyrine'이라는 이름으로 참가하게 되었다.

박람회는 불가리아의 수도 소피아에서 약 150킬로미터 떨어진 중부의 최대 도시 플로브디프에서 개최되었다. 박람회에는 국내 다섯 개 수출업체에서 신발, 텔레비전 브라운관, 작동완구, 어망, 자동차 부품 등의 샘플을 50제곱미터의 전시관에 진열했다. 전시관에 걸린 우리 간판은 KOTRA-Pyrine이었다. 우리의 불가리아 에이전트인 디네브의 회사명 피린과 코트라의 영문명으로 구성한 것이었다.

당시 불가리아는 사회주의 국가였던 만큼 북한 요원들의 횡포나 방해가 염려되어 한 눈으로는 이들 불청객을 살피랴, 다른 한 눈으로는 전시품을 보거나 상담을 제의하는 불가리아 국영 무역공사 간부와 직원을 영접하랴, 바삐 움직여야 했다.

박람회 개최 첫날 오전 몇 시간을 초조와 상담의 기대 속에 흘려보냈다. 그런데 갑자기 어떤 건장한 남자가 우리 전시관에 나타났다. 남자의 말에 따르면 약 30분 뒤 불가리아 공산당 서기장이자 대통령인 토도르 지프코프Todor Zhivkov가 그의 사랑하는 손자를 데리고 전시관을 시찰할 예정이라는 것이었다. 대통령이 이쪽으로 오면 한국의 전시품이라는 소개는 하지 말고 묻는 말에 간단히 대답한 뒤 그가 떠날 때쯤 알게 모르게 그의 손자에게 자동작동 장난감을 하나 선물하라고 일러주는 것이었다.

내가 남자에게 신분을 묻자 그는 입가에 약간의 미소를 머금더니 겉저고리를 슬며시 열듯 팔짱을 끼며 마치 벌집처럼 생긴 금색 배지를 보라는 듯 가까이 다가섰다.

"나는 이 나라의 보안요원이오. 그리고 당신을 여기까지 오도록 뒤에서 도운 사람이고."

그러더니 나에게 악수를 청했다. 불가리아 보안요원, 당시 이들은 불가리아에서 산천초목도 떨게 하는 힘을 가진 사람들이었다. 나는 큰 지원세력을 얻은 기분이 들었고 이제 박람회장은 불안과 초조, 공포의 장소가 아니라 내 활동의 새로운 무대로 받아들여졌다.

잠시 뒤 보안요원의 말대로 대통령이 수많은 각료, 각국 대사, 명사, 경호원의 호위 속에 나타났다. 나는 우선 대통령에게 한국 전시관에 오신 것을 환영하고 감사한다고 말했다. 나와 그의 대화는 이렇게 간단히 끝났다.

"신발이 좋아 보이는데……."

"품질이 우수해서 세계 곳곳에 수출되고 있습니다."

대통령은 뒤에 바짝 서 있는 사람에게 시선을 돌리며 무언가 말을 건넸다. 나중에 들으니 대통령이 이 같은 신발을 불가리아에서 만들어 수출하는 방안을 연구해보라고 지시했다고 한다.

"이 장난감도 수출하나?"

"불가리아에 수출하고자 합니다."

"우리 것도 사줘야지!" (주위 모두 웃음)

"당연한 말씀이십니다."

대통령과 몇 마디 말을 나눈 뒤 전시 중이었던 자동작동 장난

1983년 4월 불가리아 플로브디프 국제박람회의 한국전시관에서. 사람들 머리 위로 KOTRA와 PYRINE 간판이 선명하다. 가운데 정면으로 보이는 사람이 필자, 필자 왼쪽에 얼굴이 보이는 사람이 코트라 윤자중 사장.

감(리모컨으로 작동되는 강아지)을 그의 손자에게 선물로 증정했다. 그러자 일고여덟 살가량 된 손자는 발뒤꿈치를 들고 내 뺨에 키스하는 것이었다. 나중에 안 일이지만 불가리아 국민들은 이 아이를 가리켜 '불가리아 왕자'라며 빈정대기도 했다고 한다.

박람회가 끝난 뒤 나는 불가리아 국영 무역회사 간부들을 찾아 나섰다. 우리의 코트라와 비교되는 불가리아 최대의 국영 무역회사인 불가쿠프Bulgacoop를 비롯해 다섯 개 기관의 여러 간부를 만나 상담했다.

그들은 한국산 신발류와 텔레비전용 브라운관에 관심이 많았다. 불가리아에서 신발창과 신발 굽을 약 40만 달러어치, 브라운 관 3만 5000개를 주문받고 어망 10만 달러의 상담을 끝내고 내 임지인 파리로 돌아왔다. 주문받은 품목은 프랑스에 진출한 우리 전문 생산업체에서 각각 제공했다.

그 뒤 나는 2년여 동안 프랑스와 불가리아를 여러 차례 오갔다. 각고의 노력 끝에 마침내 디네브를 통해 불가리아 불가쿠프와 한국 국제상사 간에 신발류 부품의 합작공장 설립에 관한 의정서를 교환하게 되었다. 소피아에서 불가쿠프와 국제상사가 합작으로 공장을 세우기 위한 정식계약을 체결하기로 합의했다.

며칠이 지난 뒤 합작계약을 체결하는 회의에 참석하려고 코트라 본사에서 급히 프랑스로 온 윤자중 사장과 업체 대표와 함께 나는 파리를 떠나 불가리아 소피아로 향했다. 우리 일행이 도착한 날 불가리아 쪽에서는 한국에서 온 손님들을 위해 성대하게 환영 만찬을 개최해주었다.

만찬 장소로 발칸Balkan의 문화를 상징하는 어느 민속촌에서 본 밤하늘은 내가 수년 전 핀란드의 밤하늘에서 본 것과 거의 똑같이 수많은 별이 반짝이고 있어 잠시 옛 추억에 휩싸였다. 핀란드의 밤하늘처럼 에메랄드나 산호와 같은 별은 보이지 않았지만 이보다도 더 정서적인 것으로 불가리아의 하늘에서는 은하수와 별똥이 자주 보였다.

나는 여러 달 동안 쌓인 피로가 그제야 풀리는 듯했으나 이 사업이 공산권과의 최초의 시범적인 사업일 뿐만 아니라 국제적인 이념대립도 극복하지 않으면 안 되는 대의명분 때문에 일순간도 긴장을 풀 수 없었다. 하지만 그 계약은 당시에는 성공적으로 이뤄졌으나 얼마 지나지 않아 불행하게도 우리 쪽에서 국제상사가 돌연히 해체되면서 중단하지 않을 수 없었다.

나는 깊은 허탈감에 빠졌고 디네브는 큰 충격으로 한동안 모습을 보이지 않았다. 불가리아 프로젝트의 은인으로 생각했던 그때 나는 그를 두고 '신이 보내준 사람'이라고 부르며 격려하고 칭찬했으나 그를 다시 만날 면목조차 없었다.

그 뒤 20여 년이 흐른 어느 날 코트라에서 정년퇴직한 뒤 한 업체의 수출고문으로 파리를 방문했을 때 디네브를 너무나 다시 보고 싶어 그곳의 옛 친지 몇몇에게 수소문했으나 그의 행방을 알고 있는 사람은 없었다.

하는 수 없이 나는 그와 자주 만나던 센 강가의 한 카페에서 그의 이름을 마음속에서 조용히 불러도 보았다. 하지만 내 귀에 들려오는 소리는 강가를 스치는 유람선의 물소리뿐이었다.

동토인 핀란드에서 만난 사람을 수년 뒤에 다시 만나 그 인연을 토대로 프랑스 파리에서 동유럽 사업을 하게 될 줄 누가 알았으랴. 실로 어떤 부름이 없었다면 어떻게 쿠즈네브와 디네브를 연이어 만나 당시로서는 엄청난 일이었던 동유럽 프로젝트를 추진할 수 있었을까? 어느 철학자의 말대로 "현재는 지나가는 반면 과

거는 과거 자체로 보존된다"가 진리가 아닌가 생각했다.

3S의 나라, 동계전쟁 그리고 핀란다이제이션

나는 핀란드에서 근무할 때 언어불통으로 겪은 고통을 스키와 사우나의 즐거움으로 이겨냈다. 아울러 핀란드가 낳은 위대한 작곡가 시벨리우스의 교향곡으로 마음을 달래기도 했다. 어떤 이는 핀란드를 사우나sauna, 스키ski, 작곡가 시벨리우스Jean Sibelius의 앞글자를 따서 '3S의 나라'라고 부르기도 한다. 그리고 핀란드의 원명은 '아름다운 나라'라는 뜻의 수오미란드Suomiland라는 것도 알게 되었다.

하지만 핀란드가 수백 년간 이어진 역사적인 질곡에서 벗어난 것과 관련해 나는 우리 일제강점기, 1950년대 한국전쟁과 자유민주정부의 과도기, 시민의 등장과 4·19혁명, 1960~1970년대 군사정부와 산업화 성공, 1990년대 초의 공산권 몰락, 오늘날의 중국, 일본, 러시아와의 정치적인 변수, 북한의 핵개발과 국내 이념대립 등을 생각할 때마다 핀란드가 겪은 일과 비슷해 때때로 핀란드의 역사를 떠올리고 싶어진다.

핀란드는 19세기 초 스웨덴 왕국의 지배에서 벗어나 제정 러시아 땅이 되었다. 하지만 제1차 세계대전 말기인 1917년 러시아혁

명으로 볼셰비키 공산정권이 들어서자 핀란드는 곧 독립을 선언하고 독일과 긴밀한 관계를 유지했다. 다만 나치에 대한 협력은 하지 않았다.

하지만 소련은 언젠가 나치 독일이 그들을 침공할 것으로 믿었던 모양이다. 독일이 핀란드 영토를 통해 레닌그라드(지금의 상트페테르부르크)를 공격하는 것을 막으려면 핀란드의 독립을 허용해서는 안 된다는 생각을 한 것 같았다.

그러면서도 소련과 독일은 1939년 독소불가침조약을 체결했다. 이 조약에는 동유럽 각국의 영토를 독일과 소련이 나눠 갖는다는 비밀조항이 포함되었다. 당시 핀란드는 사회주의 혁명이 실패하면서 소련과 관계가 더욱 악화되었고 독소불가침조약에서 소련은 핀란드를 소련의 이해권에 편입하기로 독일과 합의했다. 그 뒤 평화스러웠던 핀란드는 전쟁과 폭력, 살상에 시달렸다.

이것은 마치 한국에 대해 1905년 일본 총리 가쓰라 다로桂太郎와 미국의 육군부 장관 윌리엄 태프트William Taft가 한반도를 두고 맺은 밀약과 같은 비극이었다. 이로써 일본은 한반도를 그들의 영토로 병합하고 식민지화했으며 만주 침략의 교두보로 삼았다. 그뿐만 아니라 아시아에 제2차 세계대전을 불러오고, 남북분단의 비극을 야기하는 도화선이 되었다.

1939년 가을 소련의 지도자 이오시프 스탈린Iosif Stalin은 핀란드와 발트 3국에게 그들 영토 안에 소련군의 기지 건설을 허락할 것을 강요했다. 핀란드는 스탈린의 요구를 거부했다. 그러자 소련은 1939년 11월 45만 명으로 이뤄진 23개의 사단으로 핀란드를 공격했다. 스탈린은 사흘 안에 핀란드를 항복시킬 작정이었다고 한다.

당시 핀란드의 병력은 불과 16만 명으로 그중 정규군은 4만 명뿐이고 나머지는 자원한 민병대였다. 이들은 평소 스포츠로 쌓아온 크로스컨트리 스키cross-country ski 실력과 과거에 소련군이 남기고 간 구식소총으로 무장했을 뿐이었다.

하지만 민병대원들은 게릴라식 전투에 능했고 눈밭에서 보호색이 되는 흰색 군복 차림으로 계곡 사이를 마치 새가 날아다니듯 오가는 기동력을 발휘했다. 이것이 세계 전사戰史에도 기록된 이른바 동계전쟁Winter War의 시작이었다.

이들 스키부대는 전선의 골짜기에 매복해 있다가 진격해오는 소련 탱크를 골짜기에 처박았다. 민병대원 대부분이 평소 스키를 일상 스포츠로 즐긴 지역 주민들이었으며 전선은 겉으로 보면 눈 덮인 평범한 평지였지만 그 밑은 하얀 눈으로 가려진 깊은 계곡이었다. 자국의 지리에 익숙한 핀란드 민병대는 소련군과 소련 전차를 독 안에 넣고 가두듯 전멸시킨 것이다.

무장이 빈약했던 핀란드군은 스페인내전에서도 쓰인 일종의 화염병을 들고 소련군에 맞섰다. 당시 소련 외무부 장관이었던 뱌체슬라프 몰로토프Vyacheslav Molotov의 이름을 따서 화염병을 몰로

토프 칵테일이라고 불렀다고 한다.

천우신조로 1939년 11월부터 그다음 해인 1940년까지 핀란드의 겨울은 너무나도 혹독해 기온이 영하 40도까지 예사로 떨어졌다. 소련과 핀란드가 대치하던 긴 전선에서 소련군은 핀란드의 스키부대 때문에 진로와 보급로가 막혀 대부분 굶어 죽거나 얼어 죽을 수밖에 없었다. 전황은 핀란드에게 유리하게 전개되었다.

당시 핀란드로 향한 소련군의 편제는 제2차 세계대전 중 확립된 편제와 큰 차이가 없었다. 다만 그것을 제대로 운용하는 법을 몰랐다는 것이 문제였다. 공산혁명과 스탈린의 대숙청 뒤 살아남아 고위 장성이 된 장교들은 숙청에 대한 두려움은 둘째로 쳐도 대단위의 야전군을 효율적으로 지휘하는 능력이 부족했다. 대령급 이상 고위 군인의 70퍼센트가 숙청되었으니 그 빈자리는 급히 위관급 장교로 대체할 수밖에 없었다. 이들을 정예화하기 전에 전쟁을 치르게 되었으니 소련은 약소국인 핀란드와의 전쟁에서도 어려움을 겪을 수밖에 없었다.

핀란드를 침공한 지 한 달쯤 지나자 소련 지도부는 전쟁을 포기하기로 했는지 스웨덴 정부를 통해 핀란드에게 예비회담을 제의해왔다. 이때까지 핀란드의 전 국민은 말 그대로 죽느냐 사느냐를 놓고 전국 각지에서 소련에 대항하는 게릴라전을 전개했다.

이때 영국, 프랑스, 노르웨이, 스웨덴 정부는 핀란드를 도울 뜻을 밝혔으나 실제 지원은 매우 미약했다. 영국과 프랑스는 노르웨이의 부동항과 스웨덴의 철광석 산지를 확보해 철광이 독일로 수출되는 것을 막는 데 더 큰 관심을 두었다.

핀란드와 절친했던 스웨덴은 소련과 핀란드 간의 동계전쟁에서 중립을 선언하지 않았지만 강대국인 프랑스, 영국, 독일, 소련 간의 전쟁과 대립에 관해서는 중립을 지켰다. 무엇보다 아쉬운 것은 풍전등화와 같은 위기 중에 믿었던 스웨덴마저 핀란드가 요청한 정규군 지원을 거절했다는 점이다.

겨울을 넘기고 1940년 2월 말이 되자 핀란드군은 탄약이 모두 떨어졌고 소련군은 핀란드가 지키던 최후의 방어선을 돌파하는 데 성공했다. 결국 핀란드 정부는 소련과 협상하기로 결정하고 3월 양국은 정전협정에 서명했다. 넉 달 동안 이어진 동계전쟁에서 소련군은 최소 12만 명이 넘는 사망자가 나왔고 핀란드군도 2만여 명이 전사했다.

전쟁의 결과도 고통스러운 것이었지만 핀란드 국민은 가혹한 평화조약의 조건에 더욱 당혹했다. 상실하게 된 산업시설과 영토가 무척 많았던 것이다. 정전협정의 결과 핀란드 인구의 12퍼센트에 해당되는 42만 명이 살고 있던 산업 중심지를 소련에 넘겨줘야 했다. 여기에 공업 생산량의 80퍼센트를 차지하던 공단과 수력발전 시설의 30퍼센트를 강탈당했다. 수도 헬싱키에서 가까운 군사 요충지는 소련의 해군기지로 30년간 강제 임대되었다.

이에 관해서 나는 북한이 백두산의 일부를 중국으로 이양한 것이나 한국전쟁과 남북분단 그리고 뒤이은 휴전회담에서 우리의 고도古都 개성마저 잃은 아픔 때문에 때때로 핀란드의 역사를 되새겨 보게 된다.

동계전쟁이 있은 뒤 핀란드인들은 나치 독일의 지원을 받아 소련에게 복수할 생각을 잊지 않고 있었다. 하지만 독일마저 핀란드에서 손을 떼고 말았다. 강대국의 변절은 역사에서 흔히 볼 수 있는 일이다. 핀란드에게나 우리에게나 다시는 이 같은 불행이 반복되지 않기를 바랄 뿐이다.

이처럼 철저하게 소련에게 농락당하고 외톨이가 된 핀란드는 그 뒤부터 소련의 내외정 간섭을 피할 수 없었다. 이를 소련의 핀란드화Finlandization 정책이라고 부른다. 소련은 핀란드의 외교와 국방정책은 소련의 주도하에 수립하고 시행해야 한다고 요구했다.

이때도 핀란드 편이던 스웨덴, 영국, 프랑스 등은 약속했던 병력이나 물자 지원은 고사하고 정치적으로도 핀란드를 외면했다. 만약 이들이 도움의 손길을 내밀었더라면 그들 본래의 모습이라도 알아보았을 것이고 핀란드로서는 '핀란드화'와 같은 처참한 굴욕은 피했을지도 모른다고 훗날의 역사가들은 말한다.

그 뒤에도 핀란드는 혼자 힘으로 스스로를 구제하는 일 외에는 다른 방도가 없어서 그랬을까? 아니면 전쟁을 치른 뒤 과거에 대한 의식도 변하고 기억마저 희미해졌기 때문일까? 내가 본 핀란드는 항상 조용했다. 내가 핀란드에 부임해 그곳 사정에 익숙해진 어느 날 한 경제인과 대화하던 중에 핀란드의 아름다운 겨울밤 이야기를 꺼내자 그는 이렇게 대답했던 것 같다.

"핀란드의 겨울밤 하늘에 보이는 별은 조국을 지키다가 순국했거나 약소민족으로 원통하게 죽은 영혼들이 겨울밤 하늘에서 얼어붙어 별이 된 것입니다. 그래서인지 핀란드의 겨울밤 하늘은 너무나 아름답고 별은 나의 이성을 넘어 저 먼 곳에서 나를 부르는 것 같지요."

매우 애국적인 그의 비유는 내가 보기에 사실인 것 같았다. 언제나 꽉 다문 입, 내적인 역동성이 엿보이는 콧날과 순한 곡선의 턱은 핀란드인의 전형적인 모습이다. 그들은 물질세계의 현란한 변화와 삶의 경쟁보다 더 중요한 비밀을 간직한 듯했다. 이런 특징은 핀란드의 조각상을 유심히 살펴보거나 음악을 들어보면 누구나 느끼게 된다.

하지만 우리 삶이 아무리 아름답고 즐겁다고 하더라도 안타깝고 괴로운 까닭은 간혹 일어나는 죽음과 파괴의 현상 때문이 아닌가 생각될 때가 있다. 내가 핀란드 헬싱키 무역관장으로 일하던 1978년 생과 사를 오가는 대한항공KAL, Korean Air Lines 여객기 추락 사고를 겪은 뒤로 그런 생각이 더욱 깊어졌다.

1979년 4월 나는 임기를 마치고 이 3S의 나라를 뒤로한 채 귀국길에 올랐다. 프랑스 파리를 경유해 서울로 가는 비행기 안에서 핀란드로부터 내가 점점 더 멀어져가는 감각을 느꼈다. 그러자 내

직업에 대해 갑자기 싫증이 나는 것만 같았다. 그런 감정에는 핀란드에 더 있고 싶은 가족의 희망이 무산된 탓도 있었다.

나의 위치와 삶의 명목이 어떻든 그처럼 내가 좋아하던 핀란드의 산림자원과 바다, 호수, 코발트색 하늘이 머릿속에서 지워지지를 않았다. 이보다 더 자연적인 곳이 세상에 또 있을까 하는 생각도 들었다.

이런 이유로 프랑스 파리 무역관장 임기를 마치고 한국에서 한참 근무한 뒤에 가정 형편상 다시 해외로 나가야 했을 때 기왕이면 핀란드에서 가장 가까운 스웨덴의 스톡홀름 무역관을 자원하게 되었다.

스톡홀름 무역관에 부임한 어느 날 나는 12월의 혹한기였지만 헬싱키와 스톡홀름을 내왕하는 정기여객선 실리아 라인Silia Line을 탔다. 그렇게 내가 오랫동안 그토록 그리워했던 헬싱키를 다시 방문했다.

한때 주말마다 가족과 함께 갔던 해변을 렌터카를 몰고 찾아갔다. 그곳은 내가 가족을 태우고 노를 젓던 4인승의 작은 보트를 큰 바위에 묶어놓았던 곳으로 바로 옆에는 순전히 목재로만 지은 움막 같은 건물도 있었다. 건물의 지붕이 붉은색이어서 피셔맨스 레드하우스Fisherman's Red House라고 불렀다.

그곳에 가보니 약 서너 평 남짓한 크기의 레드하우스 옆으로 낡아 거의 부서진 보트가 아직 바위 옆에 놓여 있었다. 하지만 묶

1978년 7월 핀란드에서의 삶 중 가족과 가장 즐거운 시간을 보낸 피서맨스 레드하우스에서. 레드하우스는 헬싱키에서 약 40킬로미터 떨어진 거리에 있는 주말 휴양처다. 주변 호수와 우거진 산림이 볼 만하다. 사진에서 보이는 인물은 필자의 아들.

어놓았던 밧줄은 삭아 있었고 건물도 비와 바람에 거의 부서져 원래의 형상을 찾아볼 수가 없었다.

배에 묶어두었던 밧줄은 내가 다시 나타나기를 기다리면서 배가 바다로 흘러가지 않도록 꼭 붙잡고 있다가 그대로 삭은 것 같다고 아내가 말했다. 나는 그곳에서 옛날을 회상하는 행복감을 얻고자 했으나 그러지 못했다.

한 잔의 술, 스납 야화 3

핀란드의 스납

눈 내리는 겨울에는 한때 내가 즐겨 마셨던 독특한 술과 그 술잔이 떠오른다. 바로 핀란드의 스납Finlandia snap이다.•

약 40년 전 봄의 어느 날 내가 핀란드 헬싱키 무역관장으로 처음 부임했을 때다. 그 흔한 영자신문 한 장은 고사하고 나를 도와줄 비서이자 현지인 직원도 아직 구하지 못하던 무렵이었다. 거의 한 달여간 잡다한 근심을 덮어버리려고 밤이 되면 오기로 술이란 술은 아무것이나 찾아 마셨던 적이 있었다.

하지만 어느 정도 자리를 잡고 나자 운 좋게도 핀란드의 대형 마트 중 하나인 케스코Kesko에 가죽제품을 수입해 납품하는 유력

• 이 책에서 'snap'은 외래어표기법 대신 핀란드에서 널리 통용되는 발음에 맞춰 표기했다.

바이어를 만나 한국의 남성용 가죽제품 재킷을 수출 알선했다. 그러자 그 수입상은 내가 제시한 샘플에 만족하고 며칠 만에 최초 주문한 금액으로는 예상을 뒤엎는 총 3만 5000달러의 거래약정서에 상호 서명했다.

이에 나는 물론이고 코트라 본사와 우리 수출업체가 모두 크게 환호했다. 그 뒤 바이어가 제시하는 제품 규격과 재질, 인도delivery 조건, 가격 등에 대해 나, 수입상, 수출업체 3자 사이에 당시에는 가장 빠른 통신수단인 텔렉스telex와 전화로 불티나게 상담을 진행했다. 그 결과 약 석 달 뒤에 수입상과 우리 수출업체 사이에 모든 거래조건이 확정되었다. 양자 간의 정식계약과 더불어 시제품 검사도 무난히 통과하고 신용장LC, letter of credit이 개설되었다.

이때 나는 환희와 더불어 안도의 한숨을 크게 내쉬었다. 이어 다시 석 달쯤 지난 어느 날 드디어 완제품이 도착해 이를 수령한 수입상 웬다린Wendalin 사장은 나를 찾아와 손을 힘주어 잡더니 도착한 제품은 결함이 거의 없이 완벽하다고 만족해했다. 그러면서 나의 노고를 위로한 뒤 다음 날 밤 나와 함께 자신의 집에서 저녁식사와 사우나를 하고 싶다고 했다. 이런 제안은 초면의 관계에서는 분명 파격적인 것이었다.

나는 웬다린의 제안에 바로 응하면서 분망하고 외로운 세월 속에서 의외로 만난 이 유력한 실업인의 초청에 감격했다. 그가 향후 핀란드에서의 내 활동에 견고하고 안정된 조력을 줄 것 같은 신뢰감이 떠올랐기 때문이었다.

웬다린은 나를 초청한 날 밤 코스켄코르바Koskenkorva라는 이름
의 술을 소개했다. 그것은 영하 20도 안팎에서 냉장된 차가운 핀
란드산 보드카였다. 그 술을 마시는 즐거움은 다른 어떤 술의 그
것과도 견줄 만했고, 마치 절주節酒의 교사教師와도 같다는 생각이
들었다.

코스켄코르바가 담긴 술잔은 나의 가운뎃손가락만 한 크기의
날씬한 세 개의 유리 삼지관三指管과 같았고 잔의 가느다란 손잡이
는 샴페인 잔과 똑같았다. 그날 밤 나는 술에 대한 새로운 인식을
갖게 되었다.

사우나를 마친 뒤 술잔 중의 한곳에 입을 대고 혀끝을 시작으
로 한 모금을 마시면 벌써 잔은 바닥을 드러낼 만큼 소량이었다.
사우나 뒤의 목마름을 면한 해방감과 더불어 따뜻하고 밝은 빛이
몸 밖으로 새어나오는 것도 같았다. 이에 나는 지난날 마셨던 술
의 어두운 그림자를 지우고 잠시나마 업무와 각박한 생활조건으
로 쌓인 스트레스에서 벗어날 수 있었다.

핀란드에는 핀란드어 외에 영어 등 외국어로 발간되는 신문이
없어 내가 해독할 만한 자료가 보이지 않았다. 앞에서 이미 밝혔
지만 핀란드 주재 우리 대사관에는 대사까지 포함해도 직원이 네
다섯 명뿐이었고 교민으로는 유학생 한 명뿐이어서 그들에게 도
움을 청할 수도 없었다.

나는 하는 수 없이 현지 정부와 관계기관, 단체는 물론 관련 기업을 직접 순방했다. 특히 동유럽 시장개척 방안으로 핀란드 기업 중에서 동유럽과 무역하는 업체를 찾아 접촉하는 것이 주요 활동이었다. 그 밖에 한국 수출품을 위한 시장조사와 거래알선에도 큰 비중을 두었다. 뜻밖에도 핀란드인들은 매우 적극적으로 나를 도와주었고 가능한 한 많은 자료를 제공해주었다.

하지만 이와 달리 나는 언어문제와 자녀의 취학문제, 고물가에 따른 생활고 등 삼중고에 직면해 기본적인 삶의 영역 밖으로 밀려난 것 같은 외로움으로 고달파했다. 예측할 수 없이 어두운 미래에 좌절감을 갖고 밤만 되면 술로 달래던 중이었다.

이처럼 내가 힘들어할 무렵 가죽제품 의류 수입상인 웬다린 사장이 저녁식사 자리에 초대한 것이었다.

약속된 날 오후의 퇴근시간에 맞춰 그의 집을 향해 혼자 무역관을 떠났다. 수도 헬싱키에서 30여 킬로미터 떨어진 곳, 1층 목조건물인 웬다린의 집은 바다와 호수를 낀 자작나무 숲속에 파묻혀 있었다. 때는 10월 초 저녁 여섯 시쯤이었지만 북유럽의 날씨는 이미 칠흑같이 어두웠고 눈이 사방을 뒤덮고 있었다. 잔설이 차의 앞창에 부딪쳐 시야를 가로막고 있었다.

그때 나는 영화에서나 볼 수 있는 휘황찬란한 샹들리에chandelier 아래 펼쳐진 만찬에 참석할 때 치장하는 화려한 외모와 거위의 발걸음에 익숙한 귀족들의 모습이 아닌, 오직 눈보라를 뚫고 적진을 향해 돌진하는 병사의 몸과 마음으로 차를 몰았다. 나 자신을 사방에 구걸하듯 헤매는 초라하고 서글픈 사람으로 생각했기 때문이었다.

차에서 내리자 아직 그치지 않은 싸라기눈이 내 등을 때렸다. 집 현관에 이르러 초인종을 눌렀다. 잠시 뒤 문이 열리더니 목재 향내와 함께 뽀얀 얼굴에 갈색 머리, 비취색의 푸른 눈인 인상적인 웬다린의 아내가 남편을 뒤로하고 먼저 핀란드어로 환영 인사를 건넸다.

"헤이, 헤이hei, hei⋯⋯."

그녀는 당시 서른여섯 살이었던 나보다 일고여덟 살쯤 위인 것 같았다. 거실에 들어선 나를 부인에게 소개한 뒤 웬다린은 곧이어 황당하게도 먼저 둘이서 사우나 장에 들어가 이야기하고 싶다고 했다.

"위엄, 명예, 돈, 장식 등 우월성 같은 것은 남에게 모두 힘의 허상으로 비칠 수 있지요. 그러는 대신 우리는 순수한 마음을 갖고 전통적인 핀란드식으로 합시다."

별수 없이 그를 따라 아래층 계단을 딛고 내려가는데 웬다린이 다시 내게 말을 붙였다.

"미스터 김은 혹시 영어로 핀란다이제이션Finlandization이라는 말을 아십니까?"

나는 그 말의 정치적인 의미를 알고 있었지만 순진함이 예의인 듯해 짐짓 "모릅니다"라고 대답했다. 무엇보다도 잠시 뒤에는 곁에 아무것도 걸치지 않은 전라의 몸과 비운 마음으로 사우나 장에 들어가야 할 텐데 자칫 말실수의 무거운 짐을 지게 된다면 모처럼 얻은 마음의 평화가 깨질지도 모르기 때문이었다.

나는 침묵하는 웬다린의 뒤를 따라 사우나 장으로 들어갔다. 따끈하고 향기로운 자작나무 냄새가 실내를 가득 메운 그곳에서 나는 순간적으로 세상 밖으로 멀리 떠나온 기분을 느꼈다. 상상 속에서 내면에 도사리고 있던 아픔, 근심, 두려움의 장막이 걷히는 느낌을 받았다. 내 영혼은 이미 하늘에 둥둥 떠다니는 흰 구름처럼 가벼워지고 있었다. 한참 침묵으로 앉아 있으려니 웬다린이 다시 말을 꺼냈다.

"소련이 폴란드나 체코 등 동유럽을 그들의 지배체제로 편입할 때 핀란드에 대해서는 외교와 국방을 제외한 내정 자치권만을 부여하고 중립화했지요. 그 조치를 두고 이른바 '핀란다이제이션'이라고 부릅니다.

그런데 그것은 우연히 그렇게 된 것이 아니에요. 사실 소련은 핀란드까지도 동유럽처럼 만들려고 침략했지요. 1939년 핀란드는 소련의 침공에 맞서 싸웠고, 결국 그들과 강화조약을 맺으며 사실상 승전했어요.

당시 핀란드의 정규군은 약 4만 명에 불과해 남녀노소 국민은 물론 핀란드 안의 사회주의자나 공산주의자들까지 소련의 대군에 맞서 싸웠습니다. 핀란드 민병대는 스키부대를 편성해 소련의 침공 루트를 막아섰습니다. 세계 전쟁사에도 기록된 유명한 전쟁으로 동계전쟁이라고 불립니다."

웬다린의 부연설명은 계속 이어졌다.

"이래서 핀란드에서 스키, 특히 크로스컨트리 스키는 핀란드 사람이면 누구나 즐기는 생활의 필수 스포츠가 되었습니다. 그러니 미스터 김도 스키를 즐겨 보시기 바랍니다. 핀란드의 사우나는 스키를 즐긴 뒤의 뗄 수 없는 한 부분이기도 하고요."

나는 웬다린의 말을 듣고만 있었다. 그와 대화를 나눈 사우나 장은 자작나무로 인테리어를 꾸며놓았다. 뜨거운 돌조각으로 채운 스토브로 실내는 섭씨 100도의 고온으로 달아올라 있었고 나는 너무 뜨거워 안절부절못했다.

그런 모습이 딱하게 보였는지 웬다린은 바다에서 떠다가 실내 자작나무 물통에 받아놓은 갈색 빛깔의 물을 바가지로 조금씩 떠서 내 몸에 뿌리며 열을 식혀주었다. 추운 겨울인데도 아직 푸른 잎새가 붙어 있는 자작나무 가지로 내 몸을 다독거려주었다. 핀란드에서 자작나무 가지를 두드리는 일은 몸에 붙은 귀신을 쫓아낸다는 의미가 있다고 한다. 나는 순간적으로 이곳까지 거처하는 광대한 신神의 분포에 대해 잠시 눈을 감고 명상했다.

사우나 장 안에 떠다놓은 물은 자작나무와 그 잎새가 태고 때부터 바다나 호수에 떨어져 묻혀 오랫동안 자연적으로 농축된 즙과 같은 갈색 빛을 띠고 있었다. 그 향기와 미끈한 부드러움이 몸의 피로를 덜어주는 특징이 있다고 했다.

"핀란드의 산림은 대부분 자작나무와 소나무로 채워져 있지요. 그리고 바다는 수만 개의 호수와 북극에서 유입되는 빙하의 물이 섞여 염분 함유도가 매우 낮아요. 핀란드의 자연은 우리 삶에 은혜와 지혜를 주고 인간에게 자연과의 조화가 얼마나 중요한지를 침묵으로 교시해준다고 생각합니다."

이어 한국의 경제전망과 향후 거래전망에 대한 질문에서 나의 인생관에 이르기까지 웬다린과 모두 40여 분간 질문과 대답을 나누고 사우나를 마쳤다. 그런 뒤에 그는 나를 다시 라커룸으로 안내하고 그곳에서 우리 둘은 옷장에서 흰 가운을 꺼내 입고 거실로 올라왔다.

거실과 약간 떨어진 부엌의 식탁 위에는 처음 보는 삼지관으로 된 유리컵 세 개가 예쁜 자수 받침 위에 달랑 놓여 있었다. 손잡이는 샴페인 잔과 같이 가느다랗고 그곳에 붙어 있는 세 개의 관管은 각각 크기가 내 손의 가운뎃손가락만 한 것들이었다.

잠시 뒤 웬다린은 보드카가 든 하얀 서리가 낀 플라스크flask 같은 병을 손수 냉장고에서 꺼내 가져왔다. 그의 아내는 연어 알을 담은 아름다운 연녹색 그릇silver sauceboat과 하얀 요구르트를 담은 흰색 그릇, 30여 센티미터 길이의 노란색 배추 속살이 들어 있는 연녹색 그릇 등 세 그릇을 차례대로 식탁 위에 갖다 놓았다.

식탁이 정돈되어 잠시 침묵과 미소만 흐르자 웬다린이 먼저 각자 앞에 놓인 세 개의 잔에 술을 채운 뒤 먼저 나에게, 다음으로 아내를 향해 컵을 들고 키피스kippis를 선창했다. 나는 그들 부부의 제스처를 보고 그대로 따랐다.

나는 잔을 들어 세 쌍의 유리잔 중 하나에 입술을 대고 그들이 하는 대로 혀 위에 술을 살짝 부으며 목구멍으로 넘겼다. 그러니 곧 잔이 비워지는 한 모금짜리 소량의 술인 것을 알았다. 웬다린은 이를 '핀란드의 스납'이라고 설명하며 '키피스'라는 말은 영어의 치어스cheers와 같은 뜻이라고 했다. 아직 다른 두 개의 잔에는 그대로 술이 남아 있어 하나를 비울 때마다 그것들이 쏟아질 듯해 조심스러웠다. 하지만 이것들도 차차 대화를 나누는 중에 하나씩 비워질 것 같아 보였다. 웬다린이 나에게 물어왔다.

"기분이 어떻습니까?"

나는 약간 머뭇거리며 찬사를 표했다.

"스납은 국제 행사장의 파티에서 여러 번 마신 적이 있지요. 하지만 이번처럼 이슬같이 부드럽고 참신한 기분을 주는 스납은 처음이고 무엇보다도 술잔이 기이하고 예술적이어서……."

이어 침묵과 함께 환한 미소의 여운이 식탁 위에 다시 드리워졌다. 그러자마자 웬다린의 아내가 몸을 약간 앞으로 구부리더니 이미 식탁 한곳에 준비해두었고 얼음과 함께 쟁반 위에 가득 채워진 채소 잎 중 하나를 집게로 집어 내 쟁반 위에 올려놓았다. 부드럽고 연하며 중간이 약간 파인 노란 배추 속살이었다.

그다음으로 그녀는 얼음 섞인 연어 알이 담긴 그릇에 뽀얀 요구르트를 부어넣고 섞은 뒤 큰 스푼으로 한 술 떠 내 접시에 놓인 배추 속에 담으며 말했다.

"이것은 스웨덴이 원조라고 하지만 원래는 스칸디나비아인 모두가 즐기는 바이킹의 전채前菜 음식인 스모가스보드smorgasbord라는 것인데요. 하하, 보드카를 한 모금 마신 뒤 드시면 독특한 맛이 날 거예요!"

나는 그녀가 일러준 대로 했다. 아직 마시지 않고 남아 있는 두 잔 중 하나에 입을 대기 전 웬다린에게 키피스라고 선창으로 건배를 청하자 그도 나를 따라 했다. 잠시라도 침묵의 틈을 보이면 친절한 그의 뜻을 거스르는 실례가 될까 봐 내가 일부러 청한 것이다. 그러고 나서 술과 음식의 맛을 레토릭으로 표현했다.

"첫 번째 잔은 사우나 이후 포근해진 체온과 더불어 취기를 숨결로 녹이는가 싶더니, 두 번째 잔은 의식불명의 고독에 위안을 주는 것 같아 좋습니다."

나의 수사에 부부가 함께 박수를 쳤다. 이어 웬다린은 내 말을 시로 써두면 어떻겠느냐고 했지만, 나는 어느 영국 시인의 시집에서 따온 글을 읊었을 따름이라고 말하며 감사의 뜻을 표했다.

웬다린은 핀란드어에 불편한 내 사정을 알고 있었고 나와 내 가족이 고국은 물론 이곳 이웃과도 떨어져 고독하게 살고 있는 것을 눈치챘다. 그래서였는지 내 가족이 언제라도 좋으니 이곳 별장에 와서 사우나, 스키, 호숫가에서 뱃놀이 등을 자유롭게 즐겨도 좋다고 했다.

이때 그의 아내는 자리에서 일어나 부엌 한구석으로 가더니 한참 뒤에 세 사람 분량의 스테이크를 접시 세 개에 나눠 식탁에 갖다 놓고 마지막으로 빵 바구니를 들고 자리로 돌아왔다. 나는 감사를 표한 뒤 스모가스보드를 입에 조금 넣은 뒤 잔을 들면서 마지막으로 남은 술잔을 비우자고 했다. 이에 그의 부인도 키피스를 외치고 우리 셋은 모두 저녁식사를 했다.

세 잔에 담긴 술의 양은 모두 합쳐도 우리의 작은 소주잔 두 잔 정도에 불과했다. 그런데 이를 거의 네 시간에 걸쳐 마신 셈이었다. 나는 마음속으로 이것이야말로 최대, 최선의 절주 방식이라고 생각했다.

마지막 셋째 잔을 비우고 잠시 뒤에 나는 약간의 취기를 느꼈다. 그래서 웬다린의 집에 들어선 지 벌써 네 시간이 지났으며 차의 운전이 염려되어 오늘밤의 감격적인 초청에 감사의 뜻과 더불어 자리를 일어날 뜻을 보였다. 그러자 부부는 이런 말로 나를 말렸다.

"핀란드의 어둡고 추운 겨울밤, 특히 주말인 오늘 같은 날이면 핀란드인들은 늦은 밤까지 자작나무가 타는 벽난로에 둘러앉아 지냅니다. 가족과 이웃, 방문자가 있으면 그들과 함께 어떤 문제나 걱정거리로부터 벗어나기 위해 밤늦게까지 서로 협의도 하고 의견도 나눈답니다.

앞으로 한 시간가량 지나면 취기도 완전히 사라지고 눈도 그칠 것 같은데……. 자, 우리를 옭아매고 있는 수많은 잡다한 생각을 훌훌 털어버리는 것이 자유인의 도리가 아닌가요. 하시는 직장 일에 대해서라면 내 경우에는 관습과 심지어 기쁨, 슬픔, 믿음, 쾌락까지도 버리는 자체가 자유라고 생각하거든요."

웬다린은 아내를 특별히 사랑한다는 듯 그녀의 손을 꼭 쥐며 말했다.

하지만 나는 잠시 더 머물다가 자리에서 일어섰다. 이제 술기운도 완전히 사라진 밤 열 시쯤이었다. 칠흑처럼 캄캄한 밤, 창문을 뚫고 나간 불빛이 아직도 밖에서 마구 쏟아지는 눈보라를 비추고 있었다. 나는 웬다린 부부가 고요한 밤에 늦게까지 나에게 베푼 참신한 친절과 따뜻한 인간애에 깊이 감사한다고 말하고 집으로 돌아왔다.

그 뒤 핀란드에서 3년의 임기를 마치고 귀국을 앞둔 어느 날 우리 가족은 웬다린의 집을 방문해 작별인사를 나누었다. 웬다린의 부인은 우리와의 헤어짐을 자못 섭섭하게 여겼다. 그로부터 다시 10년 가까이 지난 어느 날 내가 인근의 스웨덴에 부임해 가족과 함께 간단한 선물을 들고 다시 그곳을 찾았는데 뜻밖에 부부를 만날 수 없었다. 그 집에 들어와 사는 사람에게 물으니 웬다린 부부는 이미 회사를 정리하고 오래전에 이사를 갔는데 어디로 갔는지 알 수 없다고 했다.

눈 내리는 겨울에는 항상 눈송이 속에서 아롱거리는 코스켄코르바와 삼지관의 맑은 술잔과 무색無色, 무당無糖, 무취無醉의 감미로움에 이어 웬다린 부부와 사우나 장의 자작나무 향기만 떠오를 뿐이다.

어두웠던 소련인들, 밝은 러시아인들

냉전시대 내가 만난 소련인들

2012년 3월 26일 러시아의 드미트리 메드베데프Dmitry Medvedev 대통령이 서울에서 열린 핵안보정상회의에 참석하려고 방한했다. 그는 방한 첫날 저녁 가벼운 발걸음으로 얼굴에는 내가 과거 마주했던 소련인들과 다른 잔잔한 미소를 띠고 있었다. 그 역시 다른 국빈들처럼 부드럽게 청와대 초청 국빈 리셉션장에 들어서는 모습이 텔레비전 화면에 비쳤다.

이에 나는 거의 40년 전 냉전시대에 철의 장막처럼 문이 닫혀 있던 핀란드 주재 소련 대사관을 몇 차례 방문하고 도움을 받았던 감격스러웠던 일이 갑자기 떠올랐다.

사실 내가 본 러시아 대통령의 모습은 텔레비전 화면 속의 팔락거리는 한 그림자에 불과하지만 이를 플라톤Platon이 이데아Idea

라고 부르는 '현실의 기본유형'과 같다고 생각하면 어떨는지 자문해보고 싶어진다.

무엇보다도 대통령인 그가 내 눈에는 너무나 인간적으로 보였기에 그런 생각에 집착하다 보니 이미 거의 잊었던 몇 가지 일이 문득 떠올랐다.

내가 핀란드 헬싱키 무역관장으로 있었던 1970년대 냉전시대의 일이다. 어느 날 핀란드 주재 소련 대사관의 알렉산드르 프라마프Alexander Pramav 상무관이 잠시 이데올로기의 쇠사슬을 풀고 인간적으로 도움을 준 것은 물론 소련 수출시장 개척 활동에도 도움을 주었다. 이를 계기로 나와 함께 놀랍게도 소련과 한국 간의 구상무역 가능성을 모색하고 실제로 거래를 추진하기도 했다.

내가 더욱 놀랐던 것은 우리의 파리발 서울행 KAL기가 소련 무르만스크 주에서 그들의 전투기에게 격추되었을 때 일이다. 프라마프는 우리 승객의 생사 여부와 국내송환 계획을 나에게 소상히 알려주었다.

당시 그는 나와 일을 같이하면서 정의가 불의에 희생된다고 해도 할 수 있는 데까지는 일을 추진하겠다는 강력하고 적극적인 의지를 보였다. 또한 그는 비록 실패할지라도 가치 있는 일이라면 노력을 아껴서는 안 된다는 신념을 가진 듯했다.

그때 나는 일개 무역관장으로 이른바 통상외교선通商外交線 상에 있었으나 프라마프는 통상 분야뿐만 아니라 정무관계 등을 모두 맡은 소련 대사관의 고위 외교관이었다. 그래서였는지 한국은 물론 서방국가 모두에게 철통같이 문을 닫고 있던 냉전시대인 그때, 핀란드 주재 한국 대사관의 당시 K참사관도 그와의 회합에 동석했으면 좋겠다고 요청하자 놀랍게도 그 자리에서 쾌히 나의 요청을 받아들였다. 소련 안에서도 실력자가 아니면 그처럼 쉽게 나의 요청을 받아들일 수 없는 상황이었다. 그런데도 프라마프가 나를 배려(?)한 것은 놀라운 일이라고 아니할 수 없었다.

이후 내가 프라마프를 만날 때는 언제나 K참사관도 자리를 같이할 수 있었다. 프라마프는 서구 각국에서 통용되는 서구식 무역제도를 정확히 파악하고 있었고 복잡다양한 거래 관행까지 통달하고 있었다. 내가 하는 설명에서 새로운 것을 알게 되면 바로 노트에 기록했다.

무엇보다도 프라마프는 자신의 다양한 소견을 자유자재로 피력하고 나의 대응에 적극적인 반응을 보였다. 그의 이런 독특한 모습은 동유럽에서 보통 볼 수 있는 무역거래 중개인과는 좀 달랐다. 동유럽 무역인들은 마치 거짓과 같은 허풍^{manoeuvring}을 떤다거나 약속을 하고도 실질적인 거래행위는 차일피일 미루는 지연작전을 곧잘 썼다. 하지만 프라마프의 모습은 그들과는 전혀 다른 획기적인 것이었다. 다만 그 역시 서구 각국에서 일반적으로 통용되는, 예를 들어 신용장 개설과 같은 정상적인 거래방식보다는 그들이 전통적으로 선호하는 구상무역을 위주로 하는 교역을 우리에게도 바라고 있었다.

그는 쉰 살쯤 되어 보이는 연령에 언제나 위엄이 있었고 건장한 체격의 미남형 신사였다. 하지만 얼굴에 미소 한 번 보이지 않았으며 음성은 약간 비음이 섞인 저음이어서 언제나 나를 긴장하게 했다.

국경을 마주하고 과거 오랫동안 소련의 지배를 받아온 핀란드의 방방곡곡에는 그때도 어느 곳을 가든 소련 군인과 민간인을 쉽게 찾아볼 수 있었다. 하지만 이들의 모습은 핀란드의 길고 어두운 겨울 모습처럼 모두 어두운 표정이었으며 프라마프 역시 그들과 다를 바 없었다.

얼굴에 미소를 띠었거나 밝은 표정을 가진 소련인을 나는 한번도 본 적이 없었고 프라마프 역시 서너 차례 직접 만났지만 그의 미소는 좀체 보지 못했다. 하지만 그가 매정하다는 감정을 갖지는 않았는데 소련인들의 무표정한 모습은 천부적인 것 같다는 생각이 들었기 때문이다. 아마 내가 소련인들의 제스처gesture에 어느덧 익숙해졌기 때문이 아니었나 싶었다.

나는 프라마프를 만날 때마다 필요한 용건 외에는 말이나 표정을 바꿀 필요 없이 냉랭한 표정을 짓지 않을 수 없었다. 이 때문에 나는 해외생활을 통해 상냥해진 모습을 버리고 프라마프를 만날 때마다 그만을 관찰하며 항상 긴장감을 가졌다. 하지만 그와 전화로 통화할 때는 마음속에서 친근감을 갖고 대했는데 그럴 때는 프라마프 역시 나에게 다정다감한 음성으로 반향을 보인 것은 이상한 일이었다. 나는 사람의 음성은 외양적인 것이 아니라 그 사람의 본질 같다는 가정을 해보기도 했다.

해외에서 소련인을 직접 마주하기 전에 그들의 모습을 상상해 본 것은 1945년 우리가 일제로부터 해방된 뒤 소련인들이 북한에 진주했던 시기부터다. 소련에 대한 그 밖의 기억은 내가 초등학교 3학년 학생으로 학교에서 배운 것과 그 뒤 냉전시대에 그들을 적성국가 국민으로 머릿속에 담아둔 것뿐이었다.

또한 그때 나는 소련을 스탈린의 공포정치, 시베리아 유형과 처형 등과 같은 공포의 대상으로만 생각했다. 냉전시대에는 국제정치의 판도와 이에 따라 변하는 소련의 현상에 일반인과 마찬가지로 나 역시 영향을 받지 않을 수 없었다.

비록 통상에 관련된 한정된 분야였지만 나는 소련의 심장부 중한 곳인 핀란드 주재 소련 대사관의 고위 외교관을 자주 만나 무역거래에 관해 자유롭게 협의했다. 이는 당시에 무척 이례적인 일로 생각되었고 코트라 본사와 국내의 관련기관도 나를 최대한 지원했다.

1976년 봄 내가 헬싱키 무역관장으로 임명되어 핀란드에 처음 도착했을 때다. 가족을 데리고 객실 50여 개, 4층 규모의 당시만 해도 초라한 수준이었던 켐핀스키Kempinski 호텔에 투숙했다. 그곳 공중화장실과 복도에서 수많은 소련 군인이 우글대는 모습을 보왔다. 호텔의 좁은 복도에서 그들과 어깨를 부딪칠 때마다 항상 두렵고 긴장이 되었다.

나는 비좁은 호텔 로비와 엘리베이터에서 소련인들과 마주칠 때마다 습관적으로 '굿모닝'이나 '하와유'로 인사를 건넸다. 하지만 아무도 응답하지 않아 긴장감을 풀 수도 없었다.

이틀간의 숙박 기간 동안 아무 일도 일어나지 않았지만 소스라칠 만큼 두려운 공포 때문에 가급적 이들에게서 멀어지고 싶었다. 하지만 그럴수록 웬일인지 오히려 나의 시선은 자꾸만 그들에게 쏠렸던 것을 숨기고 싶지 않다.

오직 나는 멍청한 모습으로 로비와 식당에서 소련인들과 조우하며 지냈다. 그 모습은 마치 사자에게 쫓기는 사슴이 간혹 뒤를 돌아보며 사자를 피해 결국 살아남아 안도의 숨을 내쉬는 것과 같았을지 모른다. 더구나 그때 나는 젊은 아내와 어린 두 자녀와 함께 있었는데 모두 상황에 알맞게 행동해 무사했던 것은 아니었나 싶다.

KAL기 조난사건과 승객을 위한 헌신적인 봉사

나는 국내에서 일할 때나 해외에서 일할 때나 언제나 극적인 사건과 자주 마주치는 불행을 겪었다. 헬싱키 무역관장으로 부임한 지 2년이 지난 냉전시대인 1978년 4월 20일에는 우리 KAL기가 무단 항로이탈로 소련 상공에서 그들의 전투기에게 격추된 뒤 핀란드에서 가까운 소련 무르만스크 지역에 불시착하는 사건이 일어났다.

당시 KAL기는 승객 97명과 승무원 12명을 태우고 파리 근교의 오를리 공항을 떠나 김포공항으로 향하던 중이었다. 그런 KAL기가 항로를 이탈했다는, 뒤에 실수로 알려진 잘못을 영공 침범으로 몰아 소련은 무르만스크 상공에서 당시 최신의 수호이SUKHOI 전투기를 내보내 우리 민항기를 격추했다. 돌이켜보면 이런 경험도 나에게 '러시아 공포'라는 관념이 떠오르게 하는 하나의 동기가 되었을 것이라고 생각한다.

그때 우리 대사관과 나는 긴급훈령을 받고 승객의 생사 여부와 정확한 추락지점 파악에서부터 사망자와 함께 승객 전원을 헬싱키에서 인계받아 한국으로 이송하는 데까지 전력을 다했다. 당시 핀란드 주재 한국 대사관에는 이미 오래전에 고인이 된 윤경도 대사, 최용삼 영사(훗날 총영사로 퇴임) 그리고 다른 영사 한 명과 참사관 두 명, 모두 다섯 명의 외교관과 나뿐이었다.

이때 한국은 소련과 외교관계가 수립되지 않았고 더구나 냉전시대여서 소련은 물론 동유럽의 어느 나라와도 접촉할 수 없었다. 우리는 겨우 미국과 영국, 일본 대사관을 통해 간접적으로 KAL기 추락 상황이나 탑승객의 생사 여부를 파악하려고 했으나 거의 불가능해 전전긍긍했다. 소련과 직접적으로 접촉하는 것은 꿈같은 이야기일 뿐 불가능한 일이었다.

그때 우리는 발만 동동거리거나 미국 대사관에만 의존해 상황을 파악하려고 했을 뿐이다. 그때 내가 한 가지 꾀를 생각해냈다. 핀란드의 주요 기업 중에서 소련과 무역하는 기관이나 업체를 부리나케 찾아 나섰다. 그렇게 여객기가 추락한 지 하루 만에 우리에게서 어망을 수입하고 소련과는 구상무역을 크게 하는 K사의 중역 한 사람을 찾아갔다.

K사 중역은 나와 우연히 만나 친근하게 지내온 사람이었다. 나는 그를 초청해 간혹 점심이나 저녁을 같이했다. 그는 한국에서 어망과 섬유 원단을 약간 수입하던 분이었다.

나는 거두절미하고 한 가지 급한 부탁을 해도 되겠느냐고 물었다. 그러고 나서 여객기 추락은 이미 벌어진 일이니 그렇다 치고, 승객과 승무원의 가족은 모두 큰 슬픔에 휩싸여 있는데 한국은 적성국가인 소련과 접촉이 불가능해 우리를 대신해 이들의 생사 여부만이라도 파악해 알려주거나 알 수 있도록 도와준다면 감사하겠노라고 했다. 이때 내 목소리는 떨렸고 나도 모르게 약간 울먹이고 있다는 것을 스스로도 느꼈다.

나의 간절한 요청에 그는 약간 괴로운 표정을 지었다. 나 역시 잘 모르는 사람으로부터 어떤 부탁을 받게 되면 혐오감, 싫증, 연민 같은 감정을 느끼는데 그 역시 나처럼 괴로운 표정을 보였다.

그러다가 돌연 남의 근심을 잘 이해해본 경험이 있는 사람처럼 고결하고 심각한 표정을 지었다. 그는 내 부탁을 다 듣고 나서 어딘가로 전화했다. 그는 주로 러시아어를 썼으며 간혹 핀란드어와 영어도 섞어 말했다.

불과 5~6분간의 짧은 통화였는데도 왜 그리 긴 시간처럼 느껴졌는지 그가 원망스럽기까지 했다. 통화 막바지에 그는 "다, 다Да Да(러시아어로 '예'라는 뜻), 오케이, 키토스kiitos(핀란드어로 '감사하다'라는 뜻)"라고 상대에게 말하고 전화를 끊었다. 그 순간 나는 그가 무슨 말을 할지 궁금해 어쩔 줄 몰랐다. 처량하게 자신의 표정만을 살피는 나를 보며 그는 안도의 한숨을 내쉬며 말했다.

"내일 아침 열 시에 소련 대사관의 프라마프 상무관을 찾아가 보세요. 승객 두 명 사망에 약간의 부상자 외에는 전원 안전한 것 같습니다."

이어 그는 나중에 한국의 가문비나무spruce, 자작나무Birch 등 원목Timber 수입시장에 관한 자료와 수입처를 알아봐 달라고 나에게 부탁했다. 그 순간 나는 너무나 기쁜 나머지 소리를 지를 뻔했다.

"철옹성 같은 소련 대사관에 정식으로 진입해 그들과 직접 접촉해 소망을 풀 수 있게 되다니, 이것이 꿈인가 아니면 현실인가!"

나는 그 기업인에게 감사의 뜻을 여러 번 표명하고 자리에서 일어서 무역관으로 황급히 돌아왔다. 무역관에 도착하자마자 우선 한국 대사관에 전화로 통보한 뒤 긴급 암호 텔렉스로 코트라 본사에 '적성국 대사관 방문 승인'을 요청했다. 30여 분도 지나지 않아 "승인 및 무사하기 바람"이라는 회신 전문을 받았다.

거의 뜬눈으로 밤을 새우고 다음 날 아침 진눈깨비가 억수같이 내리는 가운데 헬싱키 주재 소련 대사관을 향해 홀로 차를 몰았다. 오전 열 시의 방문시간에 맞춰 방문 목적과 대담 요지와 관련된 자료를 작성한 다음 한국의 산업과 무역 관련 카탈로그와 자료도 준비했다.

소련 대사관으로 향하는 길은 폭설로 질퍽했으나 다행히 한적했다. 헬싱키에서 가장 유서 깊고 큰 만네르헤이민테^{Mannerheimintie}로^路에 있는 우리 무역관을 나온 지 30여 분 뒤 나는 소련 대사관 정문 앞에 도착했다.

대사관 건물은 마치 고대의 억압받는 민중으로부터도 격리된 은밀한 아성^{牙城}같이 으리으리하게 보였다. 육중한 하얀 대리석 건물로 지어졌는데, 일제가 조선의 정궁을 해체한 자리에 세운 옛 조선총독부 건물이자 뒤에 한국이 정부청사와 국립박물관으로 이용했던 건물과 크기와 모습이 똑같아 보였다.

나는 대사관 정문 앞에 차를 세우고 경비병에게 상무관과의 면담 약속으로 이곳을 방문하게 되었다고 했다. 신분 확인을 거쳐 출입허가를 받는 동안 경비초소 안의 두어 명이 나를 쏘아보는 눈총을 발견하고 긴장감과 함께 경계심으로 주눅이 들었다. 한참 뒤 경비병은 그가 들고 있는 수화기에 귀를 댄 채 계속 "다, 다"라는 말을 연발하더니 내게로 와서 차는 정문 앞 길가에 세워두고 걸어 들어가라는 손짓을 했다.

나는 정문에서 100여 미터 떨어진 큰 대리석 건물 앞까지 눈보라를 맞으며 걸어갔다. 드디어 현관 입구에 이르자 입구 바로 오른쪽에 안내 데스크가 있었다. 나이가 예순 살쯤 되어 보이는 여인이 앉아 있다가 일어났다. 먼저 그녀에게 약속시간과 면담자의 이름을 대자 그녀는 아무런 말없이 앞장서면서 내게 따라오라는 손짓을 했다.

나는 그녀 뒤를 한참 동안 걸으면서 무엇을 시작으로 어떤 것에 대해 먼저 이야기를 꺼내야 할지 생각했다. 사고와 생활방식이 다른 사람들을 처음 만나 언어나 행동에서 그들의 이해를 얻기란 쉬운 일이 아니라는 생각이 들었다.

이윽고 나를 안내하는 여인이 어느 궁전의 대문처럼 무겁게 보이는 문 앞에 서더니 노크했다. 그러자 기다렸다는 듯 곧 문이 열렸다. 방 안에는 건장하고 키가 큰 거인 같은 사람이 셋 있었는데 그들은 각자 악수를 청하고 나에게 앉을 자리를 권했다.

그때 한 건장한 사람이 얼굴에 약간 미소를 띠우며 나타나 바리톤 같은 음성으로 "미스터 김?"이라며 물었다. 내가 그렇다고 답하고 답례의 인사를 건네자 나에게 자리를 권했다. 나와 그는 큰 테이블을 끼고 서로 마주 앉았다.

그의 옆에는 나머지 두 사람이 나란히 앉았으며 그는 나에게 명함을 건넸다. 이름은 알렉산드르 프라마프였고 상무관commercial councillor이라는 직위가 러시아어와 영어로 병기되어 있었다.

나 역시 명함을 꺼내 상무관과 그의 옆 두 사람에게도 골고루 나눠주었다. 그러자 프라마프는 내가 방문한 목적이 추락한 KAL 기의 상태와 탑승자의 안부 문제를 알아보기 위한 것임을 모르는 듯 유창한 영어로 이렇게 말문을 열었다.

"오늘 우리의 만남은 매우 특별하고 의미 있는 것이지만(It's a really breaking occasion) 정치적인 대화는 일절 하지 말고 오직 양국 간의 쌍무무역에 관한 이야기만 합시다."

나는 소련인들의 민족적 특성과 현재의 상황을 어느 정도 알고 있었으므로 동의한다고 했다. 하지만 나는 무역 관련 협의보다 우리 승객의 생사 여부만이라도 알아내는 것이 선결인 상황에서 한가하게 비즈니스 이야기만 하다가 만남의 시작과 끝을 맺게 되지는 않을지 마음속으로 크게 염려했다.

다만 아무리 급하더라도 깊은 생각 없이 함부로 '예', '아니요'와 같은 반응을 보였다가는 톡톡히 대가를 치러야 한다는 생각이 들자 더욱 긴장되었다. 그러면서 내가 입을 열 타이밍도 모색하려고 하니 머릿속은 더욱 지근거렸다.

프라마프는 내가 건네준 자료에서 한국의 제2차 경제개발계획과 우리 경제기획원이 발간한 영문 자료를 한참 동안 꼼꼼히 읽었다. 그런 다음에 코트라의 영문 월간지 ≪비즈니스 코리아Business

Korea ≫를 거의 한 장, 한 장 넘기며 심각하고 관심이 많은 것 같은 표정을 지었다.

마지막으로 한국의 영문판 주요 수출품 카탈로그와 ≪코리아 트레이드Korea Trade ≫는 대충 넘겨보았다. 그러더니 읽은 자료를 밀치고 잠시 동안 입을 다문 채 나를 쏘아보듯 쳐다보았다.

시간이 다급한 나는 그가 쏟아낼 질문이 무엇일지 궁금했고 그의 질문 뒤에 당연히 따라야 할 나의 답변도 어떻게 하면 간결하고 정확하게 건네야 할지를 모색하느라고 머리가 복잡해졌다. 여기에 답변하는 중에 틈을 내 여객기 사고와 승객의 생사 여부에 관한 질문을 언제 어떻게 던져야 할지를 놓고도 전전긍긍하던 때였다.

"물물교환을 하는 형태의 청산거래인 쌍무무역 관계bilateral trade relationship를 유지했으면 싶은데요. 음, 한국의 실정은 어떤지요?"

그는 내가 미처 예기치 못한 질문을 단도직입적으로 던졌다. 다행히 나는 약 5년 전 대만 타이베이 무역관에서 근무할 때 대만과 한국 사이에 청산거래 방식의 구상무역으로 우리의 사과, 인삼, 배와 대만의 바나나, 파인애플을 거래했던 적이 있었다. 그 기억을 되살리며 한국의 구상무역 실상을 대충 설명하고 특수한 국가와 특수품목이 아니라면 적극적으로 활용하고 있지 않지만 귀국(소련)과의 교역에서라면 당장 시행할 만한 적절한 거래방식으로 본다고 대답했다.

그러자 프라마프는 고개를 끄덕이더니 다시 침묵에 잠기려는 것 같았다. 나는 그의 침묵을 깨고 뭔가 희망을 줄 만한 말을 번개처럼 생각해내야 했다. 가만히 있다가는 그날 내가 품은 대망大望이 물거품이 될 것만 같았기 때문이다. 그래서 나는 이렇게 말을 이어갔다.

"일반적으로 구상무역이 가능한 품목은 한국 시장에서 과잉공급 상태인 것이 많습니다. 이를 대응해 수입한다고 해도 시장성이 낮아 제3국으로 재수출하지 않으면 안 되는 경우도 있습니다."

이어 나는 앞으로 귀국과 거래가 가능한 품목을 우리 정부와 업계가 발굴해야겠지만 귀국 측에서도 한국과 거래가 가능한 품목을 발굴해 서로 교환하고 향후 보다 적극적인 교류를 위해 두 나라 사이에 양자협의체를 만들 필요가 있다고 답했다.

특히 구상무역은 우리의 제3차 경제개발계획 중에서 사회주의권, 특히 소련과의 통상확대 방안에 포함되어 있어 매우 희망적이라고 부연하고 "현재로서는 귀국의 원목이 거래대상으로 가장 적합한 품목일 것"이라고 말했다. 사실 마침 한국의 한 기업이 핀란드 무역관을 통해 소련산 가문비나무 등 건축용 목재를 구상무역으로 수입하려고 하던 무렵이었다.

이때 프라마프의 눈이 번쩍 빛나는 것을 감지한 나는 용기를 얻어 원래 방문 목적이 추락한 여객기 승객의 생사를 알아보려는 것이었을 뿐만 아니라 소련과의 통상문호를 개설하는 일 역시 무엇보다 중요한 국가적 과제임을 밝히고 싶었다고 그에게 힘주어 말했다.

"잘 아시고 계시겠지만 무역은 어떤 형태가 되든지 상호간의 이익을 증진하는 것이고 그러려면 우선 신뢰가 선행되어야 합니다. 이를 위해서는 거래처와 품목의 발굴, 가격협상, 품질개선, 결제조건 설정, 상품인도 조건 결정과 시장조사, 선정된 파트너와 협상하기 위한 상호간의 자유로운 방문 등의 요건이 필수적이지요. 그런데 불행하게도 우리는 귀국과 서로 방문하기도 어렵고 무역파트너를 쉽게 찾을 수도 없는 등 제약이 많습니다. 그 때문에 이 문제를 귀국 측이 먼저 해결해주시거나 필요에 따라 협조해주시지 않는다면 어려울 것 같습니다."

프라마프와 처음 약속한 대로 나는 대화를 나누면서 정치와 사회제도, 소련과의 불편한 국민감정 같은 갈등의 소지가 될 만한 사항을 피하느라고 고심했다. 하지만 불과 사흘 전에 소련 상공에서 피격된 우리 여객기 승객의 생사 여부는 인도적인 차원에서 문의할 수 있고 그도 이해하리라고 믿어 자연스럽게 대화에 끼워 넣고 싶어졌다.

그래서 나는 "당분간 소련과의 구상무역은 우선 핀란드의 K사를 통한 삼각 무역방식 외에 별다른 방안이 없다고 생각됩니다"라고 말하고 나서 본심의 일부를 토로했다.

"아, 그런데⋯⋯. 이참에⋯⋯. 이삼일 전에 추락한 우리 KAL기의 지금 상황과 승객의 생사 여부만이라도 알아봐 주시면 매우 고맙겠습니다."

나의 능청스러운 질문에 프라마프는 무언가 잠시 생각하며 한마디도 하지 않다가 천천히 전화를 들더니 누군가와 통화했다. 나는 그가 통화를 끝낸 뒤 내가 애타게 바라는 소식을 전해주지 않더라도 그와 어떤 인간관계만이라도 계속 이어가기를 바랐다. 우리의 동유럽 진출에 교두보만이라도 되어주었으면 하는 이중적인 소망을 갖고 초조한 마음을 가다듬고 있었다.

그런데 뜻밖에 프라마프는 내가 기대한 것보다 훨씬 더 귀중한 소식을 전해주었다.

"여객기는 무르만스크 초등학교 앞 호수에 추락해 있어요. 승객 중 으흠, 두 명 사망에……. 열세 명은 부상, 다른 승객은 모두 무르만스크의 한 촌락 안의 학교 강당에 머무르고 있네요. 승객들은 내일 모두 미국의 팬암Pan Am 전세기 편으로 핀란드 헬싱키로 이송될 예정입니다."

어제 핀란드의 K사 중역이 알려준 정보보다 더 구체적이어서 만족스러웠다. 곧 프라마프에게 양해를 구하면서 이 소식을 애타게 기다릴 한국의 가족들에게 알려주어야겠다는 말과 함께 자리에서 일어났다. 구상무역에 관한 본격적인 협의는 내일모레 헬싱키의 한 레스토랑에서 갖자고 제의했다.

프라마프는 약간 당황한 모습이었지만 나의 제안에 동의했다.

나는 다시 한 번 그에게 진정으로 감사하다는 말을 남긴 뒤 급히 소련 대사관을 빠져나와 무역관으로 돌아왔다. 무역관에 달려오자마자 두근거리는 마음으로 한국 대사관에 알리고 코트라 본사에도 긴급 텔렉스로 보고했다. 이때가 핀란드 현지시각으로 오전 열한 시 반쯤이었다.

다음 날 아침이 되자 핀란드의 거의 모든 신문매체에서 KAL기 사건을 톱뉴스로 취급했다. 내가 수집한 정보(?)와 거의 똑같은 1면 기사와 함께 추락 현황에 관한 상세한 해설도 게재된 것을 보았다.

이어 오전 열한 시쯤 어제처럼 이날도 진눈깨비가 세상을 덮고 있는데 사상 처음으로 한국에서 날아온 KAL기가 헬싱키에 착륙했다. 피격당한 승객을 고국으로 옮기기 위한 것이었다. 지상에 내려앉기 전 진눈깨비가 세차게 흩날리는 북유럽 하늘에 태극기 문장이 선명한 우리 비행기가 천천히 선회했다. 잠시 뒤 윤경도 대사와 외교관들, 내가 서 있는 특별대기소 앞까지 비행기가 다가왔다. 우리는 감격했고 두 눈에는 눈물방울이 맺혔다.

잠시 뒤 우리는 비행기에서 내린 조중훈 대한항공 사장을 비롯해 승무원들과 악수했다. 이들을 시내 호텔로 안내했을 무렵 미국의 팬암 전세기가 승객과 승무원, 사망자를 소련에서 싣고 도착했다. 우리 외교관들과 나는 승객 등도 앞서 안내한 호텔로 이송했다. 이들은 하루를 쉬고 다음 날 아침 모두 한국을 향해 떠났다.

그때도 핀란드는 중립국이었지만 우리에게 매우 우호적이었다. 당시는 냉전시대로 핀란드 주재 소련 대사관은 우리는 물론 서방국가 모두에게 철통같이 문을 닫고 있던 때였다. 그러는 만큼 내가 소련 대사관에 출입해 그들과 무역에 관해 나눈 대화와 소통은 큰 의미를 내포하고 있었다.

하지만 당시 우리는 적대적인 소련과의 냉전 한복판에 있었다. 그곳의 춥고 외로우며 별로 의지할 데도 없는 환경에 더해 소련 당국과 아무런 접촉도 가능하지 않은 악조건 속에서 고난을 겪었다. 그러던 중 태극기 로고가 선명한 비행기가 눈에 들어오자 우리는 조국의 한복판에 서 있는 듯한 안도감, 만족감, 조국에 대한 믿음과 영광을 다시 한 번 실감했다.

하지만 무엇보다도 나는 임무상 틈틈이 위기의 순간을 넘나들지 않으면 안 되었다. 그때마다 마음속으로 항상 성호를 긋고 자비하신 신성神聖의 손짓을 기다렸다. 그렇게 무사했던 것은 큰 행운이었다.

프라마프 상무관과 추진한 구상무역 프로젝트

KAL기 사건을 수습하고 며칠이 지난 어느 날 나는 약속한 대로 소련 대사관의 프라마프 상무관을 저녁식사에 초대했다. 장소는 프라마프가 지정한 러시아인이 경영한다는, 작지만 아늑하고 내부가 러시아 민속공예품으로 장식된 레스토랑이었다.

그날 밤 우리 쪽은 나와 K참사관 두 사람, 소련 쪽은 프라마프 상무관과 그의 보좌관 두 사람, 모두 다섯 명이 모였다. 우리는 서로 별다른 격의 없이 약속시간에 맞춰 만났다.

프라마프는 레스토랑에 들어서자마자 자신을 기다리며 서 있던 나를 보고 반갑게 껴안듯 팔을 붙잡았다. 항상 무뚝뚝했던 프라마프의 모습이 이날따라 약간 밝고 달라 보여 초청자인 내 마음을 기쁘게 했다. 그는 나를 보자마자 자신이 KAL기 승객을 구한 은인인 것처럼 내 귀에 속삭이듯 말했다.

"이제 문제없지요?"

내가 우리 쪽의 K참사관을 소개하자 그는 별 관심이 없다는 듯 손만을 내밀고 악수했다. 이어 소련 쪽에서 나온 두 보좌관은 이름이나 신분조차 밝히지 않은 채 K참사관과 악수만 나눴다. 모두 자리를 잡자 나는 주최자로서 오늘 모임의 뜻을 말했다.

"지난 번 상무관님이 저에게 베푼 친절에 감사하는 마음과 앞으로 한국과 소련, 두 나라 사이의 구상무역에 관한 여러 가능성을 서로 찾아보고 의견도 나눠보며 더 나아가 친분을 유지하는 초석을 만들자는 뜻에서, 마침 상무관님이 추천하신 좋은 곳에 여러분을 모시게 되었습니다. 매우 반갑습니다."

이어 내가 웨이터를 부르려고 하자 프라마프가 손으로 막더니 러시아 전통음식이 어떠냐고 물었다. 그리고 술은 핀란드산 보드카 핀란디아FINLANDIA를 권했다. 이 술은 러시아산보다 부드럽고 무색, 무당, 무취의 특징이 있어 좋다고 설명했는데 나 역시 마음속으로 옳다고 생각해 동의했다.

잠시 동안 서로 침묵을 지키느라고 어색해진 분위기를 느낀 나는 프라마프에게 저녁 메뉴의 결정을 전부 위임했다. 이어 한참 동안 잡담을 나누고 있자니 웨이터가 우리의 뚝배기와 모양과 크기가 닮은 수프soup 그릇을 각자 앞에 갖다놓았다.

내용물을 묻지 않았으나 마치 우리의 두부찌개처럼 여러 야채와 돼지고기 같은 육류가 잘게 섞여 있었고 매우 매웠으나 맛있었다. 나중에 알게 되었지만 우리가 먹은 것은 곰 고기였다.

나는 우선 보드카 잔을 들어 중립국가인 핀란드의 언어로 축배하자고 말한 뒤 핀란드어로 키피스를 선창했다. 모두들 나를 따라 복창하고 잔을 비웠다. 그때 평소처럼 무뚝뚝한 표정이던 프라마프가 갑자기 크게 웃으며 처음으로 밝은 표정으로 말했다.

"미스터 김! 당신은 은유적인 표현에 능한 것 같기도 하고 보통 사람과 좀 다른 점이 많아 보이는데……. 왜 정규 외교관으로 활동하지 않소?"

나는 그 자리에서 코트라의 역할과 우리 정부의 통상정책 관련 사항을 설명했다. 그들은 자기들끼리 수군거리듯 잠시 말을 나누더니 그제야 나의 역할을 이해했다는 듯 다시 술잔으로 시선을 돌리고 잔을 비웠다.

그때 가냘프게 들리는 러시아 민속악기의 소리에 맞춰 어느 바리톤 가수가 부르는 노래가 사방에 걸린 실내 스피커에서 은은히 흘러나왔다. 그러나 나는 아직 지워지지 않은 소련에 대한 선입관이 얽혀 있어 내 귀에 그 음악과 노래는 향수에 젖은 어느 망명자의 슬픈 흐느낌같이 들려 우울했다.

내 생각을 아는지 모르는지 우리 쪽 K참사관은 나 몰라라 하듯 냉전, 평화, 한국의 경제발전과 평화적 외교정책, 그중 특히 공산권과의 외교개방 정책에 대해 유창한 영어로 열을 올려 설명하고 있었다. 마치 자신의 의무를 이곳에서 한꺼번에 완수하려는 사람 같았다. 프라마프는 K참사관의 말을 느긋하게 들으며 연신 보드카를 홀짝이고 있을 뿐 이에 대해 반향을 보여야 할 그의 입은 끝내 열리지 않았다.

나는 그 광경을 지켜보며, 학대받는 억압 속에서 몸도 자유롭지 않고 스스로 어떤 확신도 가질 수 없는 상황에서 우리를 보며 '너희 같은 자본주의자가 떠드는 도덕에 내가 귀를 기울이겠는가?'라고 프라마프가 묻는 것 같다고 생각했다.

아니나 다를까 한참 뒤 그는 K참사관의 말을 막더니, 나를 향해 한국의 주요 수출품과 산업에 관해 이런저런 질문을 하며 서서히 쌍무무역 문제를 거론하기 시작했다. 통상 분야라면 어느 정도 실무 경험이 있던 나는 40여 분간 내가 가진 모든 지식을 쏟아내

듯 상세히 설명했다. 그는 내 설명을 수첩에 간간이 적었고 만족스러운 표정을 지으며 말했다.

"시간이 많이 흐른 것 같습니다. 우리가 나눈 대화 중에는 주로 무역관계에서의 신뢰에 관한 것이 많았지만 우정이나 친선에 대한 개념만으로도 훌륭히 친구가 될 수 있다는 것을 느꼈습니다. 앞으로 우리가 서로 쌍무무역을 진행할 때는 '받은 대로 돌려줄 줄 아는 호혜적인 신뢰와 우정'으로 협력해 나갑시다."

그러더니 자신의 명함 맨 위에 직통전화 번호를 적어 나에게 주었다. 이어서 자리에서 일어나 다시 한 번 만찬 초대에 감사를 표하고 "굿나잇!"이라고 말한 뒤 일행과 함께 떠났다.

그 뒤 나는 프라마프와 거의 반년 동안 업무상으로든 단순 안부 교환으로든 전화 통화를 이어갔다. 하지만 그러던 어느 날 그의 전화 수신자는 다른 사람으로 바뀌어 있었다. 사정을 알아보니 프라마프는 임기를 마치고 일주일 전에 귀국했다는 것이었다.

나는 프라마프의 후임으로 부임해온 사람과도 관계를 계속하려고 시도했으나 그는 나를 피하는 것 같았다. 결국 나의 이른바 러시안 프로젝트Russian Project는 이렇게 끝을 맺었다.

그 뒤 소련에 관한 뉴스나 소련과 우리가 관련된 사건이나 헬싱키 거리에서 마주치는 소련인이나 무엇을 보든 그들의 무뚝뚝한 표정이 먼저 눈에 띄었고 나는 무관심했다. 하지만 프라마프의 지성적이고 마음 따뜻한 얼굴은 지금까지도 지워지지를 않는다.

그때부터 지금까지 40년 가까이 흘렀지만 방한한 메드베데프 대통령의 미소를 보며 어찌 프라마프의 얼굴이 대통령의 얼굴과 겹치지 않겠으며 그와의 추억이 떠오르지 않겠는가? 메드베데프 대통령이 방한하는 중에 한국을 다시 보고 한국에 대한 미소를 버리지 않기를 간절히 바라고 싶다.

5

비행기 안 어미젖을 찾아 칭얼대던
해외 입양아들

북유럽에서 만난 해외 입양아들

1970년대 한국의 거의 모든 국민은 해외여행이 자유롭지 못하고 제약을 받았다. 하지만 그러던 중에도 나는 코트라에서 30년 이상 재직하면서 자주 해외출장을 다녔고 몇몇 지역에서는 장기간 현지근무할 수 있었다.

그때 나의 해외생활과 근무조건은 매우 열악했고 그에 따른 시련과 경험 부족으로 시행착오도 피할 수 없었다. 하지만 이를 잘 견디었던 것은 우리 수출시장 개척과 무역정보 수집을 위한 강렬한 사명감 때문이었다.

최근 나는 한 조간신문에서 우연히 시 한 수를 읽었다. 그리고 1976년 3월 어느 날 핀란드 헬싱키 무역관장으로 발령받아 가족과 함께 파리행 KAL기에 탑승해 미국 앵커리지와 프랑스 파리를 경유할 때 일이 생각났다. 우리 가족의 바로 앞 세 자리에는 스웨덴의 중년 부인 세 분이 각각 생후 두세 달 된 우리 해외 입양아를 안고 가고 있었다. 시를 읽으며 백인의 부인들이 아기들의 울음에 쩔쩔매던 광경과 잠시 우리가 세 아기를 돌봐주었던 기억이 떠올랐다.

누구에게나 기억은 삶의 전부이자 바탕이지만 오래전 내가 체험하고 지나간 그때 그 시간이 40년이 흐른 지금 한 신문에 시詩의 모습으로 나타나다니 시간이란 이처럼 삶을 흔들고 나에게 어떤 의미를 부여하는 것 같다. 시인은 이렇게 시를 썼다.[•]

> (전략)
> 유모차에 실려 먼 나라로 입양 가는
> 아가의 뺨보다 더 차가운 한 송이 구름이
> 하늘에서 내려와 내 손등을 덮어주고 가네요
> (후략)

이 시를 선정한 황인숙 시인은 아마도 "시의 화자가 외국으로 가는 비행기 안에서 해외 입양아를 보고, 그때 받은 슬프고 미안

[•] 《동아일보》 2015년 2월 25일 자 "황인숙의 행복한 시읽기" 코너에 실린 김혜순 시인의 「잘 익은 사과」(문학사상사, 2000)를 인용했다.

하고 안타깝고 이루 말할 수 없이 착잡했던 충격을 지울 수 없었
던 것"이라는 시평을 남겼다.

시의 내용과 비슷하게 나 역시 지난 1976년 3월 그 같은 입양
아들을 눈앞에서 목격했다. 그리고 나와 아내는 함께 깊은 연민의
정에 빠졌다. 비행기가 김포를 출발해 경유지인 미국 앵커리지에
다다를 때까지 갓난아기들은 계속 어미젖을 찾는 듯 끊임없이 칭
얼거리거나 울어대고 있었다.

아기들을 달래느라고 양모인 듯한 외국인 부인들은 수유로 울
음을 멈추게 하려는 듯 아기 입에 수유병 꼭지를 갖다 대거나 마
구 아기를 흔들 뿐 우리처럼 다독거리지는 않았다. 무뚝뚝한 표정
그대로 자리에 앉아 있거나 때때로 일어나서 이리저리 좁은 복도
를 오가며 아기를 달래느라고 곤욕을 치르고 있었다.

그때 우리 가족은 아기들을 보며 애처롭고 미안하며 착잡했던
감정을 억제하지 못했다. 그래서 우리 가족 바로 앞에 앉아 있는
한 부인에게 다가가 인사하고 우리에게 아기를 건네준다면 달랠
수 있을 것 같은데 어떻게 하겠느냐고 물었다. 그러자 그중 가장
심하게 우는 아기를 안고 안절부절못하던 부인이 내 아내를 힐긋
보더니 안고 있던 아기를 아무런 말없이 선뜻 내주었다.

아내는 아기를 넘겨받자마자 바지 깊숙이 손을 넣더니 새 기저
귀를 달라고 요청해 새것으로 갈아입혔다. 그런 뒤 아기를 안고
자신의 가슴 위 맨 살결에 대고 조용히 껴안았다.

그러자 아기는 마치 오랜만에 안식을 찾은 듯 곧 울음을 그치고 잠이 들었다. 이 광경을 다른 부인들은 신비스럽다는 표정으로 바라보았다. 아내는 아직까지 칭얼대는 다른 아기도 넘겨받아 앞의 아기처럼 기저귀를 검사해보았다. 이번에는 아직 갈아 끼울 필요가 없었는지 그 아기는 겉저고리 단추만 약간 풀어주고 먼저와 같이 가슴에 안고 등을 가볍게 두드렸는데 역시 울음과 칭얼대는 것을 멈추었다. 그뿐만 아니라 아기는 총총한 눈으로 아내를 똑바로 바라보았는데 아직 철모르는 것이 왜 그랬는지는 모를 일이다. 아마 그 아기가 이 일을 기억해두고 있다가 자신이 다 자란 뒤 어느 날 아내에게 감사하다고 이야기할 요량으로 그렇게 했을 것 같다는 엉뚱한 생각을 했다.

우리 가족의 주변은 대부분 외국인 승객들이었는데 갑자기 주위가 조용하게 변형된 사실이 허구에 가까운 연극같이 생각되어서였는지 의아한 표정으로 고개를 돌리고 우리 쪽을 바라보았다.

한참 뒤 기내 방송에서 비행기가 약 한 시간 뒤 활주로에 내릴 예정이라고 알려왔다. 그동안 나는 사람의 운명은 밝기도 하고 어둡기도 하며 때로는 신비스럽기도 하지만 이 불행한 아기들의 한평생에 어떤 초월적인 힘이 가해지지 않는 한 앞으로 닥쳐올 격동과 혼란을 어떻게 헤쳐 나갈지 염려했다. 동시에 다른 한편으로는 아기들이 애처롭고 부끄럽게 입양되는 모습을 연민의 정으로만 볼 것이 아니라 미래의 희망으로도 볼 수 있으며 아기들 각자가 가진 비밀은 누구도 알 수 없는 운명에 달렸다는 생각도 했다.

또한 이 아기들이 행운아로 태어나 일생 내내 황금을 쌓아놓고 살다가 결국 허무하게 삶을 끝내는 경우보다 인생의 마지막에 더 값진 명성으로 매듭지어질 운명을 타고났을지도 모른다는 생각도 들었다.

그 뒤 수십 년이 흐른 지금 비록 사람은 다르지만 현재 프랑스에서 한 고아가 성취한 생애를 보며 내가 공상으로만 여겼던 일이 현실로 나타난 한 사례 같아 흐뭇한 생각이 든다.

프랑스 원자물리학계에서 유명한 학자 부부가 한국에서 여자 아이를 입양해 키웠다. 플뢰르 펠르랭Fleur Pellerin(플뢰르는 불어로 꽃을 의미함)이라는 이름의 그녀는 프랑스인도 가기 힘들다는 고등경영대학원, 파리정치대학, 국립행정학교 등 프랑스 최고명문 학교를 나온 눈부신 학력의 소유자로 언론의 칭송을 받은 재원이다. 펠르랭은 프랑스 정부 각료로까지 등극했는데 해외 입양도 경우에 따라 충분히 성공할 수 있음을 바로 그녀가 증명하는 것이 아닌가 싶다. 펠르랭의 성공에는 훌륭한 양부모의 정성 어린 양육도 중요했겠지만 운명이 가리키는 방향으로 자신을 내맡기지 않고 자아의 신화에 따라 고통스러운 삶을 이겨낸 그녀 자신의 의지도 중요하게 작용하지 않았나 생각한다.

하지만 거의 30년 전 내가 스웨덴 스톡홀름 무역관에서 일하던 때의 일이다. 한국 입양아 출신의 당시 스물한 살이었던 한 예쁜 처녀가 나를 찾아왔다. 그녀는 내게 모국의 생모를 찾을 수 없겠느냐고 물었다.

그녀는 두 살 때 스웨덴의 한 가정에 입양되었다고 한다. 하지만 나이가 들수록 자신이 불행하고 나약하게만 느껴져 항상 두 손으로 얼굴을 묻고 싶었을 뿐만 아니라 자신을 둘러싼 지상의 모든 사람을 볼 때마다 오직 생모를 찾고 싶은 그리움에 사로잡혀 삶의 행복감을 느껴본 적이 없다고 했다. 그때 그녀의 목소리는 가슴속에서 울먹이는 소리같이 들렸다.

그녀의 모습에 나도 순간적으로 눈이 뜨거워지는 듯한 느낌을 받았다. 한국전쟁과 분단, 그 옛날의 빈곤, 정신적 방황의 시대에 희생물로 수태受胎되어 지금까지도 치유되지 않고 그녀처럼 죄 없는 이들에게 비극을 안겨준 현실을 마음속으로 개탄하고 부끄러워했다. 비극의 현장과 같은 그녀 앞에서 나도 내 얼굴을 파묻고 싶었다.

나는 그녀에게 양부모로부터 들은 이야기와 생모를 찾는 그녀의 소망을 글로 써주면 한국의 주요 일간지에 게재되도록 노력하겠다고 했다. 아울러 한국에 '부모찾기 운동기관' 같은 곳을 알아보는 등 도와줄 것을 약속했다. 무역관의 직원을 한 명 붙여 해결하도록 지시했다. 하지만 이후 그녀로부터 아무런 새로운 소식을 듣지 못했고 담당 직원과 나는 임기 만료로 귀국한 뒤 잊었던 일이 있었다.

최근 자료를 보면 한국 고아의 해외 입양은 약 15만~16만 명으로 그중 약 80퍼센트(12만~13만 명)가 1950년대 중반부터 1990년 사이에 출생했다. 이들 대부분은 생부모나 가족에 대한 기록이 없어 서로 찾으려고 해도 찾을 방법이 없다.

나를 찾아온 입양아 출신의 처녀와 관련해 1987년 스웨덴 정부에서 이민 업무를 맡은 한 공무원을 만난 적이 있다. 그는 한국에서 온 입양아의 숫자가 북유럽 전체에 4만 5000명쯤 되며 스웨덴, 노르웨이, 덴마크, 핀란드에 흩어져 살고 있다고 했다. 북유럽 사회를 돌아다니다 보면 한국 고아 출신의 입양아를 어렵지 않게 발견할 수 있다. 어쩌다가 대화의 기회를 얻어 친근감을 갖고 말을 걸어보면 이들은 한결같이 모국인 한국을 원망하는 모습을 볼 수 있었다.

어느 날 내가 노르웨이를 여행하다가 우연히 만난 입양아 출신의 서른네 살 남자의 반응도 비슷했다. 남자는 우리의 해외 입양 관행에 대해 매우 비판적이었다. 그가 나에게 말했다.

"한국은 더는 가난한 나라가 아닌데도 혼외출산 문제를 해결하기 위해 해외 입양이라는 미봉책에 기대고 있습니다. 입양은 친부모와 아이의 혈연관계를 치명적으로 말살하는 비인간적인 일입니다. 해외 입양에 의존하는 것보다 친부모에게 국가가 양육을 지원하는 노력을 아끼지 않는다면 나와 같은 비극은 줄어들 것이 아닙니까?"

지금도 해외 입양 문제가 신문이나 방송에서 제기되면 나는 수십 년 전 유럽으로 떠나는 비행기에서 목격한 아기들을 생각하며 내 마음에서 울리는 소리에 귀를 기울인다. 왜냐하면 그때 그 아기들이 지금도 낮은 목소리로 여든 살의 고령이 된 나에게 무언가 속삭이는 것처럼 느껴지기 때문이다.

마케팅 총알과 수출 홍보 6

마케팅 총알과 ≪코리아 트레이드≫

1966년 이른 봄의 어느 날 유엔개발계획UNDP에서 코트라에 마케팅 전문가를 파견했다. 마케팅 전문가는 '코트라 수출학교'에서 마케팅에 관한 강의를 했다. 강사는 마케팅 총알marketing bullet이란 용어를 강의에서 여러 차례 사용하며 마켓market과 마케팅marketing의 의미가 어떻게 다른지 아는 사람은 손을 들어보라고 했다.

나는 1964년 코트라에 입사하기 전 1961년부터 1963년까지 공군본부에서 영어 번역관으로 근무했다. 미 공군 군수고문단과 한국군이 상시로 교환하는 문서를 번역하는 것이 나의 일이었다. 그때 군수 매뉴얼logistics manual과 함께 미국 고문단 안의 작은 책꽂이에 비치된, 나에게는 매우 생소했던 마케팅이라는 표현이 쓰인 제목의 책을 몇 장 읽은 적이 있다.

그렇게 관련된 책을 일부 읽어 두 개념의 차이를 대강 알고 있었기에 손을 들고 생각나는 대로 이야기했다. 그러자 강사는 약간 놀란 듯하더니 내 답변이 맞는 것 같다고 말하며 더는 논평하지 않고 그대로 넘어갔다.

오늘날 마케팅이라는 용어는 아주 잘 알려져 있고 널리 쓰이고 있어 더는 새로운 의미를 부여할 필요가 없다고 생각한다. 나는 마케팅이란 용어의 단순한 의미보다 이 용어가 제품 생산과 판촉에서 중요한 조건이자 과정인 것을 알고 이 중 몇 가지는 항상 기억해두고 있었다. 그날 내가 강사의 질문에 답한 것은 이미 알고 있었던 것이고 상식적인 것으로 생각해서 한 번도 내 대답이 옳았는지 검토하지 않았다.

그때 내가 강사에게 한 답변은 대략 다음과 같았다.

"마케팅이란 제품에 독특한 디자인과 브랜드를 창안하고 제품을 생산한 뒤 적정가격 결정, 차별적인 판매 활동, 수요가 있는 시장 개척, 변화하는 시장환경에 적응할 수 있는 판촉전략 등이 포함된 이른바 마케팅믹스marketing mix라고 칭하는 포괄적인 활동으로, 이 같은 과정을 통해 생산된 제품이 수요자에게 판매되는 곳을 시장이라고 합니다."

그러자 강사는 마케팅믹스의 한 요건으로 마케팅 총알을 이야기하며 총알을 발사할 총기로 산탄총shot gun과 소총single-shot rifle의 비유를 들었다. 그러면서 코트라처럼 전 세계를 대상으로 무작위로 수출 홍보를 하는 경우에는 산탄총을 써야 하고 안정된 고객을 확보하고 관리하거나 잠재적으로 유력한 거래대상을 발굴할 때는 소총으로 겨냥해야 할 것이라고 했다.

이해하기 쉽고 예지 넘치는 강의에다가 간혹 그가 쏟아내는 은유적인 표현에 나는 매혹되었다. 최선을 다해 그의 강의 중에서 관심 가는 부분을 요점만 정리해 노트에 기록하자 내가 독특하게 보였는지 강사의 눈과 나의 눈이 자주 마주쳤다.

그때 나는 코트라에 입사한 지 얼마 되지 않았던 때였다. 하지만 코트라에 들어오기 전에도 영어 구사력이 필요한 몇몇 기관과 조직에서 일한 경험이 있었다. 그래서 아직 한국에 번역 출판되지 않은 영문원서도 자주 읽었다.

더구나 애초 나는 마케팅에 관심이 있어 당시 한국 유일의 경영관리 민간교육기관이었던 한국생산성본부에서 석 달간 교육훈련을 수료한 바 있었다. 이 때문에 나는 경영학이나 제품 판촉 등에 약간의 지식을 갖고 있었다. 그럼에도 코트라에 입사한 뒤 홍보부의 해외홍보 담당자로 배치되었고 이런 인사 발령에 나는 약간 실망하기도 했다. 하지만 강사가 설명한 마케팅 총알론이 내가 맡은 업무와 논리적으로 다소 연관되는 것 같아 되레 다행으로 생각했다.

당시 코트라 홍보부에는 홍보과, 출판1과, 출판2과 모두 세 개의 과가 있었는데 내가 배치된 곳은 홍보과였다. 홍보과에는 과장을 포함해 일곱 명의 직원이 있었는데 그들 중에서 영어 해독과 소통이 가능한 직원은 오직 한 명뿐이었다. 당연히 해외홍보 사업을 수행하는 데 어려움이 많았고 그런 이유로 내가 그의 보충요원으로 배치된 것 같았다.

그러나 나의 선임은 내가 홍보부에 배치된 지 채 2년이 되지 않은 1967년 캐나다 몬트리올에서 열린 세계 엑스포Expo 관리요원으로 출장을 떠난 뒤 귀국하지 않고 그곳에 정착했다. 이 때문에 내가 선임의 업무를 고스란히 떠안게 되었다. 그렇게 업무량이 늘어난 것에 더해, 나의 관점에서 보았을 때 질적인 개선도 필요한 부분이 많아 그야말로 해야 할 일이 태산 같았다.

그 무렵 코트라는 ≪코리아 트레이드≫라는 이름의 100쪽 안팎의 영문판 간행물을 만들고 있었다. 한국의 주요 수출품을 컬러로 촬영하고 인쇄해 해외에 소개했는데 종이도 고급 아트지를 쓰는 등 제작비도 막대하게 들었다. 당시만 해도 국내에서 코트라만이 만들 수 있는 간행물이었고 연 2회 2000부씩 발간했다.

≪코리아 트레이드≫에는 인콰이어리 회신 카드inquiry reply card가 수록되어 있었다. ≪코리아 트레이드≫의 발송 부수만큼 역으로 도착하는 해외 바이어의 인콰이어리 카드를 처리하는 일, 잠재력 있는 해외 바이어에게만 발송하는 메일링 리스트mailing list를 작성하고 관리하는 일 등도 내가 맡은 임무였다.

≪코리아 트레이드≫는 주로 코트라 해외 무역관을 통해 배포

되고 나머지는 코트라 본사를 찾은 외국 바이어나 재계 인사들에게 배포되었다. 이 간행물은 코트라의 역할과 대외 이미지는 물론 한국의 수출기업과 수출상품을 소개하는 당시 국내에서 유일한 종합 카탈로그였다. 그 안에 수록된 해외 바이어를 위한 인콰이어리 카드는 코트라가 신규 바이어를 발굴할 수 있는 중요한 원천이었다.

인콰이어리 카드는 한국이 낯선 외국 기업인, 특히 외국 바이어가 한국에서 수입하려는 상품의 생산업체를 소개받기 원하거나 한국과 최초로 무역거래를 트고 싶을 때 코트라에 지원을 요청하는 일종의 상황별 지원요청 서식書式 같은 것이다. 당연히 코트라의 각 조직은 모두 이를 중시해야 했지만 각자가 맡은 업무가 과중했기 때문인지 거의 대부분 외면했다.

입사한 지 얼마 되지 않아 회사의 심층을 이해하지 못해 그랬는지 몰라도, 그때 나는 일종의 마케팅 전문기관인 코트라가 가장 기본이 되는 임무를 방기한 채 고객을 외면하는 것은 어처구니없는 처사라고 생각했다. 회사의 잘못된 관행은 비록 내가 말단 직원이라도 어떻게든 고쳐보고 싶었다. 인콰이어리 카드에 무관심한 사람은 그게 누가 되었든 마음속으로 원망했다.

코트라는 1962년에 창설되었다. 내가 입사했을 때도 아직 조직이 만들어진 지 얼마 되지 않아 그랬는지 기본적인 마케팅 기능을 개발하고 기능을 구축하는 일보다 먼저 견고한 체질의 조직을 만드는 데 더 많은 관리 역량을 쏟는 것 같았다.

또한 거래알선을 담당한 부서는 매일 수없이 내방하는 외국 바이어와 통상사절단의 요구를 수용하기에도 손이 부족했다. 그러는 판에 ≪코리아 트레이드≫의 인콰이어리 카드까지 처리할 만한 여력이 없었던 것은 어쩌면 당연한 일로 생각할 수도 있다.

하지만 당시 한국은 지속적인 경제발전과 함께 수출을 더욱 증대해야 할 절체절명의 시기에 있었다. 그러는 만큼 언뜻 하찮은 듯한 인콰이어리 카드도 우리가 해외 바이어를 발굴할 때 활용할 수 있는 중요한 소스source 중 하나로 간주해야 한다고 생각했다.

나 역시도 다른 업무가 폭주해 인콰이어리 카드만을 우선 처리할 수 없었다. 내가 맡은 시급하고 중요한 임무는 홍보영상물 제작과 상영, 해외 언론인 초청과 방한 일정수행 등이었고, 그 밖의 많은 일이 촌각을 다투며 내 앞에 쌓여 있었다.

나는 하는 수 없이 해외 바이어에게서 내도하는 모든 거래알선 사항을 코트라 안의 해당 부서에 문의했다. 그러는 한편 국내의 관련 수출업체에게 알린 뒤 처리한 결과를 해외 바이어에게 간단히 회신했다.

그 밖의 사항은 모범회람장circular letter을 작성해서 다량으로 인쇄한 다음 책상 옆에 쌓아놓았다. 그리고 나중에 틈만 나면 이 회람장을 인콰이어리 카드 발송자에 대한 회신문으로 대신했다. 영문으로 작성된 회람장의 내용은 다음과 같았다.

"우리 수출품에 관심을 가져주신 데 감사드립니다. 귀하가 문의하신 제품은 해당 업계에 널리 알려 그 업체가 자사의 제품소개와 함께 직접 귀하에게 거래조건을 통보하도록 할 것입니다. 만약 이들 업체로부터 통보가 지연되거나 어떤 문제가 발생하면 다시 우리에게 연락해주시기를 바랍니다. 우리 코트라는 최선을 다해 귀하가 한국과 거래하는 일을 도울 것임을 약속드립니다. 좋은 결과를 기대합니다."

하지만 인콰이어리 카드의 발송처가 저개발국일 경우에는 가급적 우선처리 대상에서 제외했다. 저개발국에서 내도하는 인콰이어리 카드에는 ≪코리아 트레이드≫나 이와 유사한 컬러로 만든 상품 카탈로그만 필요하다는 요청이 대부분이었기 때문이다. 가령 B국의 경우 사람들이 ≪코리아 트레이드≫를 받아 벽에 그림으로 발라놓는다든가 아니면 수록된 이미지 중에서 예쁜 모델 사진을 복사해 기념품의 인장으로 쓴다는 식의 정보가 입수되기도 했다.

어느 날에는 S국에서 김포공항에 도착한 자칭 바이어라는 사람이 자신이 직접 무역회사 간부라고 프로필을 써넣은 인콰이어리 카드와 내가 모든 바이어에게 일괄 송부한 모범회람장을 김포공항 출입국관리소에 제시하고 무사히 입국하는 사태가 벌어졌다. 정부는 물론 전 국민이 수출 증대에 총력을 기울이고 해외 바이어의 방한을 출입국관리소가 특별히 우대하는 틈을 교묘히 악용한 것이었다. 그는 태연히 국내에 들어와 거래알선을 담당하는 코트라 부서와 해당 상품을 취급하는 우리 업체를 방문해 그곳에서 큰 대접을 받은 뒤 최종적으로 나를 찾아온 것이었다.

나는 즉각 그의 명함에 기재된 곳으로 텔렉스와 전화를 넣었으나 그의 현지 사무실은 전화 수화조차 되지 않았다. 조사해보니 그곳은 평범한 가정집으로 판명되었고 나는 그의 부적절한 처신을 나무랐다. 이 같은 사건이 재발하지 않도록 코트라의 김포공항 파견 연락관에게 출입국관리소로 통보하도록 했다.

그런 사건이 있은 뒤 나는 가능한 한 ≪코리아 트레이드≫의 발송대상을 우리의 주요 수출지역인 미국, 일본, 영국, 독일 등 약 30개의 선진국가로 제한했다. 그리고 이곳에서 내도하는 모든 인콰이어리 카드는 담당 부서에서 처리하도록 공식적인 협조요청서를 통해 이관해버렸다.

당시 코트라에서 모든 거래알선의 처리는 한 부서에서 전담하고 있었다. 그들은 코트라를 내방하거나 우리 수출업계를 방문하는, 이를테면 '실존 바이어'에 대한 서비스에 노력을 집중하기에도 손이 모자라는 상황이었다. 그런 이유로 내가 보내는 불명확한 인콰이어리 카드를 처리해달라는 요청을 거부하는 것은 물론 어떤 카드는 반송하는 사태까지 벌어지는 등 나와 갈등이 빈번하게 벌어졌다.

어느 날 나는 회사의 어느 과장에게 인콰이어리 카드를 통해 매일 나에게 오는 거래 문의는 그가 속한 부서에서 원스톱one stop 방식으로 처리해주도록 요청했다. 그러자 그는 '원스톱 서비스'의 의미를 몰라 그랬는지 "무슨 말이야!"라고 한마디 툭 쏘고 나서 휙 자리를 떴다.

나이로도 경력으로도 내가 그보다 훨씬 위였지만 현실적으로 나는 평직원에 불과해 아무런 말 한마디 못한 채 허탕치고 쓸쓸히 돌아오며 마음속으로 잠시 그를 원망했다. 다만 그 과장이 보여준 생각이나 태도가 코트라 정신의 하나라면 큰일이라는 생각을 했는데 나로서는 어쩔 도리가 없었다.

더구나 그는 머지않아 단행될 해외근무 발령을 고대하며 태평양 상공을 날아가는 꿈만 꾸고 있었을 것이다. 그런데 한심하게도 내가 그의 위신을 알아주기는커녕 업무 부담을 주려고 했으니 그가 화를 내고 멸시하듯 나를 대하지 않을 수 있었겠는가 싶었다. 그러고 나서 한참 지난 어느 날 발표된 해외 발령자 명단에 예상대로 그의 이름이 올라가 있었다. 그가 발령받은 지역은 미국의 N 무역관이었다.

그 뒤 나는 30여 년간 국내외에서, 특히 해외에서 많이 근무했지만 그 과장을 다시 만나지는 못했다. 왜냐하면 그는 3년간의 미국 무역관 근무 임기가 끝나자 곧바로 사직하고 현지에 정착했기 때문이다. 나는 그가 미국으로 발령받기 위해 고심했거나 노력한 만큼 코트라를 떠나서도 노력했다면 지금쯤 그에 대해 좋은 소식을 듣고 있을지 모른다는 생각을 했다. 반대로 그가 코트라 밖에서도 회사에서처럼 느슨한 태도를 버리지 않았다면 어떻게 되었을지 궁금하기도 했다.

일찍이 코트라를 떠나 제2의 인생을 시작해 타이어, 가방류, 스포츠 제품 분야에서 세계적인 기업을 일군 사람들이 있다. 그들은 코트라에서 재직할 때도 평소 남다른 지식과 목표를 가지고 열심히 일한다고 소문난 사람들이었다. 이들의 성공 사례를 볼 때마다 지난 14년간 네 개의 각기 다른 해외 무역관에서 수행했던 업무 중에 마케팅 부분에 내가 얼마나 많은 관심을 두고 활동했는지 되돌아보게 된다.

무역관의 기능과 주요 임무는 아니지만 나 자신의 미래를 위해서라도 무역관을 마케팅 활동의 현장이자 본산本山 개념으로 운영했다면 내가 일했던 코트라는 물론 현재의 내 모습도 크게 달라져 있지 않을까 싶었다. 정년퇴직한 뒤 10여 년간 우리 중소업계에서 수출 담당 고문으로 직접 해외 거래처를 발굴하고 거래 상담하며 이 같은 생각이 더욱 절실해졌다.

사실 나는 1971년 대만 타이베이 무역관 창설요원으로 발령받기 전에 인콰이어리 카드 처리와 메일링 리스트 정리, 해외 간행물을 통한 퍼블리시티publicity 활동과 영상물 제작 등으로 나 나름대로 마케팅 활동을 했다. 하지만 이런 활동은 민간기업의 경영활동파는 다른 포괄적인 것이었다.

더구나 타이베이 무역관을 창설하고 그곳에서 3년간 근무하게
되자 나는 전적으로 조사 사업에만 매진하지 않을 수 없었다. 당
시 대만은 한국의 최대 경쟁국이었던 만큼 나는 대만의 금융, 관
세 및 관세환급과 운영제도, 대만 업계의 새로운 수출품 생산과
수출관행상의 특징, 대만 정부의 수출정책 변화와 제도 조사 등에
집중하느라고 다른 일에는 관심조차 둘 수 없었다.

그 뒤 다른 해외 무역관에서 일할 때는 우리 중소업계의 거래
알선이 주요 활동이어서 기업의 생산, 판매, 홍보, 시장과 상품조
사 등 마케팅 활동은 미진할 수밖에 없었다.

이어서 1980년대가 되자 세계적인 산업구조 개편과 우리 산업
의 선진화 정착으로 코트라의 업무 영역과 체질도 변화했다. 특히
1980년대 말에는 사회주의권이 해체되면서 개방과 개혁의 파고
가 높아졌다. 세계의 산업구조도 아날로그에서 디지털로 급변했
고 이에 따라 내가 속한 코트라도 큰 변화를 겪었다.

다시 이야기를 돌려 1960년대 중반에서 후반까지 내가 코트라
본사 홍보부에서 근무할 때로 되돌아가본다. 앞에서도 누차 밝혔
지만 당시 나는 코트라가 발간하는 ≪코리아 트레이드≫를 보고
회사로 거래알선을 요청하는 해외 바이어의 인콰이어리 카드를
처리하고 있었다.

그때 나는 인콰이어리 카드를 나라별, 업체별로 분류해 고무줄

로 묶은 뒤 사무실 안의 한 캐비닛 위에 모두 올려놓았다. 거의 활용되지 않던 인콰이어리 카드의 이용률을 좀 더 올리려는 방책으로 한약방의 약함藥函과 비슷한 상자를 만들어 내 책상의 좌우에 비치했다. 그리고 상자 안에 알파벳 순서로 나라별, 업체별 카드를 꽂아 필요할 때 신속히 꺼내볼 수 있도록 했다.

내가 만든 카드함은 곧 사내의 명물이 되어 많은 사람의 시선을 끌었다. 때때로 카드를 하나둘씩 빼내 그곳에 기입된 해외 바이어의 요청사항을 일일이 기록하고 우편으로 회신했는데 매우 효율적이었고 정확했다.

당시 코트라 본사는 4층 건물이었는데 홍보부 사무실은 3층 계단 바로 옆에 있었다. 4층의 조사 분야 담당이사의 사무실을 제외하면 사장을 비롯한 그 밖의 경영진 사무실은 모두 3층에 있었다. 홍보부 앞을 지날 때면 복도 창문에서도 한약방 약함 모양의 인콰이어리 카드 상자가 훤히 보였다. 그 상자에 좀 더 관심을 갖고 한번쯤은 사무실에 들어와 상자를 살펴보며 이것이 무엇인지 나에게 물어봐도 좋으련만 경영진은 야속하게도 그저 복도를 지나치기만 할 뿐이었다.

상자 안에는 인콰이어리 카드가 들어 있었고 그 카드에는 해외 바이어들의 소망이 담겨 있었다. 그런 사실을 경영진도 모르지는 않았겠지만 그들은 이보다 더 중요한 일에 관심을 쏟았는지 홍보부 복도 앞을 거의 뛰어다니다시피 지나쳤다. 간혹 내가 결재를 받기 위해 경영진의 사무실에 들어갈 때도 한참 동안 순서를 기다린 뒤에야 받았을 만큼 바쁜 것처럼 보였다.

나 또한 영화와 브리핑에 쓰이는 슬라이드 제작, 영상물의 내레이션narration 작성과 편집, 해외 유력 언론인 초청과 언론인들이 방한하는 중에 취재 지원을 위한 섭외, 언론인들의 정부와 산업시설 취재 수행 등에 매우 분망한 일과를 보냈다.

이같이 모든 일을 나 홀로 원스톱으로 처리하는 중에 외래 내빈이 예고 없이 회사를 방문하기도 했다. 그럴 때면 일손을 멈추고 본사 건물 2층의 회의실이자 영상 상영실로 내려가 내가 직접 20분 길이의 16밀리미터 컬러 필름이나 25분 길이의 슬라이드 환등기projector를 상영했다. 상영된 영상물은 기획과 편집에서 완성까지 내가 전 과정을 담당했기에 영상물을 보고 던지는 외래 내빈의 질문에 거침없이 답할 수 있었다.

내빈의 경중에 따라 우리 쪽 영접자의 지위도 달랐는데 예를 들어 상사들이 내빈이 던지는 예상 밖의 질문에 당황할 때면 내가 재빨리 관여해 보충 설명을 드려 그들로부터 호감을 얻었다. 사소한 일이지만 이런 일을 통해 회사를 방문하는 내빈들과 친분을 쌓았다. 이렇게 다양한 업무를 수행하느라고 항시 늦은 밤까지 사무실에서 홀로 일했으나 누구도 나를 눈여겨보지 않았다. 그래도 나는 묵묵히 일만 했다.

한국의 해외수출 홍보비 절약을 위한 PR 에이전트

어느 날엔가 나는 좀 한가한 시간을 이용해 코트라의 해외홍보 사업을 개선하는 방안에 관해 생각해보았다.

당시 ≪뉴욕타임스The New York Times≫와 같은 해외 유명 일간지 하나에 1회 반면광고를 하는 데만 1만 5000달러의 비용이 들었다. 그 밖에 ≪파이낸셜타임스≫ 등에 들어가는 비용 등 연간 광고비만 수십만 달러가 소요되어 예산상의 어려움이 많았다. 수출 정책상 해외 광고를 집행하고는 있었지만 나는 지출된 비용만큼 효과가 나타나지 않는다고 생각했다.

코트라가 내는 광고 문안은 내가 작성했는데, 코트라의 역할과 한국의 경제발전상, 주요 수출산업과 정부의 수출진흥정책 등을 간략하지만 효과적으로 소개한 것이었다. 문안의 내용은 회사의 각 부서에서 면밀히 검토한 뒤 최종 확정되었다.

이때 광고에는 코트라와 한국을 소개하는 글과 함께 "코트라는 전 세계에서 유례없는 신속 정확한 서비스로 사업가들에게 무료로 봉사하고 있으며, 이를 한국 정부가 보장한다"라는 카피를 삽입했다. 그리고 광고 말미에 인콰이어리 카드 양식을 넣었다. 광고는 전 세계 무역계와 산업계를 향해 우리가 던지는 약속 같은 것이었다. 당연히 광고를 보고 코트라로 보내온 인콰이어리 카드는 누구나 정성껏 다뤄야 할 것이었다.

이에 광고가 나간 뒤 약 반년이 지난 어느 날 광고를 보고 해외 바이어가 코트라로 보내온 인콰이어리 카드를 내가 자진해서 분석해보았다. 이런 작업은 처음 있었던 일로 회사 사람들의 관심을 끌었다.

내가 집계해본 결과 한국과 무역거래와 투자에 관한 문의를 해온 기업가와 바이어의 숫자는 매우 적었다. 코트라가 발행하는 다른 간행물인 《코리아 트레이드》에 첨부된 카드의 회신율에 비해 광고에 실린 카드의 반응률은 현저히 낮았다.

이런 분석을 근거로 사내에서 영향력 있는 상사들에게 실리는 없으면서 막대한 예산이 드는 해외광고 사업을 비판하고 광고를 하지 않는 대신 다른 대안을 강구하는 것이 좋겠다는 여론을 조성했다. 그러자 어떤 사람은 나를 철모르고 세상 물정에 어두운 사람, 이상한 사람으로 보기도 했고 정반대로 매우 양심적인 사람으로 보는 사람도 있었다.

해외홍보 사업 전부를 내가 단독으로 맡은 1967년부터 대만 타이베이 무역관으로 나간 1971년 초까지 광고를 집행한 세계적인 매체로는 《뉴욕타임스》, 《파이낸셜타임스》, 《월스트리트저널》, 《파이스턴이코노믹리뷰Far Eastern Economic Review》, 《이코노미스트Economist》 등이 있다. 그 밖에도 크고 작은 세계적인 일간, 주간, 월간지에 광고를 실었다.

그러던 어느 날 암암리에 두 달에 걸쳐 「PR 에이전트PR Agent란 무엇인가」라는 100쪽의 책자를 구상해 직접 타자로 작성했다. 그러고 나서 내가 누구인지도 잘 모르는 강용옥 수석이사 겸 부사장이 보도록 그의 사무실 여비서에게 갖다 주었다. 그리고 그의 반향을 기다려보기로 마음을 먹었다.

강 수석이사는 나의 직속 담당이사는 아니었지만 내가 입사한 지 얼마 안 된 신입사원이고 하급 직원이라 그랬는지 같은 건물 3층 복도에서 마주치면 내가 항상 공손히 허리를 굽혀 인사하는데도 보지 않고 그냥 지나치는 분이었다.

하지만 다음 날 퇴근시간이 되어 직원들이 하나둘 사무실을 떠나는 오후 여섯 시쯤 그가 나를 사무실로 불러 말했다.

"어허, 누구라구? 음, 당신! 이곳에 오기 전 어디에서 무엇을 했소? 기발한 생각 같은데……. 이 작은 책자를 잘 읽어보았는데 매우 혁신적인 것 같기도 하고……. 한 개 지역에 에이전트를 지정하는 데 소요되는 비용이 미국 기준 최소 30만 달러라구! 하하하……. 배짱 한번 좋구먼."

그는 평소 너무 과묵해서 전 직원이 강 수석이사의 앞에서는 주눅이 들고는 했다. 하지만 이날 그는 얼굴을 펴고 나에게 이같이 말했다.

내가 추산한 30만 달러에는 에이전트가 광고나 기사를 만들어 간행물에 게재하는 비용과 영향력 있는 재계 인사를 리셉션 같은 행사에 초대하는 비용 등이 모두 포함된 예산이라고 설명했다. 하지만 우리 쪽이 희망하는 분야를 선별적으로 지정해 적정예산을 견적하면 반드시 30만 달러까지는 소요되지 않을 수 있다고 부연했다.

이것은 코트라가 연간 지출하는 해외광고비에 비하면 매우 적은 액수였다. 더구나 코트라가 직접 광고를 하거나 해외 유력 언론인을 초청하는 데 들어가는 예산보다 50퍼센트가량 절약할 수 있을 것이라고 설명했다.

이어서 나는 한국의 대외 이미지는 아직도 저개발국으로 인식되어 우리 제품에 대한 신뢰가 매우 취약하다고 지적했다. 이를 극복하려면 우리의 주요 수출국가 안의 현지 전문기관인 PR 에이전트를 통해 한국 상품에 대한 신뢰를 쌓도록 자극하는 일종의 퍼블리시티 활동이 중요하다고 강조했다. PR 에이전트가 우리 홍보 활동의 일부를 대행하는 것으로 이해하면 좋을 것 같다고도 했다. 일본 역시 1950년대 PR 에이전트를 활용하는 사업을 적극적으로 전개해 수출시장을 효과적으로 확대했다는 것을 자료를 인용해 설명했다.

수석이사의 사무실에서 나온 뒤 보고서에 대한 추가적인 반응이 전혀 없던 어느 날 갑자기 나는 직속 담당이사의 호출을 받고 급히 그의 사무실에 갔다. 담당이사의 사무실에 들어서자 그곳에는 나의 담당부장이 성난 모습으로 담당이사와 함께 앉아 있었다. 내가 태연한 모습으로 그들 옆에 서자 담당이사는 꾸짖듯 말했다.

"당신의 직속상관은 누구요? 왜 우리에게는 이 계획을 사전에 말하지 않았소! 말해보시오!"

나는 마음속으로 그들이 평소 인간적이었거나 이성적이었든지 간에 나의 과중한 업무에 무관심했다는 것, 그들은 해외사업에 관한 한 근본적으로 적합하지 않은 의식과 배경을 가진 사람들이라 함께 협의하거나 의견을 밝혀봐야 별 소용없을 것으로 생각했기에 말하지 않았다고 토로하고 싶었으나 꾹 참고 이렇게 말했다.

"그 보고서는 제가 홀로 만든 일종의 개인연구 자료입니다. 수석이사님이 주례 부·과장 참석 간부회의 때마다 창의적인 발상을 독려하는 것을 보고, 제가 만든 자료를 참고하도록 비서를 통해 드린 것일 뿐입니다. 다른 뜻은 없었습니다."

나의 말이 끝나자 모두 침울해졌지만 그것으로 일단락되어 조용해졌다. 하지만 이 계획은 나도 모르는 사이에 이사회에서 시행하기로 결정하고 내가 대만 타이베이 무역관으로 떠난 뒤 구체적인 시행 계획이 수립되었다고 한다. 나중에 들으니 뉴욕, 런던, 파리, 프랑크푸르트 네 개 지역에서 우선적으로 시행하는 데 예산을 확보하는 것이 선결문제였다고 한다.

하여튼 누가 되었든지 이 계획을 이해하고 조직을 위해 해야 할 일이 무엇인지 생각해본 사람이라면 비록 내가 외국으로 나가 있을지라도 먼저 창안자인 나와 접촉해 의견을 물어보고 시행했어야 할 것이다.

사실 내가 제안한 PR 에이전트 관련 계획은 코트라와 유사한 일본 제트로JETRO, Japan External Trade Organization의 사례를 참조한 것이다. 제트로는 1950년대 초 수출시장 확대책의 일환으로 세계 주요시장인 미국, 영국, 프랑스의 유명 PR 에이전트를 활용했다. 그렇게 총체적으로 수출을 홍보해 큰 성과를 거두었다는 내용의 보고서를 제트로가 발간한 어느 자료에서 읽었던 것이다.

이에 크게 자극받은 나는 한국도 PR 에이전트 사업이 필요하다는 것을 강조하기 위해 관련 자료를 수집했다. 제트로의 자료를 참고하며 두 달이 넘도록 늦은 밤까지 사무실에서 홀로 앉아 타자기로 작성한 것이 바로 「PR 에이전트란 무엇인가」라는 소책자다.

하지만 PR 에이전트 계획은 그 뒤 거의 2년이나 예산확보 문제를 두고 갑을논쟁하다가 내가 타이베이 무역관 창설요원으로 떠나고 1년 뒤인 1972년쯤에야 예산이 확보되었다. 하지만 계획을 최초로 시행하기로 결정한 영국 런던 무역관에서 예기치 못한 사고가 발생해 계획이 영원히 무산되었다는 것을 나중에 한 소식을 통해 듣게 되었다.

내가 지금까지 살며 보고 느낀 것 중 진리로 믿는 것 중 하나는 어떤 사고나 변화의 근본원인은 바로 사고와 변화를 유발한 곳의 내적 모순 때문이라는 것이었다. 그리고 이런 나의 믿음은 이 사건을 통해 사실로 증명되었다고 생각한다.

당시 코트라에는 강용옥 수석이사만큼 통상과 법률에 정통한 사람도 없었다. 그는 과거 상공부 통상국장을 지내며 1960년대 초 우리가 제1차 경제개발계획을 만들 때 통상 분야에서 정책을 입안하는 데도 많은 역할을 수행했던 것으로 알려져 있다.

심야에 느닷없이 내 앞에 나타난 대통령

다시 시간을 되돌려 PR 에이전트 사업의 승인이 지지부진할 때 일이다. 나는 그 틈을 이용해 잠시 숨을 돌리고 있었다. 과중한 업무 부담으로 그동안 손대지 못했던 메일링 리스트를 정리하는 작업을 다시 시작했다. 동시에 영화와 슬라이드 영상물 제작 계획, 해외 유력매체의 언론인 중 초청 가능한 인사를 무역관을 통해 선정하는 일 등 방대한 업무에 다시 몰입했다.

서울 중구의 남대문에 가면 바로 오른쪽으로 한때 상공회의소로 쓰인 낡은 4층짜리 건물이 있었다. 지금은 서초구로 이전했지만 내가 입사했을 때는 남대문로 4가가 코트라 본사였다.

본사 옥상에는 지나가는 사람들이 볼 수 있게끔 '수출의 탑'이라는 조형물이 있었다. 단순한 조형물은 아니었고 매일 수출 실적이 쌓일 때마다 탑의 눈금이 올라갔다.

예컨대 1970년의 수출 목표액이 10억 달러이면 탑의 꼭대기가 수출 목표액이고 365일 내내 그 목표액을 향해 눈금이 올라가는

1970년 겨울 코트라 남대문 본사 사옥에 있던 수출의 탑. 사진에서 보이는 것은 '수출목표액 10억 달러 달성'을 축하하는 현수막과 함께 설치된 1970년 수출실적탑이다. 1970년의 수출목표액은 10억 달러였고 실제 수출액은 10억 400만 달러로 목표를 초과해 달성했다. 참고로 수출실적탑에 보이는 13억 5000만 달러는 그다음 해인 1971년의 목표액이다.

식이었다. 요즘 연말에 보이는 사회복지공동모금회의 '사랑의 온도계'의 수출 버전이라고 생각하면 이해가 빠를 것이다. 매일매일탑의 온도계를 올리는 작업은 사람이 직접 올라가 숫자를 바꾸는 시스템이었다. 야간에는 탑이 잘 보이도록 불을 비추기도 했다.

당시 코트라는 은행 신용장 내도액 기준으로 매일매일의 수출통계를 작성했다. 지금은 관세청이 수출 통계를 만들지만 당시에는 코트라가 수출 실적을 집계했다.

코트라 남대문 본사에서 내가 근무하던 3층의 홍보부 창문은 이런저런 일을 혼자 수행하느라고 언제나 늦은 밤까지 불이 켜져 있었다. 당시에는 자정부터 다음 날 새벽 네 시까지 야간 통행금지가 있던 시절이었다. 그런데도 코트라 홍보부의 창문은 항시 환하니 사람들이 의아한 나머지 길을 지나다가 사무실을 방문하는 일이 있었다. 심지어 1967년 늦가을에는 대통령의 방문을 맞이했던 적도 있다.

어느 날 늦은 밤 열한 시쯤 나 홀로 야근하고 있었다. 그런데 박정희 대통령이 아무런 예고 없이 코트라 건물 3층의 홍보부 사무실 복도에 나타났다. 경호원인 듯한 사람과 회사 당직 수위와 함께였다. 대통령과 동행한 사람이 홍보부 사무실 문을 비스듬히 열더니 나에게 사장실이 어디 있느냐고 물었다.

언뜻 봐도 대통령임을 알 수 있었던 나는 대통령 일행을 앞질러 홍보부 사무실에서 멀지 않은 같은 3층의 사장실로 달려갔다. 수위와 함께 열쇠로 사장실 문을 열자마자 전기 스위치를 눌러 사무실의 불을 켰다. 이어 나는 수위에게 대통령의 방문을 사장에게 빨리 알리도록 부탁했다. 대통령을 사장실 소파로 안내하고 그 옆에 서 있자 대통령이 물어왔다.

"여기에 수출품 전시장이 있는 것 같은데 지금 그곳에 가볼 수 있겠나?"

나는 곧 "예"라고 대답하고 수위에게 먼저 그곳에 가서 전시장의 불을 켜놓도록 했다. 남대문 대로변 1층에 자리 잡고 있는 전시장을 향해 대통령에 앞서 1층 계단으로 걸어 내려가 전시장으로 안내했다. 코트라 본사 건물은 매우 오래된 것이어서 승강기나 에스컬레이터가 없는 것이 죄송스러운 생각이 들었다.

코트라의 수출상품 전시장은 본사 건물 1층에 있었다. 건물 자체는 낡은 것이었지만 1층 전시장의 인테리어는 당대의 건축가였던 김수근의 작품이었다. 전시장 사방을 검은색으로 칠해 어두운 중에 전시품이 눈에 확 띄도록 한 디자인으로 유명했다. 김수근은 국내외에 여러 작품을 남겼는데 코트라와 관련해서는 1967년 캐나다 몬트리올 박람회 한국관과 1970년 일본 오사카 박람회 한국관이 유명하다.

당시 대통령은 공군장교가 입는 회녹색 파일럿 점퍼 차림이었다. 대통령은 찬찬히 전시품을 살펴보았다. 하지만 그곳의 전시품은 대개 피아노, 자전거, 공예품과 장신구, 의류와 섬유 원단, 가정용 생활용품과 어망 등 모두 경공업제품뿐이어서 민망한 기분이 들었다.

대통령이 전시장을 돌아보기 시작한 뒤 불과 30여 분 만에 사장이 급히 들어왔다. 당시 오범식 사장은 자택이 남대문에서 지척인 청파동에 있었던지라 대통령의 예고 없는 방문에도 비교적 빨리 도착할 수 있었다. 대통령은 사장을 보자마자 질문을 던졌다.

"이곳의 전시품은 모두 수출되는 품목인가?"

사장은 곧바로 "예"라고 대답했다. 대통령은 잠시 전시장에 그대로 서서 위아래를 둘러보더니 더는 아무런 말없이 깊은 생각에 잠긴 표정으로 남대문 쪽 대로변으로 걸어 나갔다. 그곳에는 이미 지프차가 한 대 대기하고 있었다.

해외 언론인 초청사업과 구로공단 인터뷰

PR 에이전트 계획이 있은 뒤 내가 수행한 사업 중 가장 흥미로웠던 일은 영상물 제작사업과 해외 유력매체 소속 언론인을 초청해 이들과 취재 일정을 함께 소화하는 퍼블리시티 사업이었다.

사무실에서 꼼짝달싹도 못 하고 일에 파묻혀 있는 것보다 해외 언론인을 대동하고 마산 자유무역지역, 경주 역사유적지, 서울 구로공단 등을 둘러보는 일이 좋았다. 정부에서는 경제기획원 장관과 투자안내담당관, 상공부 장관과 상역국장商易局長, 외무부 통상국장, 재계에서는 삼성물산의 이병철 회장, 현대의 정주영 회장, 당시 대표적인 수출기업이었던 천우사 전택보 회장과 동명목재 강석진 회장 등 유력 인사들에게 안내하고 이들과 대담을 주선하는 일도 자랑스러웠다.

물론 내가 맡은 일은 해외 언론인을 수행하고 이들이 취재하기를 원하는 현장을 안내하는 단순한 것이라고 할 수도 있다. 나는 해외 언론인들에게 우리 경제발전 현황과 수출진흥정책을 소개하고 수출공단 등 생산현장을 보여주었다. 이를 통해 해외 기업의 한국 투자를 자극할 만한 기사를 쓰도록 언론인을 유도하는 일은 쉬운 것이 아니었다. 해외 언론의 기사를 통해 우리 국위를 선양하느라고 몹시 바쁜 일과를 보냈다.

내게 큰 기쁨과 보람이었던 것은 방한한 언론인들이 귀국한 뒤에 그들이 소속된 매체에 방한 중 그들을 수행하며 내가 말한 이야기를 쓴 것을 간혹 볼 때였다. 그럴 때마다 나는 언론인들과 대화하는 일에 보다 신중한 자세를 취하게 되었고 동시에 영광스러운 생각도 하게 되었다.

하지만 나의 신중함이 지나쳤던 탓에 되레 역효과를 초래할 뻔한 경우도 있었다. 40년도 넘게 흐른 지금도 기억에 남아 있는 일화로 미국 시카고 지역지인 ≪배런 데일리 뉴스Baron Daily News≫ 소속 기자와 있었던 일이다.

그 기자는 일주일간의 방한 일정을 마친 날, 취재는 성공적이었다고 말한 뒤 뜻밖에 나에게 한 가지 특별한 부탁을 했다. 부탁은 다름이 아니라 구로공단에서 일하는 여공女工과 이야기를 나누고 싶다는 것이었다. 공단 여공들에게 임금과 작업시간 등에 대해 물어볼 말이 있다는 것이었다.

당시 우리 노동자의 노동시간과 임금을 두고 서구의 반한反韓

1970년 11월 미국 시카고에 소재한 ≪배런 데일리 뉴스≫ 기자가 구로공단을 방문해 취재하고 있다. 사진에서 오른쪽에 앉아 있는 이가 방한한 미국 기자, 왼쪽이 필자의 모습.

언론들이 간혹 가혹하게 비판하던 때였다. 내가 약간 머뭇거리자 그는 얼굴에 미소를 띠면서도 나를 사보추어 Saboteur(사보타주하는 이)라고 부르며 치근대듯 몰아세우는 것 같았다.

나는 기자의 무례한 행동을 나무라고 싶었지만 꾹 참고 구로공단 관리실에 함께 가서 그쪽과 협의해 결정하자고 했다. 그러자 그는 쾌히 받아들이고 곧 그곳으로 떠나기로 했다.

이때 나는 기자와 만나던 조선호텔 로비에서 그와 잠시 떨어져 호텔 안의 공중전화 부스로 갔다. 그리고 공단에 미리 연락해 기자를 영접할 준비를 하라고 했다. 그의 방문 목적이 공단 공원들의 급여와 작업시간에 관한 문의일 듯하니 적절히 대답할 준비를 하라고 일렀다. 이에 공단은 내 말의 의미를 알겠다는 말과 함께 전화를 끊었다.

당시 나의 해외 언론인 초청사업 계획에는 구로공단이 모든 기자의 방문 희망지로 빠짐없이 선정되고 있었다. 하지만 시카고에서 온 이 기자의 방문 일정에는 공단을 포함하지 않았다. 코트라의 C무역관을 통해 해당 기자를 신원 조회한 결과 오래전에 약간 반한적인 기사를 쓴 사실이 드러났기 때문이다. 하지만 최근에는 그러지 않는다는 현지 무역관의 보고에 망설이다가 초청한 것이었다.

하지만 공단에 대해 누구보다 잘 아는 내가 취재 분야를 사전에 파악하고도 기자를 간접적으로나마 제지하지 못한다면 그가 귀국한 뒤 언론인 초청사업의 목적에 부합하지 않는 기사를 쓰게 될지도 몰랐다. 나는 이를 염려한 끝에 공단에 특별히 주의하도록 부탁했던 것이었다.

당시 방한하는 거의 모든 해외 언론인들은 빼놓지 않고 구로공단을 취재하기를 원했다. 공단의 주력상품인 가발과 전자제품이 매우 싼 값에 미국과 일본 등 해외시장으로 대량으로 팔려 나가 외국의 주목을 받고 있었기 때문이다. 더구나 공단의 10만여 공원의 힘든 삶의 모습은 국내문학의 주요 소재였고 해외 반한 언론의 단골메뉴로도 자주 기사화되고 있었다.

어느 해외신문에 실린 기사를 보면 공장의 여공들이 하루 열다섯 시간 노동에 시달리다가 동맹파업을 했다는 이야기가 있었다. 또한 임금 인상을 요구하거나 파업을 선동했다가 해고되었다고 쓰고 있어 나는 매우 민감했다.

나와 기자가 공단 관리실에 도착하자 공단의 한 간부가 우리를 맞았다. 간부는 유창한 영어로 한국의 노동실정과 공원의 인권을 포함해 저임금인 이유를 설명했다. 그리고 하루 열두 시간에서 열다섯 시간 일하는 사례를 솔직히 설명하고 우리의 개발연대가 가진 아픔에 대해 말했다. 기자는 공단 간부가 하는 설명을 묵묵히 메모했다.

그 기자는 시카고로 돌아간 뒤 방한 중에 취재한 우리 산업현장에 대해 비교적 긍정적인 내용의 기사를 썼다. 다만 기사 중에 자신이 구로공단을 방문하던 전후로 내가 그의 취재를 음양으로 방해한 것 같다고 비꼰 것에 나는 약간 화가 났으나 어쩔 수 없었다. 그러나 나의 정성 어린 취재 지원에는 은연히 감사의 뜻을 내포하고 있었다.

그 뒤 1970년대 중반에 이르러 구로공단의 수출액은 한국 전체 수출액의 10퍼센트에 달했다. 1960년대처럼 1970년대에도 구로공단은 공원들, 특히 여공들의 고단한 삶터로 알려져 해외 언론이 항상 관심을 갖는 취재대상 중 한 곳이었다.

지금도 나는 해외 유력 언론인 초청사업이 매우 긍정적이었다

사진(위쪽): 1970년 7월 홍콩에 소재한 ≪아시안 인더스트리(Asian Industry)≫의 편집인단이 방한했다. 이들의 취재활동을 지원한 뒤 야간의 명동거리를 산책하는 모습. 맨 오른쪽이 필자다.

사진(왼쪽): 마산 자유무역지역을 우루과이의 ≪라 마냐나(La Mañana)≫ 오를란드(Orland) 편집위원과 방문한 뒤 기념 촬영한 모습.

고 생각한다. 이 사업을 내가 맡은 1966년부터 1970년까지 5년여 동안 내 손을 거쳐 간 해외 언론인의 숫자만 100여 명은 될 것 같다. 기자들은 방한한 뒤 한국의 산업, 역사, 국민생활 환경은 물론 취재하는 중에 느꼈던 감상을 르포르타주reportage 형식의 기사로 상세하고 재미있게 게재했다. 그런 홍보가 갖는 퍼블리시티 효과는 광고나 그 밖의 어떤 홍보수단보다 강력했다.

정부나 산업계에서도 우리의 퍼블리시티 사업을 크게 환영했다. 코트라의 퍼블리시티 활동은 해외 유력지에 광고를 내는 데 드는 비용보다 훨씬 적은 예산으로 한국의 국위를 선양하는 데 효과적이었다. 이 사실을 인식한 여러 정부기관은 우리의 퍼블리시티 사업을 보다 적극적으로 지원했다.

당시만 해도 이 사업은 국내에서는 코트라가 아니면 할 수 없는 특별한 활동이었다. 그래서 정부로부터도 많은 칭송을 받았는데 특히 오래전에 영면한 당시 장기영 경제기획원 장관으로부터 큰 칭찬을 들었다. 장 장관은 직접 나의 어깨를 두드리며 격려해 주었다.

한국 수출 홍보 영상물의 제작

나는 방한하는 언론인은 물론 코트라를 찾는 외국 내빈, 특히 외국 통상사절단을 위해 한국의 전반적인 산업 발전상, 생산현장, 우수 수출품을 소개하는 영상물을 제작했다. 영상물에는 코트라의 역할과 업계 지원사항도 들어갔다. 영상물을 통해 외국 손님들이 한국에 대해 보다 깊은 신뢰를 갖도록 했다.

당시 한국의 거의 모든 기관은 방문한 내빈에게 브리핑할 때 전통적 방식인 이른바 브리핑 차트briefing chart를 이용하고 있었다. 이것은 국내 내빈에게는 적합할지 모르나 외국인 내빈에게는 어울리지 않는 것 같았다.

물론 당시에도 브리핑할 자료를 낱장마다 필름으로 찍어 환등기에서 확대해 상영하는 방식을 썼다. 하지만 이것은 화면을 바꿀 때마다 갈아 끼워 넣어야 해 불편할 뿐만 아니라 기동성도 떨어졌다. 적절한 상영시간에 맞춰 한국의 모든 산업과 상품을 체계적으로 소개하기가 빠듯했다.

나는 브리핑 방식을 개선해보고 싶었다. 한때 미 공군 군수고문단에서 본 영상물을 참고해 코트라의 브리핑 자료와 한국의 산업시설, 수출품 등의 실물을 컬러 필름으로 촬영했다. 이를 가로세로 각각 5센티미터 크기의 슬라이드로 제작했다. 슬라이드를 미국의 유명 필름제작사인 코닥Kodak의 환등기로 상영해보기로 했다.

코닥의 동그랗게 생긴 캐러셀 다이어매거진carousel diamagazin 제품에는 슬라이드 트레이slide tray가 하나 있는데, 트레이 하나에 슬라이드를 80장 넣을 수 있었다. 이를 코닥의 환등기 리모컨으로 한 장, 한 장 상영하자 관람자들이 환호성을 질렀다. 다만 슬라이드 필름을 제작하는 일은 재래식 브리핑 차트를 만드는 것보다 더 많은 절차와 노력, 비용이 소요되었다.

매년 초가 되면 나는 슬라이드 제작을 위한 계획을 세우고 내레이션 초안을 작성했다. 내레이션 초안은 사내의 각 해당부서에서 검토한 뒤 확정되었다. 그러고 나면 다시 초안을 영문으로 번역해 초고를 쓴 뒤 국내에 있는 영미계 인사나 저명한 번역가로부터 교정받았다.

그다음에는 내용에 따라 선정된 인물과 사물을 찍어 일일이 슬라이드 필름slide film으로 제작했다. 영어 내레이션은 모 방송국의 영어방송 아나운서에게 부탁해 녹음했다. 나중에 제작 노하우가 쌓이자 나는 다른 기관의 슬라이드 필름과 우리 것을 차별화하기 위해 내레이션에 은은히 효과음악을 삽입했다. 예를 들면 슬라이드 맨 첫 화면의 내레이션에는 서양의 클래식음악을 넣어 주로 미국과 서유럽 출신인 외국 내빈들이 필름을 보는 중에 지루하지 않도록 했다.

슬라이드 제작과 함께 매년 영상물로 〈엑스포트 오브 코리아 Export of Korea〉라는 영화를 당시 국립영화제작소의 양종해 감독과 함께 만들었다. 영화 제작의 과정은 슬라이드 제작 과정과 거의 비슷했으나 영화에는 인물이 등장하고 정적인 슬라이드와는 달리 동적인 영상이어서 매우 힘들고 까다로운 작업이었다.

영화는 대부분 영어 내레이션이 깔린 20분 길이의 16밀리미터 컬러 필름으로 제작했다. 영화에는 슬라이드 영상으로는 표현할 수 없는 움직이는 산업현장과 그곳에서 땀 흘리며 일하는 사람들의 모습, 공장의 우렁찬 기계 소리와 공원들의 빠른 손놀림, 공업시설과 우수 수출품에 감탄하는 외국 바이어의 표정 그리고 한국의 주요 문화시설 등이 담겼다. 코트라의 역할이 가미된, 약간은 극적인 효과도 노렸기에 영화를 관람한 외국 내빈들은 누구나 감동받는 것 같았다.

이 필름에 대한 소문이 퍼져 간혹 몇몇 정부 기관에서도 외래 귀빈이 방문하면 16밀리미터 영사기와 필름을 코트라에서 빌려 갔다. 필름을 본 귀빈들은 누구나 크게 박수를 쳤다.

어느 날 내가 만든 필름은 박정희 대통령이 매월 주재하는 청와대 수출진흥확대회의에서 회의가 종료하는 틈을 타 현장에서 상영되었다. 필름 상영이 종료되자 장내에는 큰 박수 소리가 울려 퍼졌다.

나는 이때처럼 큰 감동을 받은 적이 없었다. 그때 나는 내가 누구이며 어떤 존재인지도 모르는 모호한 경계 속에 있었다. 남모를 어려움을 견디며 나 자신조차 잊고 제작한 노력의 성과물을 정부 최고위층 회의에 선보이고 찬사를 받아 너무 감동한 나머지 어리둥절했다.

그렇게 회의가 끝나고 영사장비를 챙겨 청와대를 나와 코트라의 안의 사무실로 돌아왔다. 그런데 여기서는 누구 한 사람, 나의 노고를 칭찬하기는커녕 위로 한마디 건네는 이가 없었다. 내 주변의 사람들을 결박하고 있는 것은 그들 자신 밖에 볼 수 없는 의식 아닌가 의아했다.

필름을 만들기 전에 장르genre를 구상할 때 나는 우리 문화예술계의 저명인사에게 전화를 걸거나 직접 방문해 조언을 많이 구했다. 내가 찾은 이들 대부분은 코트라의 선전자문위원들이기도 했지만, 설령 그렇지 않은 인사라도 코트라가 한국의 수출에 전력을 다하고 있다고 믿고 내가 문의하는 거의 모든 일에 적극적으로 협조해주었다.

　그렇게 취합한 문화예술계 인사들의 조언을 정리해 시나리오, 촬영, 제작을 맡은 국립영화제작소의 양 감독에게 주고 참고하도록 일렀다. 또한 촬영 날짜가 되면 너무 바빠 자리를 떠날 마음이나 시간이 없는데도, 나는 항상 시간을 내 지방의 각 촬영지마다 촬영진, 출연진과 함께 여행하지 않을 수 없었다. 매우 믿을 만한 촬영진이었지만 내가 머릿속에서 구상한 사람과 상품, 주위 환경과 전 국민이 총력 수출에 매진하는 노력을 가시적인 것부터 비가시적이며 정신적인 것에 이르기까지 어떻게 영상화할지를 현장에서 찾아보고 양 감독이 반영하도록 하기 위해서였다.

　그러던 1967~1968년쯤의 어느 날 양 감독이 갑자기 나를 찾아왔다. 〈엑스포트 오브 코리아〉에서 영감을 얻은 양 감독은 아예 한국 수출산업의 발전상과 풍요로운 국민생활 모습을 극화한 35 밀리미터 컬러 영화 〈팔도강산〉을 제작하기로 했다고 했다. 그러면서 나에게 우리 주요 산업과 상품을 선정하고 관련 내레이션도 써달라고 요청했다.

　나는 양 감독의 제안에 쾌히 동의하고 자료를 작성해주었다. 누가 각본을 썼는지 몰라도 이 영화는 당시 한국에서 최고 인기배우였던 김희갑과 황정순이 공동으로 주연했다. 흥행 측면에서도 매우 크게 성공하며 대박이 난 유명한 영화였던지라 지금까지도 기억에 생생하게 남아 지워지지 않는다.

브리핑용 슬라이드와 주로 외국 귀빈용으로 상영되었던 영화
〈엑스포트 오브 코리아〉는 매년 3월 말까지 제작을 완료해야 했
다. 그래서 매일 나는 눈코 뜰 새 없이 바빴다. 경제지표는 매년
바뀌는지라 슬라이드와 영화에 녹음될 내레이션의 내용도 매년
바뀌어야 했다. 수출기업들의 시설도 해마다 증설되거나 거대한
규모로 새로 지어지는 곳이 많아 화면과 내레이션의 내용 대부분
을 계속 수정하지 않으면 안 되었다.

하지만 정신적으로 가장 힘들었던 것은 슬라이드와 영화의 내
용을 확정하기 위해 코트라의 모든 과장, 부장, 임원, 사장이 참석
하는 시사회에서 내가 편집한 촬영 내용에 대해 동의를 구하는 일
이었다. 필름을 본 이들 대부분이 촬영 대상, 조명에서 등장인물
선정에 이르기까지 거의 모든 분야에서 각자 사견을 거침없이 토
로할 때면 몹시 마음이 아팠다.

그들 중 몇 사람은 '자신의 유식한 존재 가치를 경영진 앞에서
표명할 수 있는 기회는 바로 이때'라는 식으로 필름 제작과 직접
관련 없는 세계 명화의 감동적인 신scene 몇 가지를 인용하며 나에
게 별별 질문을 쏟아내기도 했다. 그럴 때면 나는 그런 무모하고
이유 없는 적대 행동에 크게 실망했다.

영화가 갖춰야 할 기술적인 것, 예술적인 것과 영화 제작의 목
적이 무엇인지에 관한 심오한 고려 없이 던지는 질문에 나는 환멸
감도 가졌으나 꾹 참고, 참석자들의 모든 발언을 묵묵히 수첩에

메모해두었다.

그때 부장급의 어느 참석자는 영화의 전반적인 내용이 나 개인의 감성만으로 촬영되고 구성된 느낌이 있다고 지적했다. 그러면서 영상에 수출품 장면을 더 많이 넣고 코트라 직원이 해외 바이어와 상담하는 장면도 더 늘리라며 열을 올리기도 했다.

나는 우리 영화는 20분 상영용 필름이며 한국의 산업현장과 수출품을 생산하는 광경, 바이어와 상담하는 광경, 아름다운 관광명소를 균형 있게 배치하고 예술성을 가미해 관람자에게 감명을 주고 지루한 느낌을 갖지 않도록 배려했다고 설명했다.

또한 회의 참석자들이 요구하는 것을 전부 반영하려면 상영 시간이 최소 30분은 넘게 되는데, 그러면 영화가 지루해져 오히려 역효과가 날 수 있다고 했다. 그런 이유로 20분 상영용으로 제작했으며 영화의 내용도 국내의 여러 영상 전문가의 조언을 참고한 것이라고 말했다.

매년 영화를 준비하면서 장시간에 걸친 토론과 내용이 이어졌다. 그러던 어느 해에는 여러 날에 걸쳐 장시간 토론했으나 결론이 나지 않자 긴급회의가 열리기도 했다.

나는 지난 1차와 2차 간부회의에서 제기된 의견과 제안된 사항을 하나하나 짚어가며 내 의견을 설명했다. 그리고 무의식적이었는지는 모르나 절제 없이 쏟아진 비판에 대해 절망적인 의식을 감출 수 없다고 술회했다. 영화 제작에 따른 고충과 하나의 작품을 어떻게 제작해야 가치를 유지할 수 있는지에 대해 강론을 펴듯 설명했다. 또한 이미 하나의 작품으로 구성된 영화를 깊은 사려 없이 마구 자르고 추가한다면 스토리텔링story telling의 근본과 맥pulse이 끊기고 작품 효과가 해체될 것이라고 주장했다.

이뿐만 아니라 수정을 하려면 추가 비용도 많이 지출되고 그렇게 작품을 수정하기 시작하면 계속해서 더 많은 허점이 드러나 내용의 권위도 잃게 될까 염려된다고 했다. 20분 상영용인데 오늘 회의에서 나온 의견을 모두 수용한다면 상영 시간이 한 시간을 넘기고 내용도 난잡해질 것이라고 설명했다. 그러자 내 말을 듣고 있던 강용옥 수석이사가 갑자기 입가에 미소를 짓더니 몇 가지 화면만 교체하라고 지적한 뒤 나머지는 모두 나의 원안대로 확정한다고 결정을 내렸다.

이어 강 수석이사는 작년에 제작된 영화도 잘 만들어져 인기가 있었고 올해의 내용도 별 다른 것이 없으며, 이 필름은 유명 제작자이자 감독이(필자를 가리킨 표현임) 만든 것인데 무슨 문제가 있겠느냐고 농담을 섞으며 말을 맺었다. 그렇게 회의는 끝났고 영화는 약간의 수정을 거치고 나서 완성되었다.

그 뒤로도 출판을 제외한 코트라의 거의 모든 대외홍보 사업은 내가 도맡아 수행했다. 날이 갈수록 업무처리 능력이 향상되는 느낌을 나 스스로도 가졌다. 상황이 어떻게 변하든 신속하게 대처했고 무난하게 수행했다. 많은 일을 나 혼자 결정하고 처리하느라고 때로 불안하기도 했지만 대부분은 아무런 거리낌이 없고 자유로 워서 좋았다. 홀로 업무를 수행할 수 있는 특권이 암암리에 주워 진 것 같아 정신적으로도 편했다.

당시 내가 수행했던 영상물 제작이나 해외 언론인 방한에 따른 취재 지원은 아무나 할 수 있는 일이 아니었다. 해외 언론인의 평균 방한 기간은 일주일 정도였다. 이 기간 동안 그들과 친분을 쌓고 코트라와 한국이 추구하는 국위 선양과 수출 진흥에 기여할 만한 기사가 나가도록 안내하는 데는 전술적인 능력과 지식이 필요했다.

이런 능력을 기르기 위해 나는 매일 아침 일찍 회사 1층에 있는 자료실에 들렀다. 본사에서 구독하는 ≪뉴욕타임스≫, ≪런던타임스The Times of London≫, ≪이코노미스트≫, ≪월스트리트저널≫ 같은 해외 유명 일간지나 코트라 무역관에서 발송하는 자료 등을 부지런히 훑어보았고 어떤 것은 복사하기도 했다. 그런데 내가 말단 직원이라서 그랬는지 이런 나의 행동을 두고 건방진 사람으로 여기는 경우도 있었다.

특히 코트라가 공식 초청한 해외 언론인이 소속된 간행물은 그가 방한하기 전에 거의 정독했다. 그래서 방한 일정을 함께 소화하면서 해당 언론인이 피로감을 갖지 않도록 읽은 기사의 내용을 근거로 대화를 나누기도 했다. 이런 사전준비에 대부분의 언론인은 좋아했고 나에게 친근감을 보였다.

그런데도 이들 중요한 외국 일간지를 나 개인의 욕심으로 먼저 독차지하려는 것으로 보는 이들도 있었다. 특히 자료의 우선열람 권이 보장된 조사 부문의 직원들이 나를 원망하거나 위압감을 주었다. 나는 이에 개의치 않고 소신대로 했다. 하지만 그 뒤에 고위층의 책망이 있어 초청 언론인이 방한하기 몇 달 전까지는 자제하기도 했다.

조사 부문의 직원들에게는 고가의 해외 간행물을 열람할 우선권이 있었다. 이들은 해외 자료를 효과적으로 실용화하는, 이를테면 정부나 업계가 정책을 수립하거나 운용하는 데 참고할 내용을 찾아내 자료화하는 일을 맡았다. 그런데도 자료 열람을 둘러싼 제재에 내가 근본적으로 거부반응을 보인 것은 나 역시도 내가 맡은 임무에 관한 한 해외 자료를 참고할 필요가 있었기 때문이다.

회사의 제도적인 제한에 나도 대칭적인 권리를 내세워 반항하고 싶었지만 참았다. 그런데 참으로 신기한 일은 그로부터 20여 년이 흐른 1991년 내가 본사에서 정보상담처장을 맡고 있을 때도 비슷한 일이 벌어졌다는 것이다.

이때 나는 매일 아침 여섯 시 반쯤 출근해 누구보다도 먼저 코트라 자료실에 도착하는 해외 간행물을 훑어보았다. 그러면서 참고할 만한 가치가 있다고 생각되는 부분은 복사하고 신속히 번역해 내가 매주 세 번 출연하는 KBS 아침 일곱 시 반의 라디오 방송 〈가로수를 누비며〉 시간에 세계의 무역 환경과 함께 방송했다.

〈가로수를 누비며〉에서 내가 주로 다룬 내용은 외국에서 근무할 때 보고 느낀 한국 상품과 해외시장의 이모저모였다. 그 대부분의 내용은 국내에 잘 알려지지 않았던 비화였는데 이래야만 청취자가 방송에 흥미를 보일 것이라고 판단했기 때문이다.

내가 다룬 방송 내용 중 하나는 1975년 핀란드 헬싱키에서 채택된 '헬싱키 선언'에 관한 것도 있었다. 원래 헬싱키 선언으로 알려진 것은 1964년 헬싱키에서 세계의사회World Medical Association가 인간을 대상으로 한 연구에서 필요한 윤리원칙을 선언한 것이다. 그것과는 달리 내가 소개한 1975년의 헬싱키 선언은 경제, 과학기술, 환경 분야에서 국제적인 협력을 촉구하는 것을 주요 내용으로 하는 선언이다. 환경과 자연보호, 미래 세대를 위한 다각적인 노력을 촉구한 선언으로 1975년 헬싱키 선언의 캐치프레이즈catch phrase가 바로 '하나뿐인 지구'였다.

이 캐치프레이즈가 방송을 통해 흘러나가자 많은 청취자가 우리의 자연환경보호 운동에도 적합한 용어라며 공감을 보내왔다. 청취자들의 열띤 호응을 방송을 진행한 담당자를 통해 들으며 내 일에 보람을 느끼기도 했다.

이처럼 나는 해외에서 일할 때나 국내에서 일할 때나 장소가 어디가 되었든 한국 상품과 산업에 대한 홍보 책임감이 항상 몸의 장식품처럼 따라붙었다.

30여 년간 코트라에서 재직하며 내가 해외 현지사업에서 잠시 손을 뗀 것은 모두 세 번 정도 있었다. 1976년 해외시장과 상품정보를 보도하는 일간지 ≪해외시장≫을 발간하는 본사 홍보부 출판과장을 맡았던 때와 1979년 본사 국제박람회 과장으로 일하던 때다. 그보다 전인 평사원 시절에 한국 수출산업과 상품의 해외홍보를 위한 영상물 제작과 해외 언론인 초청과 같은 퍼블리시티 활동을 맡았던 때도 그랬다.

하지만 이 같은 업무도 내용을 보면 해외무역과 투자, 상품정보를 국내외에 전파하는 성격의 일인지라 해외 활동과의 인연이 완전히 끊어졌다고 할 수는 없었다.

다음 장에서 보다 자세하게 쓰겠지만 1971년 3월 뜻밖에 대만 타이베이 무역관 창설요원으로 발령받았을 때는 왠지 가슴이 부풀어 올라 잠도 제대로 잘 수 없었다. 어떤 분노가 치밀어 올랐기 때문이다. 내가 코트라 본사에서 쌓아올린 홍보 사업 경험을 국제통상의 중심지인 미국 대도시나 유럽의 런던, 파리, 프랑크푸르트 등에서 마음껏 발휘하고 싶었던 꿈이 깨진 충격이 심했다. 거기에 더해 대만은 우리의 수출 경쟁국일 뿐이었고 잠시라도 나의 삶을 소진하기에 대만이라는 무대는 너무 작았고 꿈에도 생각하지 못했던 곳이었기 때문이다.

더구나 내가 대만 현지에 도착하자마자 쉴 틈도 없이 대만과의 치열한 수출 경쟁에 관한 갖가지 조사 지시가 떨어졌다. 지시의 내용을 보면 언제나 정부 내의 모 부처의 특명이라든가 아니면 모

1986년 9월 대만의 대외무역진흥회 회장으로부터 감사장을 받는 필자의 모습. 한국과 대만 사이의 무역정보 교환에 헌신한 공로를 인정받았다.

월 모일에 있을 중대한 수출대책회의에 긴급히 참고할 목적이라든가 하는 식으로 모두 시급하다는 지시였고, 그것은 사실이었다.

그때 나는 위기돌파의 방안으로 대만에서 고급 인재 한 명을 월 급여 600여 달러를 지급하는 조건으로 현지 직원으로 채용했다. 그 뒤 거의 절멸할 것 같았던 대만에서의 고난의 3년을 보내고 나서 임기 만료로 귀국했다.

하지만 지금까지 잊을 수 없는 것은 한국의 코트라와 유사기관인 당시 대만의 대외무역진흥회CETRA, Chinese External Trade Association (지금의 대만 대외무역발전협회)에 관한 것이다. 대만 대외무역진흥회의 무역정보자료실장으로 일하던 이와의 친분으로 나는 한때 그로부터 업무상 도움을 많이 받은 바 있다. 지금은 이름은 잊었고 그의 성만 기억하는데 '우 주임'이었던 것 같다.

어느 날 우 주임은 나에게 코트라가 만드는 영어판 홍보 영상물의 제작에 관해 협조해줄 것을 요청했다. 코트라의 영상물에 관한 정보를 주한 대만 대사관으로부터 얻었다고 하면서 그들도 코트라와 같은 영상물을 만들고 싶다는 것이었다.

나는 그의 부탁을 쾌히 수락하며 대만 대외무역진흥회판 홍보 영상물 제작에 적극 협조했다. 그러면서 우 주임과의 친분도 더욱 돈독해졌다. 당시 나는 코트라에서 해외수출 홍보 도구의 하나를 최초로 개발하고 이를 다시 대만이 벤치마킹bench marking하도록 도운 일에 대해 매우 영광스럽게 생각했다.

비록 매우 늦었지만 과거의 한 시기에 내가 계획하고 실행했던 여러 일이 간간이 회상을 통해 떠오르며 이제야 그 권위를 찾은 것 같다. 그러면서도 내가 이미 노년에 접어들었기 때문인지 다시 무덤덤한 기분으로 돌아가는 기분뿐이다.

대만의 선진적인 중소기업 수출정책 조사와 내가 겪은 수난

대만 가오슝 수출품가공공단 방문

1970년 연말 우리가 수출목표 10억 달러의 기적을 달성하자 전국 방방곡곡에서 기쁨이 흘러넘쳤다. 그리고 이듬해인 1971년 3월이 되어 나는 예기치 않게 우리의 최대 수출 경쟁국인 대만의 타이베이 무역관 창설요원으로 발령받았다. 당시 수출에서 우리를 압도하고 있던 대만의 선진적인 중소기업 수출진흥제도와 운영에 관해 조사 연구를 하라는 임무를 받고서였다. 대만 현지에서 관련 자료를 조사해 수시로 코트라 본사에 보고하는 것이 나에게 맡겨진 일이었다. 이에 나는 하는 수 없이 그해 4월 초 가족과 함께 대만으로 부임했다.

하지만 중국어에 문외한이었던 나는 임무 수행은 물론 대만에서의 생활에 닥쳐올 고난이 예상되자 밤에 잠이 오지 않았다. 이에 더해 섭씨 40여 도를 오르락내리락하는 기온을 견디다 못한 다섯 살 아들과 일곱 살 딸은 툭하면 나에게 "아빠, 서울로 다시 돌아가. 제발!"이라며 울며 호소했다. 우리 집에는 당시 대만에서는 이미 가정마다 필수 가전이었던 에어컨도 없었다. 나에게 에어컨을 설치할 만한 경제적인 여유가 없었기 때문이다.

더군다나 대만의 관계기관이나 업체에서 수출입 관련 법령과 제도를 공식적으로 전수받거나 필요에 따라 직접 조사할 수 있는 환경도 아니었다. 내가 그들에게 접근하려면 할수록 그들로부터 기피인물로 취급되는 듯한 느낌을 받기도 했다.

우리 가족의 최초의 해외생활이 참혹하고 어렵게 여덟 달 정도 지난 어느 날이었다. 본사의 친지 한 사람에게 무작정 귀국하거나 아니면 코트라를 사직할 각오라고 그동안의 고충을 털어놓았다. 그러자 그는 이렇게 말해 나는 더욱 화가 치밀었다.

"하기야 그곳도 해외는 해외지만, 나 원 참……. 그러시네! 하지만 그런 곳도 서로 못 가서 야단인데 행복한 소릴 다하고 있네!"

나의 고충은 전혀 아랑곳하지 않고 코트라 본사는 시시각각 상부의 긴급 지시라거나 수출진흥정책을 만드는 데 긴급히 필요한 자료라면서 전문가마저 파악하기 힘든 정보를 수집하고 보고할 것을 요구했다. 그럴 때면 밤을 새워가며 자료를 작성해 보고했으나 어떤 것은 우리 정책에 적합한 내용이 아니라는 이유로 재조사 지시가 내려오기도 했다. 나는 하늘이 무너져 내릴 것 같은 절망감을 갖기 일쑤였다.

대만에서의 나의 일상은 관공서, 업체별 협동조합, 연구소, 때로는 경제전문지 언론사를 드나들며 영어로 소통할 수 있는 사람을 찾아 자료를 모아 오는 일이었다. 그 뒤 밤이 되면 무역관에 홀로 남아 온종일 모아온 자료를 정리했다. 보고서를 찍어내는 쇳덩이 같은 구식 레밍턴Remington 타자기의 소리가 어찌나 요란했던지 무역관 아래층에 거주하는 주민의 항의를 자주 받았다.

대만에 부임하자마자 이처럼 뛰어다니지 않을 수 없던 어느 날 대만의 전자부품 산업에 관한 시장조사를 위해 대만 남부의 항구 도시인 가오슝高雄의 세계적인 수출품가공공단을 방문했다.

난생처음 보는 거대한 공단의 모습에 압도된 나는 공단의 대외공보 담당주임을 만나 대만에 대한 감격적인 소감을 이렇게 표현하며 인사를 건넸다.

"대만에 부임하고 나서 지난 여덟 달 동안 수도 타이베이를 중심으로 지켜본 대만 국민들은 뜨거운 열대의 열기에도 아랑곳하지 않고 열심히 일하느라 땀과 정열로 얼룩져 있는 것 같습니다. 대만인들의 모습에 나도 영향을 받아 활력을 갖게 된 것이 사실이지만 달리 생각하면 이러다가 어느 날 쓰러지지는 않을까 걱정됩니다."

계속해서 나는 대만에 대한 찬사를 이어갔다.

"대만은 우리보다 훨씬 앞선 전기전자 산업의 저력을 과시하듯 컬러텔레비전, 에어컨과 세탁기 등이 각 가정의 일상 필수품인 부엌 식기와 함께 모든 집에 구비되어 있어 놀랐습니다! …… 우리는 아직까지 흑백텔레비전 생산에 머물러 있지요. 에어컨이나 세탁기가 완전히 보급되려면 좀 더 기다려봐야 할 것 같습니다."

그러자 공단의 대외공보 주임은 곧 이렇게 응수했다.

"한국은 아직도 흑백텔레비전 생산에 머물러 있다고요? 하지만 이런 것은……. 음, 별로 중요하지 않아요. 뉴스를 빼고 나면 보나마나 한 것들……. 오래되어 빛바랜 사진과 같으며 시끄러운 것들……."

그는 농담을 늘어놓거나 그러지 않으면 나를 피할 목적으로 노련한 공보관답게 일상의 딴전을 피우는 것 같았다. 나는 곧 불쾌해졌으나 어쩔 수 없이 그의 말을 듣고 있지 않을 수 없었다.

이어 주임은 유창한 영어로 내가 이 세상에 살며 이미 보고, 듣고, 경험했고 과거를 환기시켜주는 것 같은, 그다지 듣고 싶지 않은 이야기를 늘어놓았다. 그러더니 슬그머니 본론으로 말을 돌렸다. 그는 이곳 공단에는 일본의 소니SONY, 도시바TOSHIBA, 마쓰시타Matsushita뿐만 아니라 네덜란드의 필립스PHILIPS, 미국의 페어차일드FAIRCHILD 등 전자제품과 부품 관련 외국 기업이 수백여 개 입주해 있다고 했다. 공단에서 가공되고 조립되는 생산품은 거의 전량 수출된다고 간단히 말했다.

나는 공단의 입주기업체 명단business directory에서 기업별 생산품목, 종업원 숫자, 연간 수출액 등 단순한 내용이 수록된 자료를 얻은 뒤 공단의 운영 관리와 관련 지침과 함께 몇 가지를 더 묻고 그곳을 떠났다.

내가 맡은 주요 조사 활동 중 하나로 어렵고 고충이 심했던 일은 당시 한국과 같은 개발도상국이 자국의 수출업체에 어떤 금융 지원을 하는지 조사하는 일이었다.

특히 오늘날 세계무역기구WTO, World Trade Organization의 전신인 관세 및 무역에 관한 일반협정GATT, General Agreement on Tariffs and Trade 에서는 당시 몇몇 개발도상국이 자국의 수출업체에 직간접적으로 수출지원보조금을 지급하고 있다고 보았다. 그래서 GATT 산하에 있는 국제무역위원회ITC, International Trade Council를 통해 예의 주시하고 있던 때였다.

당시 개발도상국의 수출품에 대해 선진국들이 특혜관세general system of preference를 부여하는 대신 개발도상국 정부는 자국의 수출업체에게 직간접적인 보조금을 지급하지 않도록 엄격히 규제되고 있었다. GATT의 국제무역위원회는 주로 한국, 싱가포르, 홍콩, 대만 등 아시아 개발도상국들을 요주의 대상으로 지정하고 엄격히 감시하고 있었다.

당시 나는 대만 정부가 수출기업에게 보조금을 지급하는지 안 하는지, 만약 지급한다면 어느 기관이 어느 분야에 어떻게, 얼마

만큼, 어떤 절차를 통해 지급하는지를 이곳저곳을 돌며 알아보았다. 하지만 완벽하게 파악할 수 없어 고심했다.

내가 조사한 결과 대만에서는 단위 중소기업협동조합을 중심으로 제품의 수출특화 사업과 협동생산 체제가 운영되는 것이 특징이었다. 이런 시도는 GATT의 어떤 규제에도 위배되지 않는 것으로 알려져 있었다. 나는 이에 큰 관심을 갖지는 않았지만 정확한 실상을 파악하기 위해 수시로 주요 수출기관을 방문해 자료를 수집하지 않으면 안 될 형편이었다.

바쁜 조사 활동으로 나의 몸은 항상 사무실을 떠나 있었으며 자주 출입했던 기관에서는 거의 전부 나를 의식하며 냉대했다. 그럼에도 무역관으로 돌아와 모아온 자료를 정리하다가 다시 내용에 의문이 생기면 본능적으로 택시를 잡아타고 관련조합이나 연구소로 달려갔다. 그곳에서 다시 천대의 아픔과 수난을 되풀이해 받아야 했다. 당시 대만 무역관은 업무용 차량을 지원받지 못해 나는 대부분 택시를 이용했다.

대만의 수출기업 경영, 원자재 구입방식, 금융제도와 관세제도 등에서부터 가공한 뒤 수출할 때까지의 성공적인 운영절차와 관리과정은 당시 우리가 미쳐 의식조차 하지 못했던 것이 대부분이었다. 대만은 우리보다 훨씬 앞서서 이 같은 수출지원 시스템을 완벽하게 만들고 시행하고 있어 놀라웠다. 대만은 자신들의 능력 범위 안에서 외부로부터 가해진 무역규제를 극복하고 자신들에게 적합한 방법을 찾아내 규칙을 만들어 운영하고 있었다.

산업스파이로 오해받은 일과 이태현 박사와의 만남

시간이 흐를수록 한국의 경제신문이나 코트라가 발행하는 일간지인 ≪해외시장≫에 내가 한국에 보고한 내용이 타이베이발 코트라 기사로 게재되었다. 그래서였는지 어느 날에는 대만의 한 유력 일간지 기자가 찾아와 그가 던지는 질문에 곤욕을 치른 경우도 있었다.

기자는 자신을 모 신문사의 경제부장이라고 소개하면서 나를 찾아와 두어 시간 동안 마치 심문하듯 여러 질문을 했다. 질문의 내용을 보니 내가 자주 출입한 곳에서 얻은 자료와 거의 내용이 같아 누군가 나를 크게 오해하고 그에게 밀고한 듯했다. 나는 코트라 주재원의 임무와 역할을 상세히 설명하며 기자의 질문에 당당히 대처했다.

"제가 조사 활동한 수준은 한국인이든 아니든 대만에 유학을 온 사람 정도면 누구나 할 수 있는 수준입니다. 그리고 대만의 발전상을 벤치마킹하고 연구하는 데 쓸 목적인데 무슨 문제가 있겠습니까?"

이어서 나는 마케팅의 보편적인 활동 범위와 요령, 당시 매우 긴밀했던 한국과 대만 간의 전통적인 우의를 언급했다. 여기에 두 나라 통상장관회의에서 합의된 통상정보교환 사항과 함께 제3국으로 공동 진출하기로 합의한 내용도 부연했다. 나의 활동사항을 증빙하는 서류로 몇 가지 시장조사 보고서 사본과 무역관에 비치되어 있던 한국과 대만 간의 무역 관련 참고자료도 제시했다.

또한 내가 활동한 내용 중에 불법적인 것이 발견되면 지적해달라고 오히려 당당히 요청했다. 한국과 대만 사이에 수출 경쟁이 치열한 상황을 역이용해 누군가가 나를 오해하는 것 같다고 말했다. 그러자 기자는 대만의 국방경비법 중 불법취재, 인쇄, 공표에 관한 법적 제재 요건을 구두로 설명한 뒤 이를 유념하도록 나를 타일렀다.

기자는 젊고 미남인데다가 말소리도 조용조용해 나에게 안정감마저 주었다. 사실 그는 한국교포 2세로 한국에서 태어나 대만에서 자란 뒤 대만 최고학부의 하나인 국립대만대학 대학원을 수료한 석사 출신이라고 누군가가 나에게 일러주었다. 그는 나와 대담을 마치고 자리에서 일어나면서 어려운 일이 생기면 돕겠다며 오히려 나를 위로하고 떠났다.

내가 조사한 자료는 매월 상공부와 코트라가 함께 주관하는 청와대 수출확대회의에서 상공부 장관이 대통령에게 보고하는 경쟁국의 수출지원제도와 우리의 제도를 비교 분석할 때 쓰였다. 당시 우리의 최대 경쟁국인 대만의 제도가 참고할 가치가 가장 높다고 보았다. 코트라 본사에서도 내가 보내준 자료를 수출지원제도를 개선하고 새로 만들 때 참고했다는 소식을 전해 들었다.

당시 한국의 주요 수출품 가격은 대만의 동종상품 가격을 크게 상회해 우리가 수출 경쟁력을 유지할 수 없었다. 그래서 대만에서 나오는 자료는 거의 모두 수출 경쟁력을 확보하기 위한 참고자료로 가치가 있었다. 그뿐만 아니라 대만은 일찍이 중소기업을 수출 기업으로 키우는 데 전력을 다했고 외국인 투자를 적극 유치해 자국의 산업기술을 육성하고 수출과 연계해 해외시장을 확대해온 나라였다. 그래서 나의 대만발 자료는 항상 매우 중요한 것으로 인정되었다.

대만과의 수출 경쟁에 관해 당시 우리는 수출지원제도와 운영 상에서 취약점을 보였다. 대만은 우리보다 경제력이 높은 데 비해 임금은 낮았다. 그리고 근검절약 정신이 국민성에 배어 있어 간접적으로 국가 경쟁력을 높이고 있었다.

그래서인지 몰라도 저녁 퇴근시간이면 타이베이 시내 중심가에서 어깨에 별을 단 장성급 군인이 자전거 뒷자리에 꼬리가 땅에 질질 끌리는 홍어 한 마리를 묶고 의연히 페달을 밟으며 귀가하는 광경을 쉽게 찾아볼 수 있었다. 청렴한 공무원의 모습, 근검절약하는 국민의 모습을 보는 것은 대만에서는 예삿일이었다.

그 밖에도 나는 대만의 일반 상품의 제조기술, 수출업체의 마케팅 구조, 정부의 수출지원제도와 관련 법령, 특정 부문의 수출

가격, 해외구매처 등에 대해 수시로 조사 보고하라는 전통 지시에 언제나 민감해했다. 그런 나머지 나 자신의 삶은 물론 가족의 생활에도 관심을 둘 수 없는 우울한 나날이 이어졌다.

당시 나는 무역에 관한 실무 경험도 없었고 경제학이나 무역학 공부를 마친 적도 없었다. 영어는 대학 전공이라 무난했고 대만에서 약간일지라도 통용되는 일본어도 가능했다. 하지만 중국어는 전혀 몰랐던 나는 본사에 간절히 청원해 우선 언어소통 때문에 매일 겪는 고통만이라도 타개할 수 있도록 대책을 세워줄 것을 건의했다.

이를 위해 나는 어느 날 국립대만대학에서 중국 정치학을 전공한 이태현 박사를 대만 타이베이 무역관의 고문으로 영입했다. 이 박사는 한국외국어대학교 중문과 1회 졸업생으로 대만으로 유학을 와 온갖 고초를 겪으며 공부한 사람이었다. 이 박사가 나와 조사 사업을 같이할 수 있도록 채용해줄 것을 코트라 본사에 건의해 승인을 받았다.

지금은 미국으로 이주해 살고 있는 이 박사의 모습을 생각하면 무엇보다 먼저 그리움이 복받치는 것 같다. 이 박사와 나는 2년 넘게 같이 조사 사업을 수행하며 고생했다. 그와 함께 시장조사를 하기 위해 무역관 사무실을 나설 때면 언제나 가슴에 성호를 그으며 무사 안녕을 기원했고 최선의 각오를 다졌다.

이 박사는 매우 성실한 기독교 장로였다. 1951년 1·4후퇴 때

선친을 따라 북한에서 월남했다. 어찌나 절약정신이 강철 같았던지 무역관에서 사무용품으로 볼펜 한 자루를 살 때도 문구점에 들르지 않고 길거리 잡상에게 접근해 상인이 부르는 가격에서 반값으로 흥정해 구매했다.

그뿐만 아니라 무역관에 업무용 차량이 없던 그때 조사 활동을 하는 중에 택시를 타게 되면 기사에게 먼저 '따치저打七折(30퍼센트 할인이라는 뜻)'나 '따바저打八折(20퍼센트 할인이라는 뜻)'라는 말로 요금을 주행미터기 기준으로 20퍼센트에서 30퍼센트씩은 꼭 깎아 지불했다. 이 박사는 보통 처음에는 '따치저'를 외쳤다가 잘 안 되면 '따바저'로 요금을 흥정했는데, 택시 기사들은 그에게 공무원이나 외국인이냐고 물으면서 이 박사의 요청대로 할인해주고는 했다. 이 박사의 유창한 중국어와 중국어 음률의 시행詩行에 택시 기사들은 누구나 홀딱 반해 요구를 들어주었다.

내가 겪은 최초의 해외 주재 생활 중에 이 박사는 구원자와 같았고 그로부터 많은 도움을 받았다. 하지만 나는 계속되는 중노동에 시달려서 틈만 나면 눈을 감고 쉬느라고 그에게 응당 갚아야 할 보은報恩의 눈마저 지금까지 감아왔다. 그 탓인지 그의 얼굴이 떠오르면 지금도 미안한 마음이 가시지를 않는다.

나는 어찌나 바빴는지 당시 대만에 주재하는 한국인이면 누구나 손쉽게 즐겼던, 테니스나 골프 같은 여가 목적의 체육 활동도 전혀 하지 않았다. 1970년대 대만의 유명한 미녀 대중가수인 '보나나'나 '춰타이칭'의 콘서트에도 몇 차례 초청을 받았다. 하지만 나에게는 공연에 갈 만한 시간은 고사하고 마음속의 여유도 남아 있지 않았다.

언제나 내 머릿속은 코트라 본사의 지시를 어떻게 효율적으로 수행해야 하는지에 대한 근심으로 꽉 차 있었다. 본사가 요구하는 자료의 대부분은 정부와 청와대의 수출확대회의에 쓰일 것이었기 때문이다.

대만에서 겪은 물난리와 우리 가족의 생활고

우리 가족이 대만에서 누린 생활 영역은 무역관과 거주지인 타이베이 시내 주변뿐이었다. 그곳 밖으로는 한 발자국도 벗어날 수 없는 일종의 영어의 몸과 다를 바 없는 신세였다.

무엇보다 가장 부러웠던 것은 내 주변의 유복한 한국인들은 자녀를 타이베이 국제학교에 보냈다는 점이다. 그들은 그들만의 공동체를 이루고 완벽한 냉방시설을 갖춘 주택과 자가용, 외교관 전용 면세시설을 이용했다. 우리 아이들은 부득불 한국 교포가 운영하는 작은 유치원과 초등학교에 입학시켰다. 아내는 자녀 학교 문제로 간혹 얼굴을 눈물로 적셨고, 이런 아내의 모습을 보며 나도 가슴이 아팠다. 하지만 그들 중에서도 우종오 영사 부부는 내 가족에게 친절했고 무역관 활동에도 약간의 도움을 주어 다행스럽게 여겼다.

　이역만리 외국에서 일하는 것이 힘들 때마다 머릿속에 떠올리고는 했던 기억이 하나 있다. 첫 해외 근무지인 대만으로 출국하려고 김포공항에 갔을 때 일이다. 출입국 심사대에서 한 관리요원이 내 관용여권과 출국신고서를 보았다. 그러더니 정중히 일어서서 나를 향해 "우리 조국의 수출전선에 출정하시는데 수고 많으시겠습니다. 부디 건강하시고 큰 성과를 내십시오!"라며 인사를 건네는 것이었다.

　40년이 넘게 흐른 지금도 그 출입국관리소 공무원의 애국적인 모습은 내 기억 속에 남아 사라지지 않는다. 해외에서 가족과 함께 생활고에 시달리며 더위와 처절한 업무량에 허덕일 때마다 그가 만약 내 한심한 모습을 본다면 어떻게 여길지 상상했다. 그리고 그럴 때마다 이유 없이 부끄러워졌다. '나 같은 연약한 인간이 조국을 위해 무엇을 할 수 있다는 말인가' 자책하면서……

　설상가상으로 생활고에 지쳐 있던 우리 가족에게 천재지변이 닥치기도 했다. 대만에서는 태풍과 폭우 그리고 지진이 매우 흔하다. 그런 폭우에 대만 타이베이 무역관을 창설할 때 거처로 썼던 조그마한 단독주택이 물에 잠기고 말았다. 한밤중에 일어난 재난에 속수무책으로 당한 우리 가족은 가구와 옷 등 모든 세간을 버리고 헤엄치듯 집 밖으로 뛰쳐나왔다.

어둡고 폭풍이 몰아치는 중에 잠옷만 걸친 채 겨우 몸만 빠져 나온 우리 가족은 허둥지둥 주변의 약간 높은 언덕으로 올라갔다. 그곳에서 멀지 않은 곳에 있는 공중전화 부스로 달려가 근처에 살던 한 친지에게 사정을 알리고 구조를 청했다. 곧 전화를 받은 사람이 달려왔으나 그의 집 역시 우리 가족 모두를 수용하기에는 좁았다. 우선 우리는 매우 초라한 한 여관에 피난처를 정하고 날이 새기를 기다렸다.

그 뒤 우리는 다시 옷을 사고 세간을 장만해 타이베이 외곽의 작은 공동주택으로 이사했다. 물난리를 수습하느라고 들어간 비용은 이곳저곳에서 빌려 썼는데, 1974년 3월 대만에서 임기를 마치는 날이 되어서야 겨우 갚을 수 있었다. 그런 이유로 한국으로 돌아올 때 우리 가족은 거의 빈손이었다.

대만에서 주재할 때 대만을 방문해 내가 길 안내를 맡거나 업무 일정을 도왔던 한국 인사들이 있다. 그들은 내가 손님에 대한 일반적인 예우로 전통적인 중국식 식도락을 즐길 기회를 제공하지 않자 종내 섭섭했던 모양이다. 대만을 방문하는 중에 내가 그들에게 쏟았던 정성에 대해 훗날 한마디일지라도 감사를 표한 사람이 없었다.

나의 경제적인 빈곤 상태를 그들도 뻔히 알고 있었다. 그들은 중국의 진귀한 요리를 대접받고자 하는 뜻을 보였으나 나는 이를 외면하고 대신 가난한 나의 집으로 불러 식사를 대접했다. 내가 할 수 있는 것은 에어컨도 없는 더운 가정집으로 그들을 불러 선풍기를 틀어놓고 식사를 제공하는 일뿐이었다. 경제적인 이유로 그렇게 할 수밖에 없었다. 그런 일 때문이었는지 누구도 나의 피나는 지원 활동에 보상은커녕 감사의 표시를 하는 사람도 없었다.

대만의 기후와 생활환경에 대해서도 남길 말이 있다. 나와 가족은 대만의 긴긴 여름 동안 에어컨 없이 선풍기만으로 견뎌야 했다. 그리고 겨울에는 지독한 습기에 시달렸다. 집 안의 옷장, 부엌의 찬장, 심지어 옷 속에까지 살며시 스며드는 엄지손가락만 한 크기의 바퀴벌레와 딱히 해^害는 없지만 역시 엄지손가락 크기의 도마뱀에도 시달려야 했다.

이처럼 분망한 대만에서의 시간은 3년 임기를 마감하고 1974년 한국으로 돌아갈 때까지 계속되었다. 그 뒤 나는 대만을 포함해 핀란드, 프랑스, 스웨덴까지 모두 네 개 나라에서 도합 14년간 해외근무를 수행했다. 하지만 지금 와서 생각하면 대만에서의 고달팠던 3년보다 더 길고 고통스러운 세월은 없었던 것 같다.

2부

◇◇◇

노년의 삶과 나

현해탄을 넘으며 비탄에 잠겼던 일

일본에 가본 사람이라면 무엇보다 우선 주위가 청결하다는 느낌을 가질 것이다. 하지만 나는 일본에 갈 때마다 우울한 정서의 뿌리를 뽑아내지 못하고 언제나 슬픈 감정에 사로잡힌다.

이 때문에 대한해협을 건널 때마다 도쿄행 비행기 창문 밖 바다에서 거대한 파도가 서로 할퀴고 갈라지는 생동감 넘치는 모습을 보면서도 나는 아직도 은신 중인 존재처럼 느껴져 우울했다.

나는 한 일본 기업의 한국 대표 신분으로 일본 도쿄에서 열리는 일본농림규격협회JAS, Japanese Agricultural Standard 세미나에 참석하러 가는 중이었다. 하지만 이것은 생업을 위해 나의 의식이 수동적으로 예속된 것이었거나 아니면 최면적인 것이었다고 해도 비행기가 현해탄玄海灘 상공에 이르자 나도 모르게 곧 우울한 정서로 변한 것이다.

무엇보다도 일제가 군이나 강제노역으로 징집한 우리 청장년과 성노예로 징발한 우리 소녀들이 저주와 야욕이 가득 찬 일제의 허름한 수송선에 짐짝처럼 실려 대한해협에서 남쪽이고 일본 후쿠오카 서북쪽에 있는 낯선 바다, 현해탄을 건넜던 것이다. 그때 우리 청장년과 특히 나이 어린 여성들이 이제 아주 멀어진 부모형제, 고국을 향해 뿌렸을 비탄의 눈물이 떠올라 나의 정서도 우울하게 변한 것이다.

2007년 5월에 있었던 일본 방문은 일본농림규격협회가 주최하는 권위 있는 세미나지만 나는 처음 참가하는 상황이었다. 하지만 나의 일본 방문은 수첩의 기록에 따르면 그때까지만 열다섯 번째였다. 이를 체재 기간으로 통산하면 아마도 1년은 족히 채웠을 시간이다.

물론 코트라에서의 해외 주재 기간이 일반적으로 3년인 것과 비교해보면 1년은 상당히 짧은 기간이다. 하지만 내 경험에 비춰볼 때 그래도 1년쯤 되면 주재국에 대해 거의 통달하게 되고 현지 언어에도 막 익숙해질 무렵이어서 안정감을 느낄 수 있다. 현지에 부임한 지 1년이 넘으면 이제 본격적인 활동을 시작해야 할 시기라고 할 수 있는 것이다.

하지만 지난날의 일본 방문은 연속성이 떨어져 현지의 관습을 익히기 어려웠다. 무엇보다 나는 일본을 방문할 때마다 일본어에 대한 심한 압박감, 일제강점기의 악몽과 같았던 기억과 자괴감 때문에 여행의 즐거움을 한 번도 가져본 적이 없었다.

특히 일본어를 쓰는 일은 내가 초등학교 3학년이던 지금으로부터 60여 년 전 일제로부터 해방되던 해에 이미 단절되었기에 더욱 그랬다. 하지만 그 뒤 누님의 어깨 너머로 훔쳐보았던 일본 산세이도三省堂 출판사의 요한 볼프강 폰 괴테Johann Wolfgang von Goethe 의 『젊은 베르테르의 슬픔Die Leiden des jungen Werthers』이라든가 빅토르 위고Victor Hugo 의 『레 미제라블Les Misérables』 등을 조금이나마 읽을 수 있었던 것을 생각하면 현재 내가 일본어를 잘 구사할 수 없다고 해서 포기할 생각은 없다.

더군다나 중고등학교 시절인 1950년대 초까지 한국에는 변변한 영한사전 한 권도 없어 산세이도가 발행한 영일英日사전에 의존했다. 그 영일사전이 거의 파지가 될 때까지 계속 뒤적이며 영어를 공부했다.

중학교 2학년에서 고등학교 2학년 때까지인 1950년에서 1953년까지는 내가 살던 군산에서 멀지 않은 곳에 한국전쟁에도 참전한 미군의 공군기지가 있었다. 그곳에서는 깨끗한 종이 쓰레기와 함께 많은 책이 버려졌다. 버려진 책들은 군산 시내로 흘러나오고는 했는데 지물포를 가면 종이 쓰레기와 함께 저울로 무게를 달아 파는 책을 매우 싸게 살 수 있었다. 그렇게 산 종이는 주로 고춧가루 등 식품첨가물 봉지와 과자봉지를 만드는 데 사용했으며 도배용 벽지나 불쏘시개 같은 것으로도 이용했다.

그렇게 어느 지물포에서 우연히 구입한 산세이도 영일사전은 나의 일본어 학습에 도움을 주었고 당연히 영한사전의 역할도 수행했다. 하지만 일본어를 머릿속에서 우리말로 다시 바꿔 써야 했기에 일본어는 물론 우리 표준말에도 미숙했던 나는 영어 단어의 참뜻을 잘 파악하지 못해 애를 먹었다. 그때 잘못 습득한 영어 단어의 의미 때문에 성년이 다 되어서도 큰 불편을 겪은 적이 한두 번이 아니다. 특히 영어 단어 중 어떤 것은 지금까지도 제대로 발음을 낼 수 없다. 영어 단어를 발음할 때의 음절syllable에 관한 한 나는 스스로 열등생이라고 하지 않을 수 없다.

이 같은 불행은 모두 내가 성급하게 영일사전에 의존해 남보다 빨리 영어를 배우려고 자습한 결과라서 당연한 것이라며 자위할 때도 있었다. 또한 영일사전에 의존한 탓에 잘못 습득한 영어 단어의 우리말 참뜻과 발음 때문에 영문원서를 읽을 때 간혹 혼돈을 빚었는데 누구를 원망할 수도 없었다.

당시 미군이 버린 쓰레기 더미에서 찾아 읽었으며 지금까지도 잊히지 않는 그 책들의 출판사는 주로 미국의 시그넷북Signet Book, 밴텀북Bantam Book 등 대부분 포켓북 출판사였다. 거기서 읽은 책 중 인상 깊었던 작가는 어니스트 헤밍웨이Ernest Hemingway, 존 스타인벡John Steinbeck, 어스킨 콜드웰Erskine Caldwell 등이었다.

이들의 책을 읽으며 내용을 완전히 이해하려면 정확한 영어 단어의 뜻은 물론이고 문법과 특히 구어colloquial word와 미국의 옛 지방 사투리까지 모두 능통하지 않고서는 도저히 참뜻을 이해할 수 없었다. 하지만 나는 내가 이해할 수 있는 데까지 무턱대고 읽은 탓에 이미 읽어온 부분도 기억할 수 없었다.

그럼에도 학교가 끝난 뒤 집에 돌아오면 곧장 문학작품을 읽느라고 수학, 물리, 화학 공부는 제쳐놓았다. 그런 통에 학업 성적은 언제나 중하위권에 머물러 학교와 집에서 심한 꾸중을 들어야 했다. 이런 일이 그 뒤 내 인생 역정에도 악영향을 주리라는 생각은 하지 못했다.

하지만 나는 부모님과 선생님으로부터 받는 질책에 대한 두려움을 간직한 채 계속 영문판 핸드북에 정신을 빼앗겼다. 그러던 어느 날 하루의 생사도 내다볼 수 없는 전쟁 중에 누가 이런 많은 책을 읽는지 의아해져 내가 잘 다니던 지물포 주인에게 물어보았다. 그러자 주인은 나에게 공군기지 안 숙소에서 미군 장병들이 갖는 유일한 휴식과 즐거움은 독서뿐이며, 이들의 하루는 맡은 임무를 하는 것 외에는 거의 자기 위치에서 독서 삼매경에 빠지는 것이라고 했다.

나는 어린 나이였지만 독서는 군인들이 궁극적으로는 교양을 쌓고 언제 내려질지 모를 출격 명령에 심적 부담 없이 대비하는 수단이라고 생각했다. 전쟁을 하는 중에도 책을 읽는 미군의 모습은 어린 나에게도 어떤 감명을 주는 것 같았다.

훗날 나는 『카프카, 프라하의 이방인Franz Kafka』이라는 책을 보며 "책은 우리 내면의 얼어붙은 바다를 깨는 도끼여야 한다"라는 카프카의 금언을 얻게 되었다. 그리고 나자 그 옛날 한국전쟁 중에 하루의 생사를 예측할 수 없던 때 미군 전투기 조종사들이 죽음의 공포를 이겨내기 위해 책을 읽던 일이 떠올랐다. 그들이 내면의 깊은 곳에서 깨닫는 느낌이나 신념을 방어할 유일한 길은 책으로부터 눈을 돌려서는 안 되겠다는 의지의 작용이었을 것이라는 생각이 들었다.

그 뒤 나 역시 독서는 유일한 취미가 되었고 학발노옹鶴髮老翁이 된 지금까지도 책 읽기를 이어오고 있다.

그런데 나의 일본 여행은 코트라에 재직 중이던 때를 포함해 정년퇴직한 뒤 우리 중소 수출업체의 고문으로 일할 때까지 수시로 있었다. 2007년의 일본 출장은 마침 3년만의 방문이기도 해서 모처럼 관광이라도 즐겨보았으면 좋으련만 생판 낯선 일본의 최선진 식품분야에 끼어들어 여행이 아닌 수강 목적의 출장이었다. 그렇게 또 큰 부담을 안게 된 것은 그야말로 팔자소관으로 생각되었다.

당시 일본 출장은 여러 달 전 내가 도쿄 소재의 식품연구 회사인 삼가상사三賀商社의 한국 주재 부사장으로 임명된 것과 관계있었다. 나를 임명한 기쿠치 나카코菊地仲子 사장은 내가 일본식품산업에 쉽게 적응할 수 있도록 해마다 일본농림규격협회가 도쿄에서 개최하는 오리엔테이션 교육을 수강하도록 한 것이다. 그런 이유로 내가 처음으로 세미나에 참가하게 된 것이었다.

식품공학에 해박한 지식을 갖고 작은 규모의 식품연구 회사를 경영하는 일흔두 살의 기쿠치 사장은 내가 그의 회사의 한국 책임자로 임명되기 전 어느 날 한국을 방문한 적이 있었다. 한국의 생삼生蔘을 약 5킬로그램 구입하려고 했으나 수출제한 품목이라 뜻을 이루지 못한 채 귀국하려던 참에 마지막으로 발길을 옮긴 코트라에서 나를 만났다.

나는 곧 생삼 산지인 충청남도 금산까지 승용차로 직접 기쿠치 사장을 안내해 인삼 재배지를 방문했다. 수출 관련 인사들을 만나 협의한 끝에 귀중한 자료와 관련 샘플을 합법적으로 구입하게 되자 사장은 크게 만족했다.

기쿠치 사장이 방한했을 때 나는 코트라 정보상담처장이었고 국내외 기업에게 교역 정보를 제공하는 등의 지원 역할을 맡고 있었다. 그 뒤 코트라를 퇴직하고 나서 회사를 창업해 창호사업을 운영하다가 자금 사정으로 잠시 쉬고 있던 중 때마침 기쿠치 사장이 나를 다시 찾았다. 그렇게 사장은 나를 자사의 한국 책임자 겸 부사장으로 영입하고 우선 일본 식품산업에 관한 지식을 쌓도록 한 것이다.

그러나 내 마음속에는 휴업 중이던 사업에 대한 강력한 재기의식이 남아 있었다. 하지만 일본 식품기업에 취업한 만큼 일본 식품분야에 대해서도 관심을 쏟지 않을 수 없었다. 생화학, 물리학, 영양학, 위생학 분야로 구분해 진행된 세미나에는 나를 포함해 약

250명의 수강생이 숨을 죽인 듯한 긴장 속에서 강의를 들었다.

하지만 내가 가진 일본어 전문용어^{terminology} 이해력으로는 강

의를 완전히 청취하기 어려웠고 곧 머릿속에는 원망이 가득 찼다.
'오늘날과 같은 세기적인 격변기에 어째서 일본어 공부를 소홀해
왔던가?' 나는 강의 도중 머리를 쥐어짜듯 몸부림쳤으며 세미나
가 끝나 호텔로 돌아오니 알 수 없는 격정이 밀려와 내 가슴과 머
리를 스치는 것만 같았다.

호텔 창문으로 일본 천황의 거처인 에도^{江戶} 성이 마주 보이고
그 앞을 도도히 흐르는 푸른 강물과 물 위에 떠노는 백조가 보였
다. 이 모든 것들은 지난날 우리를 짓밟고 쓸어버린, 우리에게는
치욕의 괴물이지만 지금은 현상 외에 아무것도 아닌 허상으로 생
각하려고 애썼다.

하지만 잠시 뒤 나는 비록 상상에 불과했지만 '흔히 절대자들이
벌이는 허세와 힘의 잔치에 왜 내가 끼어든다는 말인가?'라며 후
회했다. 그러나 이들의 본래 모습과 변장한 위용에 또다시 눈길이
가고는 했다. 그것은 생각하면 할수록 더욱 알 수 없는 어떤 격정
이 더욱 내 가슴을 짓누르는 반사작용인 것 같았다.

드디어 일주일간의 세미나가 끝나고 마지막 날 지방의 한 식품
공장을 견학하는 순서가 되었다. 하지만 나는 견학 대신 자유시간
을 얻어 도쿄 긴자^{銀座} 거리의 서점을 방문했다. 서점은 매우 넓고
컸으며 사람들로 북적였다. 일본 서점의 풍경을 둘러보다 보니 갑

자기 어린 시절 이웃에 살던 소꿉친구에게서 일어판 만화책을 빌려 보던 일이 떠올랐다.

　서점에서 일어판 『채근담菜根譚』, 『은殷나라의 문명과 진秦의 통일에서 격동의 현대까지』, 『식품과 인류』 모두 세 권의 책을 샀다. 전부 포켓북이었는데 일제강점기부터 흔히 보아왔던 이와나미문고岩波文庫의 책이었다. 새것을 갖고 싶었던 오기가 발동해서 구매했다.

　호텔로 돌아와 그대로 침대에 쓰러졌다. 그러자 지난 며칠간의 세미나에서 휴식시간 때 자주 나와 자유토론을 했던 일본의 한 중견 식품회사 임원에 대한 생각이 떠올랐다.

　그에게 나는 질문을 하나 던졌다.

　"일본 식품산업은 제2차 세계대전 전후까지만 해도 산업으로서 가치를 인정받지 못했다고 들었는데, 지난 수년간 국제표준화 작업까지 완벽히 성취했다니 비결이 무엇입니까?"

　내 질문에 그는 눈을 잠시 깜박이더니 이렇게 대답했다.

　"국가 경쟁력 향상을 위해 일본인들이 그동안 삶의 질을 희생한 것 덕분이 아니었나 생각합니다. 본질적으로 일본인들은 이 세상이 우리를 위해 존재하다고 생각하지요. 집의 공간이 작든, 걸어 다니든, 국내외의 시장 확보 전쟁에서 어떻게든 이겨야 한다고 생각하거든요. 경쟁논리가 지배하는 시장에서 일본이 이기는 것에 대해서는 일본을 식민 확장의 침략자로 몰지 않거든요!"

나는 그에게 계속해서 질문을 던졌다.

"기업의 사회적인 명분과 경쟁의 합리성에 대해서는 어떻게 생각하십니까? 가령 경쟁에서 상실되는 인간존중의 도덕성이나 자연파괴 같은 것 말입니다."

그러자 그는 얼굴에 약간의 미소를 띤 채 이렇게 대답했다.

"어느 나라나 자국의 문화와 습성이 있는 것 아닙니까? 그런데 일본의 최고 가치는 집단의 능률이거든요! 미국이나 서유럽이 개인의 능률을 중시하는 것과 다르고, 일본의 집단적인 문화에 결점이 있는 것도 사실이지만, 오늘날의 무한경쟁에서 개개인의 환경은 고려할 수 없다고 생각하는데요! 가장 강한 자, 가령 제조업의 경우 경제적으로 가장 좋은 상품을 생산하는 자만이 생존할 수 있고……. 물론 자연보호의 효용성과 도덕적 가치를 빼놓을 수는 없지만 자연은 파괴되는 만큼 복구하고 보호하는 장치와 기술을 가지면 되니까요."

나는 그의 논리적인 설명에 지적 호감을 갖고 수첩을 꺼내 내용을 메모했다. 그에게 담배 한 대를 권하면서 또 한 가지 질문을 던졌다.

"한국인에 대한 일본인들의 공통적인 시각은 어떻습니까?"

일제강점기였던 나의 초등학교 시절 성미가 매우 급하고 고약했던 고바야시小林라는 이름의 여선생, 내가 친형처럼 따랐던 이웃집의 열여섯 살 먹은 영관이 형이 강제 징용당한 일, 친구의 열

다섯 살 된 누나가 정신대(성노예)로 끌려갔던 때의 모습 등 무서운 진실을 연상하며 물었다.

그러자 그는 기다렸다는 듯이 대답했다.

"매스컴의 보도를 보면 일본인이 한국인을 차별한다는 등의 이야기가 있는데 이는 한국인들의 과거 피해의식 때문이에요. 차별한다면 왜 한국인만 차별하겠어요? 일본인의 본질을 알아야 해요. 일본의 균일성, 몰개성沒個性이 외국인의 눈에 이질적으로 보일 뿐이지요. 따라서 일본인의 외국인을 보는 시각도 개성에 입각한 것이 아니라 집단적인 시각에서 외국인들은 모두 똑같이 '가이징外人'으로 볼 뿐입니다."

그와 대화를 시작할 때 10여 개비 들어 있던 나의 담뱃갑에 이제 담배가 한 개비 남아 있었다. 마지막 담배를 꺼내 그에게 건네며 한 가지 더 물었다.

"관료가 재임하는 중에 공식적인 능력평가 한 번을 받지 않고 숱하게 규제와 간섭만 하며 권위를 누리죠. 그러다가 정년퇴직을 맞거나 어떤 일로 자리를 떠나게 되면, 그전에 자기가 통제하던 민간기업이나 조합 등의 고위직으로 내려가 뻥뻥거립니다. 관료로 있을 때도 국민 세금으로 운영되는 산하 연구소에서 만든 정책이나 대안을 마치 자기 머리에서 나온 것처럼 행세하는데, 이 같은 자리가 일본에는 8만여 개나 된다면서요? 그리고 이보다 더 날쌘 아마구다리天下り(낙하산 인사)는 자기 본성이 드러날 것 같으

면, 이상하게도 사직이나 휴직을 한 뒤 미국의 어느 명문대학 연구원으로 있는 척하다가 돌아와서 예전보다 더 높은 자리를 잡는다는데?"

나는 예전에 읽은 『일본의 비밀』이란 책과 한국의 어느 신문에서 본 부분을 인용해 질문했다. 내 말이 다 끝나자 그의 얼굴이 빨갛게 일그러지는가 싶더니 한 손으로 허공을 향해 노no라고 하듯 저으며 파안대소로 대답을 대신했다.

다음 날 나는 기쿠치 사장의 간청에 따라 이삼일 쉬기로 한 약속을 변경해 저녁에 한국으로 돌아가는 일본항공JAL, Japan Airlines 비행기를 탔다. 비행기 안은 승객이 거의 보이지 않을 정도로 한산했다.

나는 비행기 안에서 『일본의 비밀』을 꺼내 읽었다. 이 책은 일본으로 출장을 갈 때면 내가 곧잘 들고 가는 책이다. 하지만 책장을 넘기면 넘길수록 일본에 대해 떠오른 것과 회상해야 하는 것들이 책을 덮고 있는 것 같았다. 책을 읽는 시간의 풍족함보다는 고통스러운 지난날을 소멸하고 싶은 마음으로 피로감이 더해졌다.

내가 잠시 눈을 감고 있을 때 인기척과 함께 스튜어디스의 예쁜 목소리가 들려왔다. 그녀는 저녁식사를 하기 전에 마시고 싶은 음료에 관해 물었다. 이에 나는 '온 더 록 보드카 스피릿On the Rock vodka spirit'을 주문했다. 다만 드링크 서비스 이후 제공되는 저녁식사는 거절했다.

244 2부 노년의 삶과 나

그러고 나서 다시 독서등을 켰다. 계속해서 책을 읽었는데 책 내용이 대부분 나의 마음속에 잔존해 있던 일제강점기의 상처를 들쑤셨다. 일본에 관한 한 불리한 것으로 생각되면 언제나 본능적으로 나타나는 나의 미완의 감정이 순박한 스튜어디스 아가씨를 향해 폭발하지는 않을까 걱정되자 글이 제대로 읽히지 않았다.

한참 뒤 갑자기 샤넬 향수 냄새가 나는 듯하더니 음료서비스를 하던 스튜어디스가 다가왔다. 나의 좌석을 독서하기 편한 자세로 조정해주며 말을 건넸다.

"그 책에는 '일본의 비밀'이 무엇이라고 쓰여 있습니까?"

나는 아직 책을 다 읽지 않았지만 그때까지 본 내용을 토대로 대답했다.

"일본에는 아직 동양적 잔재가 남아 있는 것 같다는 내용입니다. 동양적이어야 할 것에 서양적이고 서양적인 것에 동양적인, 이중 문화의 충돌이 일어나고 있다는 느낌도 받았습니다."

대답을 건넨 뒤에 나도 스튜어디스에게 예의상 몇 가지 질문을 던졌다. 그러자 그녀는 곧 "일본이 국제 사회의 책임 있는 나라임을 깨우치도록 아시아 전체, 나아가서 전 세계가 함께 노력해야 모든 나라의 안정과 발전에 도움이 될 것"이라고 대답했다.

나는 그녀의 친절과 서비스가 훌륭할 뿐만 아니라 미모의 얼굴에 정치, 경제, 인문학에도 어느 정도 이론적인 무장을 하고 있는 것 같아 크게 놀랐다.

이런 대화를 나누던 중에 비행기가 어느덧 서울 상공에 이르렀다는 방송이 들려왔다. 기내의 어느 일본 텔레비전 채널에서는 경제전문가 다섯 명이 출연해 1920년대에 10년 이상 지속되었다는 쇼와昭和 경제공황을 평가하고 현재 일본의 경제불황과 대책을 논의하고 있었다.

2

우리의 수출업체 임직원과
사구포 김 사장

2004년 가을에는 지난 40여 년간 쉬지 않고 일하느라 쌓였던 피로를 풀기 위해 홀로 오랜만에 국내의 주요 해안도시를 향해 정처 없이 길을 나섰다. 이번 여행은 나로서는 수십 년 만에 시도하는 국내여행이어서 이 길에서 무언가 새로운 것을 찾고 어떤 계획도 구상할 수 있는 여정이기를 바랐다.

그러나 마치 먼 초원의 길을 향해 떠나는 유목민처럼 신중한 기예와 육체적 부담을 지는 것과 다르고 그렇다고 낭만적이고 즐거운 여행도 아닌 나 홀로 창조적인 시도로 계획된 것이어서 마음은 그리 가볍지 않았다.

무엇보다도 국내외에서 오랫동안 수출 사업에 봉사했고 1994년은 정년퇴직한 지 10년쯤 되는 해라서 좀 쉬고 싶었다. 그러던 차에 몇 달 전 서해안고속도로가 개통되었다는 소식을 듣고 그 길을 차로 달려보고 싶은 욕망이 여행의 단초가 되었다. 더구나 퇴직한 뒤 새로 시작한 의류업과 일본 기업과의 식품 수출입 사업과 관련해 얻은 피로를 덜어내고 새로운 계획도 구상해보고 싶었다.

우선 가까운 충청남도 당진에서부터 여행을 시작했다. 서해안 고속도로와 각 지방의 해변도로는 건설된 지 얼마 되지 않아서인지 깨끗했다. 프랑스, 스웨덴, 핀란드 등 내가 주재한 해외 근무지와 그 주변국가인 노르웨이, 덴마크 등의 고속도로나 지방도로보다 깨끗했고 소통구조도 원활해 감탄했다. 하지만 일부 간선도로에서는 깊은 사려 없이 표시된 부실한 이정표로 왔던 길을 다시 돌아가야 했던 에피소드도 있었다.

어떤 곳에는 아무런 표지판이나 이정표가 없어 도로 위에서 고립감을 느꼈고 싫증도 났다. 그래서 나는 당초 계획했던 행로를 바꿔 우리 한반도의 최남단인 목포 해변을 향해 차를 몰았다.

하지만 목포를 향해 가는 중에 아직 미련을 버리지 못하고 간혹 이정표에 벽촌의 해변 표시가 보이면 그곳에 들러보기도 했다. 어느 길이 막힌 곳에는 '직진금지' 표지판 외에 좌우에 연결 지역이 전혀 표시된 것이 없어 어느 방향으로 가야할지를 놓고 잠시 방황하기도 했다.

그곳 도로의 끝에 설치된 표지판과 마주한 전면은 산이 가로막고 있었고 왼쪽은 썰물로 물이 빠진 갯벌이었으며 오른쪽은 언덕 아래 물기로 젖은 논이었다. 정면이 산이니 굳이 '직진금지'라는 표지판이 없어도 직진할 사람은 없을 것이었다. 가는 길이 어긋났다고 해도 누구나 왼쪽 아니면 오른쪽으로 전진해본 뒤에야 길을 찾을 수 있었다. 무엇보다 차나 도보로 도저히 전진할 수 없는 지점에 그런 표시를 해놓아 갑자기 웃음이 터져 나왔다.

만약 T자형인 그 도로의 표지판에 길 끝end of road 표시와 함께 좌우로 연결되는 도시명이나 항구명을 표기해놓았더라면 잠시 동안이었지만 방향을 찾느라고 헤매지는 않았을 것이다. 내가 가본 외국의 여러 나라들도 오래전부터 모두 그렇게 해놓았다.

나는 하는 수 없이 우선 우회전하고 보자는 심경으로 차를 오른쪽으로 돌렸다. 그러자 작은 양철지붕 집이 보여 그 집 앞의 도로 한곳에 차를 세웠다. 그때 막 집 밖으로 나오는 쉰 살 정도로 보이는 남자가 있기에 길을 물으려고 차에서 내렸다.

그는 친절하게 시내와 바다로 통하는 길을 상세히 알려주었다. 남자에게 감사하다는 말을 건네는 중에 문득 내가 하는 말이 감사함을 표현하기에 실질적으로 참 궁핍하다는 생각이 들어 한마디 덧붙였다.

"저기 저 표지판에 '직진금지' 대신 '도로 끝'이라고 표시하고 지금 댁이 알려주신 대로 오른쪽은 'ㅇㅇ시내', 왼쪽은 'ㅇㅇ바닷가'라고 표기해놓으면 '직진금지'란 표지가 없어도 앞의 산으로 돌진할 사람은 없을 텐데"라고 말하고 "누군가 아마도 산으로 직진을 하다가 변을 당해 이를 경고하느라고 그렇게 한 것은 아닌지요?"

나의 말에 남자가 대답했다.

"그러게 말이에요! 하지만 저 표지판이 설치된 지 거의 10여 년이 되었지만 누구도 표지판에 이의를 제기하지 않고 잘들 길을 찾아다니는데. 선생께서 괜히 까탈을 부리시는 것 같습니다만. 길을 모르면 묻고 길을 잘못 들면 뒤돌아 나오면 될 텐데……."

남자는 나의 당연한 주장을 이해하지 못했거나 보편적인 상식이 아직 그에게 이어지지 않은 순박한 사람인 것 같았다. 그에게는 감사의 말만을 남기고 자리를 떠났다.

계속 길을 가다 보니 어떤 곳은 군청 소재지를 알리는 팻말을 약 200미터의 긴 간격으로 도로변에 설치해놓았다. 다만 우리말 표기는 전혀 없었고 영문으로 'GUN OFFICE'로 표기해놓고 있었다. 나는 표지를 보고 미군의 총포관리소나 무기 관련기관의 분소 정도로 생각했다.

잠시 뒤 참뜻을 알게 되었지만, 간단하고 명료한 우리말인 '군청'으로 표기했더라면 쓸데없는 잡념이 내 머릿속을 흔들어놓지는 않았을 것이다. 'GUN'은 내가 보기에 우리말의 군郡 발음을 영어의 알파벳 발음대로 표기한 것 같았다. 그런데 청廳은 분명히 영어인 'OFFICE'로 표현하고 싶었던 것 같다. 어찌 되었든 절반은 우리말 발음을 알파벳으로 표기하고 나머지 절반은 영어 본체를 섞어놓아 곧바로 알아보기 힘들게 만들어버린 것이다.

우리말과 영어를 섞어 써야 유식하다고 보는 분위기가 지식층은 물론 항간에서도 유행하기 때문이라 이해하려고 했다. 하지만 잠시 뒤 생각을 바꿔 내가 할 일은 하는 것으로 마음을 먹었다. 그래서 그 팻말을 그냥 지나치지 않고 주변 마을의 광장 한편에 초라하게 자리 잡은 식당이 보여 점심도 할 겸 그곳에 들렀다. 그런 뒤 식당 손님 중에 공무원인 듯도 하고 지성적으로 보이기도 하는 젊은이가 있는 테이블로 갔다. 그의 앞 빈자리에 앉은 뒤 젊은이에게 내가 본 현상과 의견을 말했다.

우선 나는 외래 여행자임을 알리고 근처에 군이나 경찰의 무기관리소가 있는지 물었으나 젊은이는 없다고 잘라 말했다. 이어 내가 'GUN OFFICE' 표기의 잘못을 지적하자 그는 얼굴을 약간 붉히더니 곧 자리에서 일어나 꼿꼿이 선 채 잘못을 지적하는 나에게 감사하다고 말했다. 그는 내 의견에 동의한다는 듯 어딘지는 모르나 당국에 꼭 알리겠노라고 약속했다.

내가 여행을 떠나온 지 하루도 안 되어 일어난 이런저런 사건은 이뿐만이 아니었다. 하지만 차를 몰고 참으로 오랜만에 고국의 해변을 돌면서 여러 항구도시를 순회하는 행복감에 도취해 실망감과 피곤함은 모두 잊어버렸다.

무엇보다 내가 오랫동안 근무했던 프랑스나 북유럽의 해변에서는 결코 맛볼 수 없는 짭짤하고 짜릿하고 비린 냄새를 모처럼 도시에서 벗어나 우리의 바닷가에서 맛보는 감회에 젖었다. 그것은 땀, 눈물 그리고 그리움이 뒤섞인 우리 옛 고향의 냄새와 똑같왔다. 그곳에서 나 자신을 되돌아보고 마음도 비울 수 있었으며 나 자신을 다시 활성화시키는 자극을 받기도 했다. 이런 것들은 나 자신으로부터 오랫동안 소외된 것이었지만 늦게나마 나와 대립적으로 조우하는 것 같은 생각이 들었다.

오후 일찍 목포에 도착해 차로 시내 몇 군데를 돌아보다가 여객선 선착장에 차를 세우고 바닷가를 거닐었다. 선착장 앞에 우글대듯 붐비는 인파와 인근 시장 옆을 지나면서 인간의 삶은 무엇이기에 이처럼 서로 몸을 밀치면서 분망한 생활에 몰입하지 않으면 안 되는지 괜한 생각을 하게 되었다. 피곤함을 풀기 위해 잠시 차 안으로 들어가 눈을 감았다.

이들은 경쟁이 치열한 시장에서 상품의 가치, 가격, 수요를 기준으로 거래해서 생존에 적응할 수 있는 능력을 단련한다. 그렇게 해서 성공하면 주어진 환경도 지배할 수 있다는 생각에 집착하고 있을지도 모른다는 결론을 얻었다. 그리고 나자 나는 왠지 평화스럽던 마음이 흔들렸고 폭풍이 되어 곧 귀가하고 싶어졌다. 더군다나 이번 여행을 위해 잠시 미뤄둔 식품과 의류수출 사업에 관해 생각하면 할수록 시간상 무언가 마음이 다급해지는 것 같은 느낌도 들었다.

하지만 오랜만에 결단한 여행이기에 쉽게 포기할 수도 없었다. 나는 여행을 계속할 것인가 아니면 즉시 귀가할 것인가를 놓고 차에서 내려 잠시 부둣가를 거닐며 생각했다. 이미 늦은 시간이었지만 기왕이면 완도에서 여정을 풀고 그곳에서 일박한 뒤 다시 생각해보기로 하고 완도를 향해 차를 몰았다.

10월의 깊어가는 가을이어선지 해는 일찍 기울고 있었다. 목포에서 완도로 가는 지방도로는 꾸불꾸불 천 리 길 같았다. 가로등 없는 국도에서 마주 오는 자동차의 불빛만이 유일한 위안이 되었다. 간혹 농촌 주변에 들어선 농가와 마을의 중심을 지날 때 보이는 표지판만이 항해하는 선박을 안내하는 바다의 등대처럼 나에게 위안을 주었다.

한참 뒤 목포를 떠난 지 두어 시간 만에 토말(땅끝)이라는 지역 표시를 포함한 완도 표지판이 보였다. 그곳에는 토말까지 30킬로미터, 완도까지 50킬로미터라고 표시되어 있었다. 칠흑같이 어두운 광야의 2차선 도로에서 간혹 마주치는 트럭의 헤드라이트는 내 고통의 의미를 깨우쳐주기 위해 누군가 보낸 암묵의 경고등 같아 감사하고 더욱 긴장했다.

잠시 뒤 나는 어느 산간벽지의 고갯길에 들어서게 되었다. 밑은 낭떠러지로 오른쪽에 바다가 보였으며 산길은 계속 S자형이어서 나는 매우 무서웠다. 더군다나 주위에 인가가 전혀 보이지 않았다. 불현듯 자동차 헤드라이트에 비친 한 표지판에는 사구포 10킬로미터, 완도 20킬로미터라고 표시되어 있었다.

좀 더 차를 달리자 사구포라는 표지판과 더불어 멀리 바다와 함께 해변에서 한 불빛이 보였다. 자정도 이미 지난 시간에 토말의 외곽인 사구포에 다다르고 있었다. 그곳에는 집 한 채가 있어 외등에서 불빛이 새어나와 내 차 앞길을 비춰주고 있었다.

나는 사막에서 갈증에 시달리던 대상(隊商)이 우연히 발견한 오아시스를 향해 달려가듯 그 집으로 들어가 차를 세우고 큰 소리로 주인을 불렀다.

심야에 불쑥 찾아와 주인을 찾는 나의 큰 목소리와 산간벽지에 울려 퍼지는 경비견의 짓는 소리에 잠이 깨었는지 내 나이 또래로 보이는 사람이 삼베 바지춤을 왼손으로 움켜잡고 현관문을 열고 밖으로 나왔다.

나는 차의 창문을 열어둔 채 엔진을 끄고 얼굴을 내밀었다가 곧 차에서 내렸다. 얼굴에 잔잔히 미소를 띠우고 심야에 나타난 무례를 사과했다. 어쩔 수 없이 무례를 범한 사유를 설명하고 하룻밤을 그곳에서 보낼 수 있겠는지 물었다. 그는 무언가 약간 생각하는 듯하더니 아무런 말없이 내가 서 있는 마당 한곳에 자리 잡은 낡고 20여 평쯤 되어 보이는 컨테이너 쪽으로 눈길을 보내며 말했다.

"저기 뵈는 컨테이너는 손님들이 오셔서 우리 집 본채의 방이 꽉 차 뿌리면 부족한 잠자리로 써먹기도 하는디……. 간단히 몸도 헹굴 수도 있고……. 와서 보시고 마음에 드시거든 하룻밤 주무실랑가요?"

그는 완고한 지방 사투리로 말해 나는 귀를 쫑긋 세워 그의 말을 들었다. 그의 눈은 조금 전 잠을 깬 사람의 가느다란 눈이 아닌 빛이 뚜렷해 보이는 큰 눈이었으며 집주인 같았다.

이어 그는 내 앞까지 다가와 짖으며 대드는 금빛 진돗개의 가죽 목줄을 매섭게 움켜잡았다. 그러더니 잠을 깨우게 한 분풀이라도 하듯 개의 머리를 모질게도 여러 차례 후려쳤다. 개는 피조물이면 누구나 압박당할 수 있다는 것을 탄식하듯 소리를 지르다가 멈추고 큰 상자와 같은 그의 집 안으로 들어갔다.

이미 자정도 넘긴 시간이라 나는 어쩔 수 없이 그곳에서 남은 밤을 지새우기로 결심했다. 그때 그는 친지에게 거침없이 말하듯 이렇게 단언했다.

"곧, 날이 샐 텐데 오늘 밤 여기서 그냥 자뿌러!"

이어 그가 앞장서서 컨테이너로 다가가 문을 열자 쾨쾨하고 시큼한 냄새가 안에서 흘러나와 코가 시근거렸다.

컨테이너의 내부는 일반적인 거실처럼 입구이자 현관으로 쓰는 마루, 이와 바로 연결된 방 한 칸, 간단한 취사가 가능한 싱크대와 화장실로 꾸며져 있었다. 모두 낡았고 컨테이너라는 문명의 효율성보다 고통을 감내하다가 날이 새면 이로부터 해방될 수 있다는 희망으로 시련을 극복하는 장소처럼 허술해보였다.

나는 컨테이너 안으로 들어가 축축한 비닐 방바닥과 습기에 찬 이불을 보고 당황했지만 하는 수 없었다. 이 작은 벽촌의 해안가를 일부라도 현대문명의 시설로 발전시키려면 이들에게 얼마간의 방값을 지불하는 게 맞겠다는 취지에서 그날은 컨테이너에서 하룻밤을 새우기로 결심했다.

하지만 누워서 곰곰이 생각해보자 내가 작으나마 이 같은 고통을 감수하지 않으면 이곳이 우리의 전통적이며 목가적인 향촌처럼 유지될 수 있을까 싶었다. 내 결정이 옳았음을 느끼자 안도감이 들었고 곧 잠이 스르르 내 눈을 덮었다.

얼마나 잠이 깊게 들었는지도 모르게 아침 햇살이 방 안을 훤히 비추었다. 밖에서 요란하게 들리는 파도 소리에 나는 잠을 깨었다. 창문 밖으로 보이는 먼 바닷가에는 별로 많지 않은 크고 작은 옛 마을의 초가집과 양철지붕의 집이 옹기종기 모여 있는 모습이 눈에 들어왔다.

썰물은 집 앞의 대양을 넘어갔다가 밀물이 되어 집 언덕 밑까지 잔잔한 파도로 돌아오고 있었다. 아름다운 광경을 보고 나니 지난밤 이곳의 구차한 시설에 실망하고 그냥 떠날까 했던 일에 생각이 미쳐 스스로 미안해졌다. 붉어진 내 얼굴처럼 바다는 아침 햇살에 불그레한 빛을 띠고 있었다.

곧 밖으로 나온 나는 바다의 아름다운 광경에 잠시 넋을 놓았다. 그때 나는 몰랐지만 마침 내가 딛고 서 있는 제방 밑에는 썰물 때 노출되는 강렬한 햇볕에 거의 말라가던 해초와 자갈이 밀물이 들어오자 갈증을 풀고 무언가 소곤대듯 찰싹 소리를 내며 생기를 발휘하고 있었다.

이때 난데없이 내 뒤에서 사람 목소리가 들려왔다.

"잘 주무셨는기요, 잉? 벌써 서리가 내린 것 같은디……. 잉, 어메, 여기 풀잎이 벌써 서리에 젖은 것 같네, 잉! 지난겨울에 이곳에도 오랜만에 눈이 내려 징하게 춥더니만, 잉? 금년 겨울에도 그럴랑가 봐. 에이, 징하이!"

집주인 남자는 자신을 김 사장이라고 소개했다. 나는 김 사장의 말과 뜻을 거의 완전히 알아듣고 있었다. 그의 사투리는 내 어린 시절 남도 출신의 부모님으로부터 듣고 자란 지방 사투리와 같았기 때문이다. 나는 마음속에서나마 동향이라는 동질감을 나타내고 싶어 나 역시 남도의 사투리를 섞어가며 맞장구치고 싶었으나 참았다.

그의 집 본채는 빨강 벽돌의 이층집이었다. 1층에는 '뱀장어 전문 ○○식당'이라는 간판이 벽에 걸려 있었고 2층은 한 칸의 방과 부엌, 세면장이자 화장실이 전부였다.

김 사장은 아침 일찍 나를 찾아와 집 주변의 환경은 물론 관광 명소와 자신의 이름, 나이 등을 말해줬다. 그뿐만 아니라 1980년대 이곳을 많이 찾았던 각계 명사, 문인, 종교인과 화가를 예로 들며 그들과 쌓아온 친분을 은연중에 자랑스럽게 거론하고 있었다.

그리고 그가 나열한 이들 중에는 나의 친구도 포함되어 있었다. 그 친구에 관해 그가 아는 모든 것을 토로할 때마다 세상은 넓으면서도 참으로 좁기도 한 것 같다는 생각이 들었다.

나는 김 사장과 초면이었지만 그의 간곡한 권유에 따라 그곳에서 하루를 더 지내게 되었다. 이번에는 본채 2층의 안방에 나의 침실을 마련해주었으며 아침식사를 한 뒤에 그가 직접 사구포 일대와 완도 주변을 순회하며 관광 안내해주겠다고 제의했다.

나는 김 사장의 친절에 감사해하며 제안을 받아들였다. 아침식사를 한 뒤 함께 관광을 하며 그는 수시로 나에게 신분, 여행의 목적 등에 대해 물어왔다. 그런 질문에 답하면서 묻어두었던 내력을 나도 모르게 하나둘씩 내 입으로부터 스스로 뱉어내고 있다는 것을 느꼈다.

한참 뒤 나는 그와 마치 십년지기나 된 듯 격의 없는 대화를 이어갔다. 그는 나이로 봐서 나보다 두 살 아래여서 때때로 나는 그가 이 세상에 던진 과민한 사고에 대해 나무랄 정도까지 이르게 되었다.

나는 그의 오후 영업시간에 맞춰 완도 관광을 마치고 돌아왔다. 그러고 나서 나 자신만의 시간을 갖기 위해 그의 집 옥상으로 올라갔다. 그곳에는 음료수 물탱크가 설치되어 있을 뿐 텅 빈 곳이었다.

옥상에 있는 의자에 앉아 앞바다의 수평선을 바라보자 잃어버린 과거에서 환기하고 싶지 않은 이런저런 무모한 생각이 떠올랐다. 기억을 떠올려보았자 현재의 내 지각으로 보면 모두 부족했던 것이고 심지어 어떤 일은 부끄러웠던 것인데 이를 떠올려 무엇을 하나 싶어 곧 자책했다.

그때 아래쪽에서 김 사장과 한 여인이 나누는 소리가 크게 들려왔다.

"열두 명이면 일곱 개(마리를 지칭)면 된다니께, 그러네. 처음에 회를 뜨고 난 다음에는 머리와 뼈는 잡어를 섞어 탕을 만들면 되는디, 어찌 그리도 잔말이 많단가!"

김 사장이 자신보다 10여 년이나 젊어 보이는 아내를 향해 던지는 푸념이었다. 나는 소리가 나는 방향인 집 마당을 바라보았다. 이때 김 사장은 고기 뜰채를 들고 수조에서 장어를 걷어 올리고 있었다. 잠시 뒤 장어가 퍼덕거리는 뜰채를 들고 김 사장은 집 안으로 쏜살같이 들어갔고 곧 조용해졌다.

나는 그가 집 안에서 무엇을 하는지 궁금한 나머지 괜히 아래층 현관으로 내려간 다음 좀 멀리서 부엌 안을 힐끗 쳐다보았다. 김 사장은 부엌 바닥에 쭈그리고 앉아 매우 빠른 솜씨로 끈적이며 미끄럽고 무언가 내 몸도 휘감을 것처럼 꿈틀거리는 장어를 순식간에 요리로 다듬고 있었다. 그는 언제 옷을 바꿔 입었는지 흰 작업복 차림이었다.

나는 이를 못 본 체하기 위해 다시 옥상으로 돌아와 집 아래 주변을 훑어보고 있었다. 그때 김 사장은 언제 생선 손질을 마쳤는지, 이번에는 긴 갈대로 엮은 빗자루로 마당을 쓸고 있었다. 내가 그를 처음 보았을 때 입고 있었던 평소의 옷으로 다시 갈아입은 뒤였다.

나는 김 사장의 동선을 매우 흥미롭게 지켜보고 있어 그에게 일체 인기척이나 어떤 반응도 보이지 않았다. 조금 뒤 마당을 다 쓸고 나더니 이번에는 부엌으로 들어가 개밥을 들고 나와 개 두 마리가 기다리는 중에 밥통에 부어 넣었다. 그러고 난 뒤 팔자걸음으로 마치 춤을 추듯 걸어와서 큰 생수통 하나를 들고 언덕 밑으로 미끄러지듯 내려가는 것이었다.

그는 밀물이 들어와 언덕 바로 밑 자갈밭을 덮고 있는 수정 같은 맑은 바닷물을 큰 생수통에 채워 넣었다. 그리고 별로 끙끙거리지도 않고 거뜬히 어깨에 걸친 뒤 언덕 위로 올라와 다시 부엌으로 들어갔다. 그의 동선은 수출업체의 임직원이 기업의 생존을 위해 각자 고군분투하는 모습을 떠올리게 했다.

김 사장은 내가 지난날 경험했던 대부분의 공무원들처럼 정해진 동선, 규정, 규칙에 따라 피동적으로 활동하지 않았다. 그는 오히려 우리의 수출업체 임직원과 비슷했다. 자사의 특수한 정체성 확보가 무엇보다 중요하고 항상 변화하는 해외 수요에 민감하게 대처하며 기능별 활동보다 품목의 생산과 판매, 특히 성과를 중시하는 수출업체의 모습과 비슷하게 김 사장 역시 쉴 새 없이 바쁜 나날을 보내고 있었다.

나는 수출을 성취하기 위해 각방으로 뛰어다녀야 하는 자신을 돌이켜보며 김 사장을 더 가까이에서 보고 싶어 다시 아래층으로 내려왔다. 그때 그가 올라왔던 언덕 바로 옆의 풀숲에 여치 한 마리가 다른 하나의 등에 업혀 꼼짝하지 않고 붙어 있는 것이 눈에 들어왔다. 그 주위는 더욱 한가롭게 보였고 집 건너 길옆의 산에서는 뻐꾹새가 울고 있었다.

이런 곳에서 김 사장은 온종일 바다가 보이고 바다만큼 커 보이는 유리창을 안방에 설치해놓았다. 그 창을 통해 밀물 때와 썰물 때 달라지는 바다의 깊이를 눈으로 가늠했다. 그는 스스로 자립의 의지를 회칼을 휘어잡고 춤을 추듯 다잡으며 해변과 집 주위를 배회하면서 생존에 전력을 다하고 있었다.

나중에 알게 되었지만 김 사장은 한때 대양을 운항하던 큰 화물선의 선장이었다. 그때 얻은 것과 잃은 것에 대해 지금은 모두 잊었으나 간혹 뱃고동 소리를 들으면 추억과 더불어 아쉬움이 밀려올 때가 있다고 했다.

잠시 뒤 인기척을 느끼고 내가 그곳으로 시선을 옮기자 김 사장이 나에게 다가오는 것이 보였다. 그는 나와 얼굴이 마주치자 아무 일도 없었다는 듯 말을 건넸다.

"내일 가실랑께 오늘 밤에는 저하고 술 한잔 하시고, 오늘 점심 시간에는 모 단체 관광단이 와서 점심을 하기로 되어 있는디……. 김 선생 점심은 집 2층 방에 차려놓기로 했으니 그곳에서 장어 회와 탕을 먹고 쉬엄쉬엄 내일 아침에 떠나면 좋컷는디……. 그럴랑 가요?"

나는 김 사장의 제안에 따르겠다고 말하면서 한 가지 의문에 대해 물었다.

"모터로 집 마당에 있는 수족관으로 바닷물을 직접 빨아올리고 있으면서, 뭣 땜에…… 왜 생수통을 들고 바다까지 내려가 물을 길어 오는 거요?"

내 질문에 그는 이렇게 대답했다.

"우리 집 회 맛은 소문나 있당께, 그러네. 응, 그것 별것 아니어. 바다 생선회 맛은 고기가 잡힌 바로 그곳의 바닷물로 씻어야 진맛이 나지. 다만 맑은 물이어야 하고 약간의 기술도 필요하고. 지금 저 아래 물빛 좀 봐! 영락없이 수정 같지 않나 뵈! 이 물은 별도로 거를 필요도 없고. 우리가 잡는 장어도 꼭 이 근처에서만 잡힐 뿐만 아니라 이곳 역시 육지가 닿은 곳이지만 이곳 외에 특히 이곳의 물이 아니면 진짜 만鰻 장어 회를 맛볼 수 없당께. 웬, 참."

이때 은빛 찬란하고 잔잔한 수면에 파장波長이 이는 것이 보였다. 숭어 떼가 몰려온 것 같았다. 동시에 앞마당에서 큰 차 소리가 들리더니 버스에서 사람들이 내리는 모습이 보였다. 그러자 김 사장은 영업의식으로부터 자신을 떼어놓을 수 없고 오직 찾아오는 고객에게 예속된 사람처럼 나에게 "실례한다"라는 말 한마디도 남기지 않고 후다닥 자리를 떴다. 나는 곧 그를 무례한 사람으로 생각했다.

그러나 김 사장의 행동은 흠이 아니라 친지들 간의 일종의 관습에 따른 것 같았다. 짧은 기간이지만 그는 이미 나를 친지 중의 한 사람으로 여기고 있어 그렇게 행동하지 않았을까 가볍게 고쳐 생각했다. 더구나 그는 내가 이번 여행 중에 만난 가장 매력적인 사람일 뿐만 아니라 잠시나마 의지하고 싶었던 사람이기에 서운한 마음은 전혀 없었다.

만약 그가 의식의 자립성을 증명하기 위해 잠시만이라도 "좀 실례하겠습니다, 손님들이 몰려와서……"라고 말하고 내 곁을 떠났다면 그가 어떤 일을 하든지 의식 없이는 그 대상對象 속으로 쉽게 휩쓸려 들어가지 않는 주체성 있고 믿을 만한 사람이라고 확신했을 것이다.

하여튼 처음 그곳을 방문해 머물게 된 뒤 이튿날을 맞았다. 그날 오후는 늦가을이어서인지 하늘에는 흰 솜같이 희고 부드러운 구름이 나의 머리 위에서 이동하고 있었다. 움직이는 구름과 하늘을 보며 망연茫然히 옥상에 앉아 있는 나에게 한 여인이 올라와 방에 점심 밥상을 차려놓았다고 알려왔다.

나는 몸을 일으켜 천천히 방으로 내려가 밥상 앞에 앉아 곧 밥그릇을 비웠다. 이어 빈 밥상을 물리고 나자 왠지 졸음이 밀려와 방 한 모퉁이에 곱게 쌓아놓은 이불을 당겨 그 위에 머리를 대고 누었다. 나는 곧 잠이 들었고 얼마나 깊은 잠을 잤던지 괘종시계가 거의 오후 네 시쯤을 가리키고 있는 것조차 몰랐다. 잠을 깨자마자 몸을 일으켜 창문을 통해 마당 쪽을 바라보았다.

김 사장은 가을 한나절 오후의 불덩이 같은 햇볕을 무릅쓰고 손님들이 먹다 남긴 듯한 음식물 쓰레기를 식당 주변의 나무 밑을 파서 골고루 묻고 있었다. 그의 이마에 땀방울이 번쩍거리는 것으로 봐 땀으로 온몸이 젖었으리라고 생각했다. 안타까운 마음으로 하늘을 올려보았는데 내가 잠깐 눈을 돌린 사이에 그의 모습은 사라지고 없었다. 나는 2층 계단을 통해 내려와 식당 쪽을 향해 천천히 걸었다.

식당 부엌에서는 식기세척기가 내는 소리가 온 집 안에 메아리쳤고 김 사장은 술상을 차리고 있었다. 다시 다른 팀 손님들이 저녁을 하기 위해 온다는 것이었다. 김 사장과 아내의 손과 발은 마치 기계처럼 쉴 새 없이 움직이고 있었다.

김 사장은 완도의 지방문화인 판소리, 씻김굿, 남도민요 등은 물론 서예 같은 문예에도 지식이 많은 것 같았다. 이 분야에서 명성 있는 이들도 간혹 그의 집을 방문하는 등 명사들과 여러모로 친분을 쌓아놓고 있다고 했다.

그는 덕담으로 공자의 말씀을 곧잘 인용했으나 그 자신은 천주교 신자로 세례까지 받은 사람이라고 했다. 하지만 정작 김 사장이 성서의 말씀을 인용하는 모습을 나는 한 번도 본 적이 없다. 궁금한 나머지 내가 이유를 물으면 언제나 그는 불타는 듯 번적이는 눈을 고정한 채 나를 쏘아보고는 해서 더 묻지 않았다. 내가 보기에 그는 자신의 신앙을 부정하지 않는 대신 초월하려고 했거나 아니면 그냥 비＊지식에 만족하는 사람 같았다.

그 뒤 나는 해마다 가족, 친지와 친지의 가족들까지 함께 수년 간 그곳에 다녀왔다. 김 사장이 나를 대하는 태도는 나를 처음 만날 때 이상의 것은 없었지만 그것만으로도 충분했다. 나는 어느 누구보다 김 사장의 친절에 적지 않은 응분의 배려를 했다.

그 뒤 나는 하찮은 일이었지만 우리 중소 수출업계와 서울시 관광협회에서 10여 년간 일했다. 그러는 바람에 완도에 다시 가보지 못하던 중에 어느 지인으로부터 그곳이 관광지로 개발되어 김 사장은 두둑한 토지 보상비와 그동안 피와 땀으로 모은 돈으로 부자가 되어 떠났다는 소식을 들었다. 그는 나를 알고 있는 친지를 만나기만 하면 그때마다 나에 대한 안부를 묻더라는 것이었다.

3

보고서로 밤새운 춘장대,
그곳은 언제나 아쉬움만 불러오고

    30여 년간 재직한 코트라에서 정년퇴직하고 나서 6년가량 지난 2000년의 어느 겨울날 나는 한 친구와 함께 오랜만에 서해안을 따라 정처 없이 산책하던 중이었다. 그러다가 우연히 한 작은 포구를 발견했다.

    그 포구는 마치 꿈속에서 본 나의 고향처럼 바닷가에 오목하게 웅크린 채 들어서 있었는데 이름을 춘장대^{春長臺}라고 했다. 나의 고향인 군산과도 그리 멀지 않은 인기척 없는 작은 마을로 앞은 망망대해이며 기다림과 그리움이 서려 있는 것 같아 주위가 모두 애잔했다. 그곳은 내가 어린 시절 친구들과 함께 수영하고 물장구 치던 대천해수욕장에서 불과 20여 킬로미터 떨어진 위치여서 문득 옛날 친구들의 얼굴도 떠올라 그리움을 더했다.

    마을 앞은 방조제가 병풍처럼 길게 펼쳐져 있고 그 아래로는 쌀농사 위주로 간척된 듯 수답水畓이 넓게 뻗어 있었다. 만약 이곳에 인간의 손길이 닿지 않았다면 이곳 갯벌과 갈대숲은 찾아오는 수많은 철새, 하얗게 수놓은 갈매기의 낙원이 되었을 테고, 춘장대 주변의 아름다움은 누구나 감동받을 초자연적인 공간이 되어 있었을지 모른다.

하지만 1960년대만 해도 자연의 아름다움을 추구하기 보다는 먼저 굶주림을 극복하기 위해 쌀 생산에 전력해야 했다. 그러던 것을 생각하면 당시 방조제를 쌓아 바닷물을 막고 간척지로 개발한 것은 성공적인 역사役事의 한 사례가 아니었나 생각된다. 아무리 자연이 아름답다고 해도 아름다움을 보는 것으로 배고픔의 고통을 대신할 수는 없으니 말이다.

나는 3킬로미터쯤 되는 방조제를 따라 차를 몰고 마을 입구까지 가로질러 갔다. 해변의 마을 쪽을 제외하면 방조제 주변의 넓은 논은 추운 2월의 겨울이기는 했지만 유별나게 삭막해 보였다. 그 풍경은 가련한 자의 모습보다 더욱 을씨년스러웠는데 그것은 내가 변화된 현상現象을 보거나 이별 등을 겪을 때마다 순간순간 애잔한 마음을 가졌기 때문이 아닌가 싶었다.

이때 나는 어느 중소 무역회사의 고문으로 활동하면서 해외시장에서 주요 무역인과 상담했으며 해외시장 개척과 관련된 조사 임무도 수행하고 있었다. 그뿐만 아니라 회사의 연차 생산과 수출 실적 등을 주요 무역파트너(주문자상표 발주회사)에게 영문으로 보고하는 일도 맡고 있었다. 회사의 무역파트너는 미국의 주요 백화점 중 하나였는데, 매년 말까지 보고서를 작성해 보내고 나면 궁극적인 목적이 달성된 듯한 안도감에 모든 긴장이 풀리고는 했다. 때마침 보고서를 만들어야 하는 상황에서 나는 춘장대를 찾았던 것이다.

내가 쓰는 보고서의 주요 내용은 수입상이 제공한 특수원단에 대한 세세한 사용 내역으로 완제품 제조에 투입된 원단의 수량, 재고량, 불용자재와 이의 처리 내용 등이었다. 거기에 모든 수출품의 관리현황 일지를 요약해 보고하는 등 주문자상표OEM 생산업체의 일반적인 보고의무 사항을 포함했다.

이것은 40여 년 전 공군본부에서 일할 때 미 공군 군수고문단과 주고받는 각종 영문교신 문서를 번역할 때와 거의 똑같은 일이었다. 비록 업무의 성격은 달랐지만 오랜만에 그와 유사한 일을 맡게 되었는데 예순을 훌쩍 넘긴 나이여서 그랬는지 예전과 같은 기지機智가 작동하지 않아 모든 일을 고심 끝에 완성하고 있었다.

이 때문에 나는 누구로부터 어떤 도움을 받지 않고서는 도저히 혼자 모든 일을 원만히 수행할 수 없을 것 같은 좌절감을 갖기 일쑤였다. 하지만 나는 기어코 이 일을 해냈다.

오래전 처음 춘장대에 와서 친구와 함께 해변을 따라 한참 걷다가 차를 타고 그곳에서 약간 먼 해변에 들어선 호텔로 향한 적이 있었다. 거기에는 호텔이 두 곳 있는데 그중 친구와 함께 투숙한 경험이 있는 호텔로 차를 몰았다.

　5층짜리 호텔 건물은 막 퍼붓는 화분花粉 같은 하얀 눈으로 지붕
이 덮여가고 있었다. 멀리서 보이는 호텔의 외관은 1980년대 내
가 스웨덴 스톡홀름 무역관장으로 있던 시절 방문한 어느 명사의
100년도 넘은 저택과 닮아 보였다. 그곳에 점점 가까워질수록 나
는 알 수 없는 그리움이 더해 갔다. 일부러 나의 시선을 호텔과 연
결하려고 노력했기 때문에 그랬는지 건물에서 쉽게 눈을 떼지 못
했다.

　하지만 나는 늙어 약한 의지로 살고 있어 이미 지나간 아름다
웠던 옛 추억이 튀어나오기만 하면 언제나 그리운 감성에 빠진다.
그때 느낀 그리움도 이런 이유 때문이 아닐까 마음속으로 염려했
다. 무엇보다 이런 감성에 빠지게 되면 간혹 고통, 불안, 궁핍과
같은 불편한 감정도 튀어나올 수 있다. 그런 불편한 감정을 현재
의 내 삶에 비춰보고 다시 정체 모를 어두운 삶에 괴로워할지 모
른다는 생각이 들었다.

　집과 사무실을 놔두고 이렇게 먼 호텔에 투숙하려고 한 이유는
연말에 우리 회사가 무역파트너에게 보내야 하는 연차보고서를
내가 영문으로 번역해 작성해야 했기 때문이다.

　비록 상례적인 일이었지만 의식을 집중하기 위해서는 어느 조
용한 곳을 택할 필요가 있었다. 특히 사무실과 주변 사람이 바삐
움직이는 산만한 환경에서 벗어나고 싶었다. 내가 업무를 보는 환

경은 100여 평의 사무실에서 마흔 명이 넘는 직원이 각자의 기능과 책임을 다하기 위해 탁 트인 하나의 공간에 배치된 책상과 비품 사이를 분주히 오가는 곳으로, 정신을 집중할 만한 분위기는 아니었다.

단지 사장실과 나의 작은 사무공간만이 칸막이로 구분되어 있었으나 일반적인 무역회사처럼 계속되는 전신, 전화와 복사기 소리, 직원들이 전화로 상담하면서 발생하는 소리를 피할 도리는 없었다. 나는 일주일에 나흘간 근무하는 조건이었지만 어떤 때는 늦은 밤까지 일에 매달리지 않으면 안 되었다. 거래처가 있는 외국과의 시차 때문이었다.

내가 투숙했던 호텔은 나중에 알았지만 공교롭게도 우리 회사의 하계 수련장이 있는 대천해수욕장에서 북쪽으로 불과 6~7킬로미터 떨어진 거리에 있었다. 그래서 필요에 따라 직원들의 보조 숙박시설로 이용되기도 했다. 숙박료는 일반호텔 요금보다 약 50퍼센트 이상 저렴했다.

호텔 현관에 들어서 초인종을 누르자 전에 보았던 쉰 살이 넘은 주인인 듯한 여인이 나를 기억한 듯 반갑게 맞이했다. 나는 맨 위층인 5층의 방으로 안내되었고 그곳에서 여장을 풀었다.

나는 우선 방바닥에 앉아 방 한구석에 놓여 있는 평상平床 위에 노트북을 올려놓았다. 곧 일어나 겨우 내 몸을 지탱할 만한 작은 크기의 침대 위에 잠시 몸을 뉘었다. 하지만 방 안의 찌든 담배 냄새와 퀴퀴한 이불 냄새는 멀리서 본 이 호텔의 서구적인 아름다운 외모에 비해 너무나 초라했다. 내가 기대한 것과 많이 어긋나 실망감이 들었다.

마치 먼 산을 바라보고 그 너머의 아름다운 곳을 그리다가 도착해보니 별것이 아니라는 것을 알게 되었을 때 실망한 것과 같았다. 너무 실망한 나머지 허망감과 더불어 찾아오는 우울한 정서도 밀려왔다. 하지만 이런 것이 삶의 본질이나 실체가 아닌가 하는 생각이 들면서 다시 마음을 가다듬었다.

이 호텔에는 불과 사나흘 정도 머무를 예정이었다. 이곳에 자작나무 향내를 품기는 고전적인 책상이나 마호가니를 입힌 양팔걸이 의자가 없어도 좋았다. 굳이 그런 것이 없더라도 보고서를 번역할 때 영어와 우리말의 유기적인 그물망을 머릿속에 편안하게 펼칠 수 있고 그 안에서 내가 무난히 의존할 만한 분위기라면 충분히 좋았다.

나는 가져온 보고서와 참고자료 등을 대강 정리하고 바다로 향한 창문의 커튼을 걷어 올렸다. 그러자 바다에서 하얀 포말을 이루며 서로 부딪치는 흰 파도가 보였다. 성난 파도였지만 처음에는 그 물결 소리를 듣지 못하다가 지금부터 내가 해야 할 일에 대해서, 그리고 과거에 익혔던 경험을 현재의 필요에 연결하려고 노력을 기울이자 파도는 더욱 격랑을 이루는 것 같았다.

하지만 나의 기억은 토막토막 나뉜 채 겨우 연결된 것처럼 단절되었다가 되살아나고 어떤 것은 희미한 안개처럼 흐려져 있었다. 이처럼 명멸하는 기억을 순간순간 잡아내어 타인과 공유할 수 있는 언어로 포맷format할 때는, 전에도 그랬지만 이번에도 이 일을 무난히 마칠 것 같다는 예감과 함께, 이것이 번역의 신비로운 일면이 아닌가 하는 생각이 들었다. 또한 새롭게 포맷된 언어와 문장에는 번역자인 나의 의식도 함께 새겨져 있기에 오래전부터 번역을 해올 때면 느꼈던 것처럼 책임감과 자존감의 양심 때문에 불안한 감정도 들었다.

잠시 나는 밖으로 나와 세찬 눈보라를 헤치고 호텔 앞 식당에 들러 간단하게 저녁식사를 마쳤다. 그리고 방으로 돌아와 곧 일을 시작했다. 내가 하는 번역은 문학작품처럼 허구와 사실의 형이상학적인 대립이나 장르의 구분과 같은 어려운 관문을 거쳐야 하는 일이 아니었다. 내 일의 대부분은 관례적인 보고서의 규범을 벗어날 수 없는 단순한 것이어서 작업 진도는 빨랐다.

무엇보다 사무실에서 멀리 벗어나 이곳 호텔에서 일하는 것이 더 효율적이라고 느꼈다. 이곳은 일상의 시간과 환경이 다르고 조용한 벽지에서 오직 미국의 한 거래처에만 시선을 두고 그곳의 일에만 신경을 집중할 수 있기 때문이었다. 그뿐만 아니라 이곳에서는 가정, 직장, 사회에서 나를 결박하는 이들의 시선을 피할 수 있었다. 오직 나 자신밖에 바라볼 것이 없으며 타인에 대한 의식에 연연해하지 않아도 되었다.

비록 초고草稿였지만 자정이 되어서야 겨우 여덟 쪽을 완성했다. 잠시 침대에 누워 어깨를 편 채 방 천장을 올려다본 뒤 다시 고개를 돌려 긴 숨을 내리쉬었다. 그제야 초저녁 밀물 때 그처럼 사납게 내려치던 파도 소리가 나도 모르게 사라진 것을 알았다.

창문 넘어 보이는 바다에는 긴 모래사장이 깔려 있었고 호텔의 바다 쪽 외등의 불빛이 아롱거렸고 그 위에 달빛이 가물거리고 있었다.

달빛 저편의 어둠 속에 무엇이 숨어 있는지는 내가 시인이 아닌 이상 아무것도 알 수 없었다. 그런 공상을 한다는 것마저 아무런 쓸모가 없다는 생각도 들었다. 나에게 가장 그리고 당장 필요한 것은 잃어버린 언어와 지식을 되찾는 일에 전력을 기울여, 보고서를 정확하고 빨리 작성하는 것이었다. 쓸데없는 과거의 일을 환기하는 데 나의 기억을 동원해서는 안 된다는 생각뿐이었다.

어느덧 밤은 더욱 깊어졌다. 자정이 훨씬 넘었다. 하지만 이미 나는 번역에 몰두해 있었고 첫날 목표인 최소 열다섯 쪽까지는 완성해야 한다는 데 모든 의식이 쏠려 있었다. 나는 그렇게 사흘 동안 50여 쪽의 번역문을 완성했다.

번역 작업을 마무리한 다음 날 호텔을 떠나기 전 이른 아침 긴 제방을 홀로 걷고 싶었다. 제방의 중간쯤 걷고 있을 때 나에게 송별인사라도 하려는 듯 갈매기 두 마리가 해안가의 하늘을 배회하다가 어디론가 멀리 날아갔다.

해안에는 먹을 것이 없는데 이들이 어찌 아름다운 비선飛仙의 곡예를 보여주겠는가. 파도는 제 갈 길을 막아놓은 제방을 원망이라도 하듯 더욱 무섭게 몰려와 둑을 내려치며 무엇인가 외치는 것 같았다. 마음속으로 나는 생각했다.

'인간이 유한성을 극복할 수 있는 것은 자연과의 친화인데 어찌면 좋을지…….'

한 중소 수출기업에서의 봉사와 어느 날의 침묵

어느 중소기업 진흥기관으로부터 중소기업에 대한 자원봉사 요청을 받고 한 업체를 도운 적이 있다. 가죽제품 제조와 수출을 전문으로 하는 작은 회사였는데 자금 사정이 매우 취약해 스스로 해외 신시장을 개척할 여력이 없었다. 어쩌다가 회사를 찾아온 바이어의 방문을 받고도 언어소통 문제로 놓치고 있었던지라 구매 잠재력이 있는 바이어를 발굴하는 일은 엄두조차 내지 못하고 있었다.

비좁은 사무실에 널려 있는 가죽제품 원단과 완제품 샘플은 독한 화학물질 냄새를 뿜으며 국내외 고객들이 주문해주기를 기다리고 있었다. 나에게는 견디기 매우 힘든 업무 환경이었지만 일을 시작하자마자 온종일 사무실 한 모퉁이에서 단말기로 세계의 주요 가죽제품 수입업체를 찾아 제품을 소개하고 수입 의사를 타진

했다. 그러는 동시에 국내에서 개최되는 가죽제품 전문 국제전시회와 해외에서 개최되는 몇몇 전시회에도 적극적으로 참가해 바이어를 발굴했다.

하지만 디자인, 제품의 소재와 가격 등 기본적인 거래조건이 불리했던 나는 애써 발굴한 바이어의 요구를 수용하지 못하고 대부분 놓치고는 했다. 그럴 때면 몹시 가슴이 아팠다.

회사를 찾은 바이어와 상담하는 중에 그로부터 구매 잠재력이 엿보이면 예정에 없는 점심이나 저녁식사 자리를 만들었다. 거기에 더해 나의 승용차로 바이어의 방한 중 일정을 도와주기도 했다. 하지만 그로부터 주문이나 그 밖의 보상을 바라지는 않았다. 그래도 바이어를 떠나보내고 난 뒤 혹시 정식 주문 소식이 들리지는 않을까 마음을 졸였는데 수출 현장에서 직접 활동한 사람이라면 나의 심정을 잘 이해할 것이다.

소액이었지만 간혹 수출 상담이 성공해 해외시장 개척의 희망이 생기자 그 회사는 국내 판매에 전적으로 의존하던 기존의 방침을 바꿔 수출 위주로 돌렸다. 하지만 그 회사의 제품은 국내 다른 유사제품과 비교했을 때는 제품 재질과 제조기술 측면에서 우수했으나 해외시장에서는 제품의 다양성과 가격 측면에서 경쟁력이 거의 없었다.

이 때문에 대량 수출 건을 수주하는 경우는 거의 없었으며 대개 건당 천여 달러에서 많아야 만여 달러 정도의 소액 수주만 이어졌다. 회사의 재정은 날이 갈수록 어려워지고 있어 나는 제품 다양화와 가격 경쟁을 위해 과감한 재고 처리, 신제품 개발, 생산비 절감은 물론 전 직원의 세일즈맨 정신 함양을 강력히 주장했고 내가 앞장서 솔선수범했다.

나는 한때 30여 년간 재직했던 수출진흥 전문기관인 코트라에서 정년퇴직한 뒤 다양한 분야의 여러 수출업체를 위해 자원봉사했다. 그런 차원에서 이 회사에서는 정식 고문으로 취임해 처음으로 수출의 총책임을 맡게 된 것이지만, 내가 받은 보수는 실비 외에는 전적으로 무료봉사였다.

2000년대 초반 무렵에는 내가 고문으로 재직한 회사뿐만 아니라 다른 중소기업도 사정은 비슷해 많은 업체가 외부의 도움을 바라고 있었다. 당시 중소기업이 겪은 어려움은 대부분 세계무역기구WTO의 태동과 더불어 급변하는 국제무역 환경에 일찍 대처하지 못한 데 있었다. 경영주가 수년간 유지해온 고유의 본성과 사고를 버리지 못하고 그대로 유지해온 탓이었다.

하지만 다행스럽게도 그 회사의 경영주는 늦게나마 해외시장에 정면으로 대응하지 않으면 안 된다는 각오로 정신과 육체를 함께 내놓았다. 그런 경영주의 모습에 나 역시 감명을 받아 이 회사에 몸을 담게 된 것이다.

나는 매주 나흘간 출근해 소정의 일을 처리했다. 고문의 역할은 수출의 성패를 가늠하는 방향타만을 잡는 것이었으나 실제로는 회사 직원 한 명과 함께 실무 일선에서 뛰어다니지 않으면 안 되었다. 해외 전시회에 참가해 현지 바이어와 상담할 때도 동행한 직원과 함께 무거운 샘플 가방을 들고 이곳저곳을 찾아다녔다.

이렇게 내가 뛰어다닐 수 있었던 동력은 30여 년간 근무했던 코트라에서 얻은 육체와 정신적인 불꽃이 아직 꺼지지 않고 습관적으로 남아 있었던 덕분이라고 나 스스로 생각했다. 또한 코트라에서 가난한 중소기업들이 해외시장을 개척하는 일을 숱하게 도운 결과 이들 중 한 곳에서라도 큰 거래가 성사되었을 때 누렸던 쾌감과 내 몸 깊숙이 박혀 있던 승리감이 누적되어 지워지지 않아 그렇게 뛰어다녔는지 모른다.

사무실에 들어와 잠시 자리에 앉아 있을 때도 순간순간 이메일이나 팩스로 거래 문의가 내도하면 즉각 회신했다. 그중 어떤 거래 문의는 즉각적인 회신과 함께 주문한 품목별 가격을 산정하고 인도 조건을 명시해야 했다. 그런데 이런 사항은 반드시 사장의 최종 결재가 필요하기에 사장이 외출했을 때는 그를 기다리느라고 노심초사할 때가 많았다.

나는 어느 날 중동中東에 있는 유명한 백화점에서 그 회사 최초로 약 5만 달러에 달하는 큰 주문을 받았다. 그 뒤 석 달여 동안 중동의 수입상과 거래조건을 협의하고 몇 가지 조건을 수정한 다음 최종적으로 협약을 체결했다. 그러고 나서 수입상이 신용장을 개설해주기를 손꼽아 기다리고 있었다.

하지만 약속했던 한 달이 다 지나가는데도 신용장을 개설했다는 통지를 받지 못하자 마음이 몹시 초조해졌다. 지연되는 사유를 전화로 문의할 때마다 수입상은 오늘내일 회피하고 있었다.

정신적인 압박감에 시달리던 나는 아픈 머리를 식히고 싶어 어느 날 무작정 사무실 밖으로 뛰쳐나왔다. 회사 건물 앞에 주차된 차를 몰고 교외로 나갔다가 평소 주말이면 가족과 간혹 머물고는 했던 강화도의 석모도를 향해 방향을 돌렸다.

약 한 시간 반 만에 드디어 석모도행 카페리car ferry 선이 출발하는 강화도의 외포리 항에 도착했다. 나는 곧 차와 함께 배에 승선했다.

단조로운 카페리 철선은 물살을 헤치고 나갔지만 엔진이 내는 심한 소음에 낭만감은 가질 수 없었다. 그렇게 엔진 소음에 갇혀 일파만파처럼 지나간 나의 삶과 수입상이 개설할 신용장에만 정신을 쏟고 있었다. 그때 배가 출항한 지 10여 분 만에 어느덧 석모도 선착장에 도착했다.

선장이 선착장에서 배를 부두에 정착하기 위해 육중한 쇠뭉치 같은 프로펠러를 강력히 역회전하자 바다 밑에 웅크리고 있던 흙탕물이 위로 소용돌이쳤다. 내 눈에 그 광경은 웬일인지 우리의 삶 속에 묻혀 있던 불순물과 재난이 모습을 드러내는 것 같아 보여 씁쓸했다.

드디어 배가 부두에 닿자 배에서 내려 도선장 출구로 차를 몰왔다. 그러다가 아스팔트 도로에 잠시 차를 세우고 조금 전에 썰물이 빠져나간 길 양쪽의 바다를 보았다. 바다 근처 갯벌을 바라보며 그곳에 사는 생물은 모두 절멸했을 것이라고 생각했으나 한참 동안 찬찬히 들여다보자 여러 잡게가 사는 것이 보였다. 인간의 삶의 조건과는 매우 다른 오직 자연에서만 찾아볼 수 있는 현상이어서 특별히 그곳에 눈길이 갔다. 갯벌 주변에는 아무것도 없어 무소유의 텅 빈 마음일지 모르나, 잡게들은 통통하게 살찐 것이 무언가 포만감에 취한 듯 구멍인 자신의 집 앞에 머무른 채 꿈쩍하지 않고 있었다.

잠시 뒤 나는 해안도로를 따라 전에 지나다니던 큰 산사가 있는 방향으로 약 20분간 차를 몰았다. 산사 입구 앞의 도로에 이르렀을 때 해는 이미 서산 뒤로 기울고 있었다. 하지만 나는 자주 다니던 산사 인근 B농장의 펜션을 향해 계속해서 차를 몰았다.

10여 분 뒤 드디어 펜션에 도착하자 수년간 알고 지냈던 농장주인이 나를 반갑게 맞이했다. 주인은 바다가 내려다보이는 방 한 칸을 나에게 마련해주었다. 안내된 방은 내가 무엇을 생각하든 정신적인 집중에 몰두하기에 적합한 장소였다. 약간 멀리 보이는 바다와 내 방이 있는 곳의 중간에는 각종 나무가 우거져 있고 숲에서는 여러 새가 지저귀고 있어 마치 밀림의 산장에 홀로 떨어져 있는 것처럼 느껴졌다.

하지만 달리 생각해보니 숲의 모습은 도시에서 접하는 무수한 이들의 얼굴 같기도 해서 여기에서조차 나는 사람들의 여러 모습에서 벗어나지 못한다는 생각이 들었다. 그와 동시에 이미 나는 도시에서 떠밀려버린 존재 같다는 생각까지 갖게 되자 문득 쓸쓸한 느낌이 밀려왔다.

나는 잠시 밖으로 나와 누렇게 물든 숲의 산책길을 따라 걸었다. 숲으로부터 뿜어 나오는 흙과 자연의 냄새가 코에 스며들었다. 잠시 뒤 숲의 맨 끝에 이르자 널리 펼쳐진 서해 바다 위에 석양이 깔리고 약간 오른쪽으로 보이는 무인도인 섬돌모루 섬 주변으로는 어느덧 흑갈색의 갯벌이 석양에 반짝였다. 사무실에서 뛰쳐나와 그때까지 지워지지 않았던 모든 잡념을 나는 그제야 버릴 수 있었다.

그곳은 내가 맞댈 수 있는 대상은 아무것도 없는 갯벌이었다. 더는 떠밀려갈 곳도 없이 썰물이 나간 뒤에 갯벌 한가운데 박혀 있는 듯한 섬돌모루 섬만이 보였다. 오래전에 그곳에는 작은 모터보트가 운항되었고 주말이면 가족과 함께 자주 다니던 콘도미니엄이 있던 장소이기도 했다.

코트라에서의 마지막 해외 근무지였던 스웨덴 스톡홀름 무역관 근무를 마무리한 어느 날, 오랜만에 석모도 선착장에 가보았다. 하지만 내가 찾던 4층 높이의 콘도미니엄은 온데간데없이 보이지 않았다. 어떤 연유에서인지는 모르나 그곳은 이미 오래전에 폐쇄되었고 건물도 철거되었다는 주민들의 전언만 있을 뿐 그 이유를 알 길이 없었다. 나는 오직 내 삶의 안식을 추구하는 리듬이 끊긴 것 같았고 어찌해야 좋을지 몰랐으며 왠지 치밀어 오르는 분노만을 추슬러야 했다.

하지만 분노는 쉽게 가라앉지 않았고 나는 어찌할 바를 모르고 있었다. 마침 썰물 때라 물이 거의 다 빠져나간 갯벌 사이사이에 구불구불 움푹 팬 물곬에 미처 빠져나가지 못한 바닷물이 졸졸 흐르는 것만 눈에 들어올 뿐이었다. 아마도 내가 본 썰물은 바다로 향하는 지름길을 찾는 중인 것 같았고 나 역시 사색을 통해 분노를 삭일 내면의 길을 찾아 마음을 가다듬는 것이 상책이라는 생각이 들었다.

다음 날 아침 밝은 햇살이 커튼을 뚫고 들어온 듯 방을 환하게 비추었다. 나는 곧 일어나 세수하고 사무실에서 입던 정장 차림 그대로 밖으로 나가 차를 몰고 산사 앞 주차장으로 달려갔다. 이른 아침 산사 주변의 새들은 언제 새벽의 배고픔을 달랬는지 나무 사이에서 부산을 떨고 있었다. 멀리 보이는 바닷가의 갈매기들은 방금 썰물이 빠져나간 갯벌 위에 널린 고기와 조개로 포만의 아침을 끝낸 듯 깃털을 다듬고 있었다.

아름다운 풍광과 자연의 덕성을 보고 있자니 저절로 시상詩想이 떠오르는 것만 같았다. 하지만 매 순간마다 생각나는 사무실에 남겨 놓은 기약 없는 신용장 개설과 긴박감 그리고 어제 느낀 섬돌 모루의 악몽 때문에 어떤 감흥도 일지 않았다.

나는 등산화도 없이 넥타이를 풀고 겉저고리는 팔에 걸친 채 가파른 언덕을 힘겹게 걸어 산 정상까지 올랐다. 산에 오르는 동안 나를 감싸고 있던 모든 갈등은 하나의 시련으로 보고 극복할 수 있다는 각오를 다지고 싶었다. 하지만 어느 순간 이렇게 각오를 다지는 일도 나에게 유리한 측면에서 스스로 위안하고 희열을 얻는 것에 불과하다는 생각이 들었다. 그러자 하고 있던 등산마저 무의미한 것처럼 느껴지기도 했다.

잠시 뒤 처음 올랐던 길을 따라 내려오다가 산사 쪽을 향해 길을 바꾸었다. 그러자 난데없이 루이지 보케리니Luigi Boccherini의 첼로 삼중주곡이 산사 쪽에서 은은하게 들려왔다. 서양의 고전음악이 적막한 동양의 산사와 주변 자연과 잘 어울리는 모습을 보며 나는 위안감과 기쁨을 느꼈다. 서로 문화는 다르지만 본질과 형상은 같은 것이 아닌가 생각했다.

한동안 걷던 중에 산사의 법당 바로 앞에 이르자 음악 소리는 보다 선명하고 영롱하게 들렸다. 음악이 흘러나오는 법당 왼쪽의 사랑채 문에 '찻집'이라고 쓰인 쪽지를 보고 그 안에 들어갔다. 내가 인기척을 내자 소복 같은 하얀 겉저고리에 회색 법복法服 바지를 입은 중년 여인이 나를 맞이했다.

그녀는 내가 앉은 탁자 건너편에 무릎을 꿇더니 탁자 위의 촛불을 밝혔다. 그러더니 다시 일어나 간이주방 쪽으로 가서 냉수 한 컵을 들고 돌아와 탁자 위에 놓으며 물었다.

"어떤 차를 드시겠습니까? 메뉴는 저기 벽에 붙어 있습니다."

나는 쌍화차를 주문한 뒤 주변을 살펴보았다. 마침 음악은 멈춰 있었고 주위는 적막하리만큼 매우 조용하고 엄숙한 분위기였다. 한참 뒤 그녀는 차를 들고 돌아와서 무릎을 꿇고 탁자 위에 내려놓으며 물었다.

"입고 계시는 옷차림을 보니 등산을 하기 위해 오신 것 같지는 않고 그렇다고 산사에 일이 있어 오신 것 같지도 않은데……. 제가 도와드릴 일은 없는지요?"

나는 사무실을 박차고 어제 여기까지 오게 된 동기를 이야기했다. 그녀는 이 산사의 보살 중 한 사람이라고 자기를 소개하면서 자신이 불자佛子가 된 사연을 간단히 말했다.

"세상에서 내가 좋아하는 것은 내 것이 안 되고 결국 떠나가게 될 뿐……. 그래서 모든 것을 비울 수 있는 이곳이 가장 편안했습니다."

나는 차를 다 마신 뒤 잠시였지만 보살님이 나에게 쏟은 따뜻한 대접에 감사하다고 말하고 자리에서 일어났다. 보살님도 같이 일어나 법당에서 내려오는 길목까지 나를 배웅해주었다.

엄숙한 마음으로 내려가는 비탈길은 산 아래에서 산사로 올라오는 인파로 가득 메워져 있어 나는 간혹 발걸음을 멈춰야 했다. 사람들은 가파른 산사로 오르는 것이 힘든 듯 가쁜 숨결을 마구 쏟아내고 있었다.

나 역시도 약간 피곤해 길옆 한곳에 쓰러진 고목 위에 잠시 몸을 붙이고 앉아 있었다. 그때 난데없이 부스럭거리는 소리와 함께 다람쥐 한 마리가 내 앞에 나타나더니 한참 동안 나를 의식한 뒤 조용히 숲으로 사라졌다. 다람쥐의 맑고 검은 눈은 조금 전에 만난 보살님의 눈과 같아 보였다. 나는 내 눈이 닿는 곳이나 만나는 것은 거침없이 그 속살을 내보이고 의식을 불러오는 것처럼 느껴졌다. 하지만 이를 잘못 보는 한계를 극복하지 못한 것은 아닌지 다시 생각해보았다.

다음 날 사무실로 출근하자 중동의 백화점에서 보내온 팩스가 내 책상에 놓여 있었다. 팩스를 읽어보니 일주일 안에 반드시 신용장을 개설하겠다는 내용이었고, 그동안 소식이 늦어 미안하다는 말도 섞여 있었다.

그 뒤 회사는 해당 수입상으로부터 신용장을 받았고 주문받은 제품의 생산에 돌입했다. 그러던 어느 날 나는 갑자기 회사를 떠나지 않으면 안 될 부득이한 사정이 생겨 그곳을 도운 지 3년여 만에 떠나야 했다.

내가 떠난 뒤에는 회사가 해당 수출 건을 어떻게 처리했는지 관심을 둘 수가 없었다. 다만 긴긴 해외여행 중에 그 일이 무사히 끝을 맺었다는 소식을 간접적으로나마 듣고 안심했다.

그 뒤부터 등산이나 간단한 산책을 할 때마다 나 개인의 삶에서나 사무실에서 복잡한 사건, 문제 등에 직면하게 되면 나 본연

의 모습을 발견하려고 노력한다. 내면에서 침묵으로 이를 극복해
나갈 길을 더듬어보는 습관을 갖게 된다.

백합화의 추억과 친절의 교훈 5

    여든 살 나이를 넘기게 되자 나는 정말로 늙었구나 생각한 적
이 한두 번이 아니다. 자유롭지 못한 지체 탓이기도 하지만 삶에
서 겪는 고통을 정복하는 일도 이제는 실패할 수밖에 없다는 강박
관념 때문인 것 같다. 하지만 매일 아침저녁으로 절뚝거리는 걸음
으로 내가 사는 아파트 주위를 맴도는 산책은 거르지 않는다.

    어느 날엔가 산책을 하는 중에 5년 전 내가 집 앞 잔디밭 한곳
에 심은 백합화 앞에 서서 이 일, 저 일 잡다한 생각에 잠기게 되
었다. 그러자 비록 환영이었지만 거의 70년 전 내가 열 살 때 이웃
집에 살던 '영관'이라는 이름의 인물이 불쑥 앞에 나타났다.

    나의 의식이 백합화를 통해 그를 불러낸 셈이었지만 만약 그가
지금도 살아 있다면 나의 선망羨望과 합쳐져 그가 환영으로 나타
난 것은 아닌지 신비스럽다는 생각을 하게 된다.

    사실 그에 대한 심층적인 그리움이 없었다면 환영도 떠오르지

않았을 것이다. 내가 열 살 때 그는 열여섯 살이었다. 영관이 형의 집은 가난했기에 중학교에 진학하지 못하고 홀아비인 부친과 함께 단 둘이 작은 초가집에서 살고 있었다.

일제가 식민통치하던 그때 영관이 형은 삶의 의식을 세속으로부터 거리를 둔 듯 집에 파묻혀 내가 이해할 수 없을 정도로 거의 온종일 어느 곳에 시선을 고정한 채 연필로 드로잉drawing했다. 그의 그림은 대부분 추상화였던 것 같다. 사정없이 도화지에 그림을 휘갈기던 열정의 속사정을 알 수 없어 매번 그의 등 뒤에서 보고만 있다가 말없이 집으로 돌아오고는 했다.

어느 날엔가 영관이 형은 집 앞 잿간 옆 언덕 위에 핀 백합화를 연필로 스케치하고 있었다. 집 토담에 등을 기대고 앉아 간혹 솔솔 불어오는 바람에 미세한 재 가루가 얼굴을 스쳐도 아랑곳하지 않았다.

잿간은 주민들이 밥을 지을 때 부엌 아궁이에 나뭇잎, 볏짚, 마른 풀을 태워 나온 재를 한 모퉁이에 쌓아 놓은 곳이었다. 이렇게 모은 재는 농사철에 밭에 거름으로 썼다. 재는 밀가루처럼 미세해 바람이 약간만 불어도 사방에 날리고는 했다. 불행하게도 잿더미가 영관이 형의 집 바로 앞에 들어서 있어 그곳은 더욱 심했다.

원래 통 말이 없던 그에 대해 지금 생각해보면 자신의 입지가 어떻든 세속에 수동적으로 예속하지 않겠다고 다짐한 사람이어서 그랬던 것 같았다. 그런 그가 어느 날 백합화의 스케치를 거의 끝낸 뒤 나를 향해 고개를 돌리더니 언덕 위의 백합꽃을 가리키며 그 종류를 아느냐고 물었다. 내가 모른다고 대답하자 자신도 저 꽃의 종류는 모르지만 자신이 아는 수십 종류의 백합꽃 중 가장 아름답고 야심을 불러오며 당당하게 솟아나는 기백과 향이 있는 것 같다고 설명했다.

이어 그는 이 백합꽃을 두고 지난해 어느 집 울타리에 아무렇게나 박혀 있던 여러 개 중에서 뿌리를 하나 얻어다 심은 것이라고 했다. 꽃이 매우 크고 꽃대가 두꺼우며 색은 크림색, 속의 순은 빨강색이었던 것 같다. 바로 내가 지금 사는 아파트의 한 공간에 심었고 내 눈 앞에 피어 있는 카사블랑카Casablanca 종류의 꽃이 아니었을까 싶다.

영관이 형의 환영을 보며 새삼스레 나의 골수 깊은 심연에 잠들어 있던 향수鄕愁가 늙어 메마른 감성에 무언가 향기를 불어넣는다. 영관이 형의 환영은 추억이 되어 산책길에 선 나의 발걸음을 그리움으로 휘청케 하는 것 같다.

사방의 풀, 이름 모를 야생화와 나무 잎새는 백합화의 향기가 불러온 낭만에 취한 듯 미풍인데도 산들거린다. 비록 환영이지만 그리움에 따른 해후는 원천적으로 서로 밀접하게 연관되어 뗄 수 없는 어떤 초월적인 힘을 과시하는 것 같다.

1944년 그때 우리는 일제의 식민지배로 거의 모든 국민이 풀죽을 먹거나 청주회사에서 술을 빚고 버린 주정찌끼로 연명했다. 형편이 좀 나은 사람들은 보리밥이나 잘 정제되지 않은 밀가루 국수 등을 주식으로 먹었다.

영관이 형의 집은 너무 가난해 우리 집 바로 뒤 야산에 사람들의 발길로 들쭉날쭉 조성된 길옆 한곳에 자리 잡고 지어진 초가삼간이었다.

그 집에서 불과 10여 미터 떨어진 곳에는 시게무라重村라는 이름의 일본 농민이 철조망으로 둘레를 쳐놓은 4만 평쯤 되는 농장이 있었다. 시게무라의 농장에서는 당시 군산에서 살던 일본 주민의 주요 생활식품인 배추, 무, 파, 딸기, 수박 등의 농산물을 재배했다. 지금도 일본인에게 쇼핑마트로 친숙한 미나카이三中井라는 곳에 납품하고 있었다.

시게무라 가족은 매우 부유했고 화려했고 사치스러웠다. 시게무라 가족은 외출할 때 대부분 우리 동포가 끄는 인력거를 이용했다. 청명한 날씨에 그 집의 여성들은 화려한 기모노 의상, 화장기가 짙은 하얀 얼굴, 굽이 높은 목재 게다 신발을 신고 마치 얼음 위를 미끄러질까 조심하며 걷는 듯한 종종걸음으로 걸었다. 그 집 자녀들은 어디로 가게 되든 귀한 자신의 몸에 때가 묻을까 걱정되었는지, 아니면 마을 주민과 마주치기를 꺼렸는지 주로 한적한 영관이 형의 집 앞이자 우리 집의 뒷길로 다녔다.

일본인들의 삶은 하늘처럼 푸르고 높으며 의심할 여지없이 행복하고 영원할 것 같았다. 지금 회상해보면 일본인들은 언제나 똑같은 모습으로 영원히 행복할 것이라고 믿었을 것이다. 하지만 제 2차 세계대전에서 일본이 패전하고 1945년 8월이 지난 어느 날 축축이 비가 쏟아지는 중에 시게무라 가족은 손가방 몇 개와 입은 옷만 달랑 걸치고 급히 도망쳐야 했다. 바삐 걷는 그들의 모습을 군산 사람들은 아무런 말없이 지켜보고 있었다.

그때 나는 매우 어렸기에 야만스러운 도서인島嶼人인 일본인들이 침략으로 우리 땅을 짓밟고 노략질로 부귀영화를 누렸다는 것을 인식하지 못했다. 하지만 고교 시절부터 성년이 될 즈음에 일제의 패망과 우리의 해방처럼 역사는 만사에 지속성을 보장해주지 않는다는 사실을 학교 선생님에게서 은연중에 들었다. 선생님은 역사는 믿었던 사람에서부터 땅의 풍경까지 변하게 하고 일상의 세계마저 변하게 한다고도 했다. 선생님의 말씀을 듣고 나서 이미 지나간 일본의 제국주의 시대를 되돌아보게 되었다.

일제에게서 해방되기 전 1944년의 어느 때였는지는 정확히 기억나지 않는다. 영관이 형은 그의 아버지가 새벽에 이웃으로 농사일을 도우려고 나가면 언제, 어떻게, 무엇으로 세 끼 식사를 해결하는지 몰랐다. 그래서 간혹 나는 무턱대고 영관이 형을 우리 집으로 데리고 와서 국수, 빵, 보리밥 등을 함께 나눠 먹었다.

어떤 때는 내 어머니가 만든 주정찌끼 죽을 먹고 취해 우리 둘다 온종일 잠을 잔 적도 있었다. 일본어로는 사케さけ, 한자로는 상표명인 정종正宗으로 주로 알려진 이 술은 우리에게 금쪽같던 쌀

을 가져가 만들었다. 그러고 나서 주정 과정에서 버려진 술찌끼를 우리에게 식량 대신 배급했다. 하지만 이것마저 우리 집은 벼농사로 수확한 쌀을 강제 공출供出로 내놓았기에 그 대가로 받은 것이었다.

영관이 형의 아버지는 우리 집과 또 다른 대농의 집에서 농사일을 돕고 살았으며 어머니는 안 계셨다. 그래서인지 그의 얼굴은 항상 우울했다. 겨울을 제외하고 날씨가 좋으면 집 밖으로 나와 토담에 등을 기대고 그림을 그리고는 했다.

우리 마을은 집이 10여 채뿐인 작은 동네였고 지금 생각해보면 일제의 심한 압제와 굶주림에 모두 지친 듯 항상 고요했다. 하지만 군산비행장과 매우 가까운 거리에 있어 거의 매일 하늘마저 찢어버릴 듯 일본군의 전투기 소음이 시끄럽게 들려왔다. 그 소음으로 집집마다 방문房門의 창호지가 마치 주민들이 분노에 치를 떨듯 떨리고는 했다.

창호지로 바른 문이 심하게 떨리는 통에 갓난애들은 자주 잠에서 깼다. 마을 안 한두 집에서는 항상 갓난애의 애절한 울음소리가 끊이지를 않았다. 이 때문에 순간순간 젖을 빨려야 하는 아낙네들은 아예 아이를 포대기로 들쳐 업고 일터로 나갔다. 이로 인한 아픔으로 이루 형언할 수 없는 고통에 힘들어하는 모습이 어린 나의 눈에도 들어왔다. 강렬한 햇볕이 쏟아지는 무더운 늦봄이나 여름날 일본인 시게무라의 농장에서 웅크리고 앉아 풀을 베거나 가을에 추수를 돕는 수많은 여인네의 틈에서 흔히 볼 수 있는 광경이었다.

1944년 봄 어느 날 나는 학교에서 돌아오자마자 영관이 형의 집에 가보았다. 그는 집 밖 토담에 등을 기댄 채 멍청히 하늘을 쳐다보며 무언가 어두운 표정으로 사색에 잠긴 듯했다. 인기척을 내자 기다렸다는 듯이 자리에서 일어나 나의 팔을 잡더니 그가 항상 앉아 그림을 그리던 땅바닥에 앉히며 말했다.

"학교 잘 다녀왔어? 음, 오늘 파출소에서 순사 한 사람이 오더니 나에게 징용 소집장을 놓고 갔는데, 소집장에는 다음 주 월요일…… . 음, 아직 사흘이 남았는데…… . 구암동 공설운동장에 아침 열 시까지 출두하라는 거야."

그 말에 나는 웬일인지 눈물이 왈칵 쏟아졌다. 영관이 형은 "왜 울어?"라고 물었다. 하지만 나는 아무런 말없이 더욱 눈물을 쏟다가 잠시 뒤에는 소리를 내 울었다. 영관이 형은 나의 어깨를 감싸면서 말했다.

"울지 마! 모두 예상했던 일인데. 나는 죽지 않아."

어린 나는 어찌할 바를 몰라 눈물만 흘리고 있다가 이 일을 어머니에게 알릴 생각으로 급히 집으로 돌아왔다. 어머니는 나에게서 영관이 형의 소식을 듣자 한숨을 길게 쉬면서 말씀했다.

"왜놈들, 참 못되었어! 어린것까지 끌어다 어데다 쓰려고…… . 쯧쯧…… . 죄받을 거야!"

그렇게 한탄하고 더는 아무런 말씀 없이 하던 일을 계속했다. 그때도 나는 일본의 '천황 통치'라는 말의 뜻을 누님으로부터 대강 들어 알고 있었다. 학교에 등교해도 천황을 숭배하라거나 미국과의 전쟁(제2차 세계대전)에서 용감한 일본군이 매일 승리하고 있다는 식의 일본에 대한 충성과 세뇌 교육을 배웠다. 하지만 그 밖에 셈본(수학)을 배우거나 운동장에서 제식교련을 배우는 것 말고는 딱히 배우는 것이 없었다. 나는 천황에 대한 신비감은 전혀 느끼지 못했다.

그날 밤 나는 영관이 형의 소식을 둘째 누님에게도 알렸다. 그러자 누님은 입에 손가락을 대고 조용히 말했다.

"왜놈들이 이제 막판에 이른 것 같애. 나이 어린 애들까지 강제 징용으로 잡아가는 것을 보니 말이야. 그동안 얼마나 많은 우리 백성이 잡혀가 죽었는지 너는 모를 거야. 우리는 하루 속히 독립해서 왜놈들에게 복수해야 해!"

어른이 되어서 한때 나는 일본이라는 나라는 야만적이거나 아니면 악마의 소굴이고 일본인은 악마 자체라는 생각을 한 적도 있었다. 대학 시절에는 책을 읽으며 1592년에서 1598년까지 임진왜란 동안 왜놈들이 우리 백성을 남녀노소 10만 명 이상 포로로 잡아갔다는 사실을 알게 되었다. 이것도 부족해 근대인 1910년 일제강점 이후 35년간 우리 강토를 점령하고 노략질했으며 부녀자는 성노예로, 청년은 물론 청소년까지 징용, 징집, 강제적인 자원

형식을 빌려 끌고 간 것을 역사를 공부하며 알게 되었다.

1944년 영관이 형이 징용장을 받은 지 이틀쯤 지난 어느 날, 형과 형의 아버지가 우리 가족의 초청으로 저녁을 함께했다. 일종의 송별회 같은 모임이었다. 식사를 마친 뒤 영관이 형은 내 오른팔을 껴안고 부모님들의 말씀에 귀를 기울였다. 이어서 모두 그의 무사 안녕과 귀환을 빌며 헤어졌다.

다음 주 월요일 영관이 형이 떠날 예정이던 날 나는 학교에서 집으로 급히 돌아왔다. 그렇게 오자마자 그의 집에 들렀지만 집은 텅 비어 있었고 영관이 형이 쓰던 도화지와 색연필만이 밥상으로 쓰던 탁자 위에 가지런히 놓여 있었다. 태어난 이래 나는 그때처럼 외롭고 그리운 감정을 느낀 적이 없었다. 두 뺨에 눈물이 흘러내려 손등으로 닦았다.

그런데 진리는 변함없고 의심할 필요도 없다는 듯 1년 뒤인 1945년 8월 15일에, 그리고 다시 보름 뒤인 9월이 되어 내가 초등학교 4학년이 될 즘 우리는 광복을 맞았다. 전국에서 남녀노소 할 것 없이 모두 거리로 쏟아져 나와 환희로 열광했다.

나 역시 나이 어린 철없는 시절이었지만 그동안 보고 겪은 크고 작은 경험이 잊을 수 없는 원망으로 남아 되새기고 있었다. 그러던 1947년 어느 가을날 갑자기 영관이 형이 산뜻한 카키색 군복에 황금색의 각종 군장을 가슴에 달고 마을에 나타났다. 그는 미군의 군무원이 되어 있었다.

근엄한 모습의 영관이 형은 나를 보자마자 두 팔로 껴안더니 나의 뺨에 입술을 대고 연신 키스했다. 살아서 돌아온 그의 귀환이 얼마나 기쁘던지 나도 그의 팔에서 빠져나오려고 하지 않았다. 우리 둘은 한참 동안 그대로 있다가 주위의 조롱 섞인 만류 소리를 듣고서야 겨우 떨어졌다.

잠시 뒤 영관이 형은 그가 항상 등을 대고 그림을 그렸던 집 토담 앞으로 나를 데리고 갔다. 하지만 그곳의 백합화는 이미 사그라진 지 오래였고 우람한 꽃대만이 장엄하게 서 있었다.

그는 한참 뒤 주술을 외우듯 혼자 중얼거렸다.

"고향을 떠나 어려움에 처했을 때도 언제나 먼저 떠오르는 것은 백합꽃이었다. 이상하게도 이 꽃을 통해 매번 귀향의 희망과 용기를 얻었지!"

우리 둘은 그의 집으로 들어가 마루에 걸터앉아 이야기를 나누었다. 영관이 형은 징용되던 날 2000명이 넘는 다른 청년과 함께 군산에서 거의 온종일 기차를 타고 부산까지 내려갔다고 한다. 그 뒤 부산에서 다시 배를 타고 일본의 시모노세키下關 항에 도착했다. 일본에서 다시 하룻밤을 지새운 뒤 남양군도의 사이판으로 이송되었다는 것이다.

영관이 형은 신체검사를 받은 뒤 불과 몇 명의 장정과 함께 식당, 포로수용소, 부대 본관의 청소와 경비, 잡일 등의 분야에 배치되었다. 이런 분야에 배치된 이들은 영관이 형처럼 대부분 연소한 사람들이었다. 영관이 형이 배치된 곳은 포로수용소였다. 다른 사람들은 신체 등급에 따라 전투병이나 공병 등 위험하거나 힘든 분야로 갈라져 배치되었다고 했다.

인간은 스스로의 사고와 행동에 따라 운명이 결정된다지만 영관이 형은 어떤 의식이나 희망을 가져본 적이 없다. 그런데도 운명은 왜 그에게 편한 옷을 걸쳐주었는지 모를 일이었다. 영관이 형이 전투병이나 공병으로 분류되지 않은 것은 그나마 다행스러운 일이었다.

그렇게 영관이 형은 어느 포로수용소에서 일했다. 그와 일본군 열두 명 등 모두 합해 불과 열세 명이 관리하는 다섯 동棟의 수용소에는 200여 명의 미군 포로가 있었다. 그들 대부분은 미군 공군 장교로 전투 중에 비행기에서 추락해 포로가 된 사람들이었다. 그 밖에 몇몇 해군 장교도 수용되어 있었다고 했다.

이들 중 해군 장교들은 전투 중 배가 파손되어 포로가 된 경우로 대부분이 전상자戰傷者였으며 지체도 자유롭지 못한 경우가 많았다. 더욱 안타까웠던 점은 포로들 거의 모두가 영양실조 상태였고 몰골이 엉성했으며 걷기조차 힘든 경우가 대부분이었다는 것이다.

미군 포로와 영관이 형은 의사소통이 전혀 되지 않아 손짓과 발짓으로 그들을 도왔다고 한다. 그전에 일본군들이 포로들을 구타하고 굶기고 고함을 치던 것과는 달리 영관이 형은 온화한 몸동작과 미소로 그들을 대했다. 또한 그는 지난날 자신이 끼니를 굶고 배고팠던 시절을 떠올리며 일본군의 감시를 피해 포로에게 그가 할 수 있는 최대한으로 좋은 음식과 약품을 지급했다. 잘 걷지 못하는 포로의 목욕까지 도와주었다고 한다.

포로에게 감시가 아닌 도움을 주던 어느 날 영관이 형은 일본의 패망 소식을 들었다. 그와 동시에 일본군들은 일시에 소식도 없이 모두 사라졌다고 한다.

그 뒤 미군 포로에 대한 영관이 형의 용감한 헌신과 봉사가 섬을 접수한 미군 당국에게 알려졌다. 미국 정부는 형과 형의 아버지에게 미국 시민권을 부여하며 미국에 정착하는 데 필요한 모든 경제적인 지원을 해주었다. 영관이 형에게는 대학을 졸업할 때까지 장학금을 지원하기로 하고 그를 당분간 미군 군무원으로 채용했다는 것이 그동안의 이야기였다.

영관이 형은 나에게 말했다.

"불쌍하게 여겼던 수용소의 미군 포로를 돌본 것은 인간정신의 발현에 불과한 당연한 일이었는데 이처럼 큰 은혜를 입었다. 나는 초등학교를 마친 수준에 불과한 무식한 청년이었지만 어디에서 그 같은 지혜와 용기가 발생했는지 나 자신도 잘 모르겠어!"

그는 집으로 돌아온 뒤 아버지와 함께 어느 미군 부대에서 대기하다가 두세 달쯤 지나 미국으로 가서 영원히 고국으로 돌아오지 않았다. 그가 떠나고 난 뒤 어느 날 나는 백합화 뿌리를 캐다가 우리 집 장독대 근처의 접시꽃 옆에 묻어놓았다.

그 뒤의 일은 우리 집도 이사를 가고 난 뒤라서 모두 잊어버렸고 지금은 기억도 잘 떠오르지 않는다. 단지 때늦게 집 앞 화단에서 백합화를 보고 나서야 그의 얼굴을 더듬지만 이제 무슨 소용이 있으랴.

다만 인간은 가난 때문에 고초를 겪는다고 해도 향기로운 인간 정신을 계속 유지할 수 있다면 또 다른 인간이나 또 다른 세계와 관계를 맺을 수 있는 것이 아닌가 생각할 따름이다.

나중에 돌이켜보면 나는 그때 영관이 형으로부터 어떤 큰 영감을 받았던 것 같다. 그 뒤 나라 안에서나 밖에서나, 특히 해외에서 내가 활동하며 알게 된 경제계 인사와 내가 해외에서 주재하는 동안 알게 된 지역 주민에게 나 자신이 할 수 있는 한 최대의 친절 hospitality을 베풀었고 헌신적인 관계를 유지했다. 그 덕분인지 이들의 도움으로 나는 업무적으로도 많은 성과를 올릴 수 있었다. 이처럼 영관이 형은 내가 인생을 헤쳐 가는 데 큰 교훈을 남겼다.

노년의 핀란드 자연인과 외로운 해녀

프린터에서 막 빠져나온 인쇄물 한쪽에 내가 잘못해 마시고 있던 커피 한 방울이 떨어졌다. 이쯤은 괜찮을 것이라고 생각해 얼룩이 난 그대로 원고를 청탁한 어느 계간 잡지사에 팩스로 보냈더니 이메일로 다시 전송해달라는 요청을 받았다.

처음에는 얼룩이 묻은 부분을 바꾸지 않고 인쇄물을 그대로 보냈기 때문인 줄 알았다. 그래서 나의 조그마한 잘못에 벌을 받은 것까지는 아닐지라도 좌우간 응징당하는 기분으로 그들이 하라는 대로 따랐다.

원고지에 떨어진 커피 한 방울이 종이에 자국을 남긴 것처럼 내 얼굴에도 태만을 상징하는 지워지지 않을 어떤 낙인이 찍힌 것 같아 참으로 무색해졌다. 이 일로 인해 그들이 나를 늙어서 어물쩍해진 사람으로 낙인을 찍어버리면 자연적으로 그들과 나와의 연고마저도 끝날지 모른다는 염려가 들기도 했다. 그러지 않아도 세상과의 인연이 하나둘씩 끊어지고 있는 마당에 나에게는 이것 또한 하나의 재앙이 될 수 있지 않겠는가.

이제 나도 여든 살을 넘기며 더욱 연로해져 그러는지 머릿속에 간직한 산만한 영상을 지우지 못하고 그대로 둔 채 무언가 어물쩍한 생각에 빠질 때가 있다. 앞으로도 매사에 이와 비슷한 실수를 저지르며 보내게 된다면, 그럴수록 더욱 내 입장은 곤란해지고 크든 작든 나에게 닥칠 어떤 위기에도 둔감해질지 모른다는 걱정이 앞선다.

하지만 노인이기에 지나간 실수를 후회하는 것은 노인의 원천적인 현상이 아닌가 스스로 위안하려고 한다. 지나간 일을 되돌아보고 싶은 것은 노인이기에 약간의 용서라도 받을 수 있지 않을까 생각되어서이기도 하다. 하지만 나는 노년이기에 피할 수 없는, 약간이지만 비틀거리는 발걸음, 친지와 자녀로부터 점점 멀어져 가는 데 따른 회한, 불치의 병고나 죽음의 불안한 영감 같은 것이 한꺼번을 불러와 나의 삶에 슬픔을 가져오지는 않을까 걱정만이 쌓여간다. 이런 일은 늙으면 누구나 공유할 수 있는 현상이어서 오직 현실에 만족하고 긍정적으로 살아가는 것만이 유일한 해결책이 아닌가 항상 생각한다.

결국 그 원고는 한 계간지에 무난히 게재되었다. 글의 내용은 거의 40년 전 내가 어느 핀란드 기업인의 저녁식사 초대를 받고 그의 집에서 삶에 관해 함께 이야기를 나누었던 것으로 이 책의 앞부분에 실린 것과 거의 같은 글이다. 어느 추운 겨울날 업무와 관련해 알게 된 핀란드 수입상의 초청으로 자작나무 향기가 그윽한 사우나 장에서 목욕을 마치고 핀란드산 보드카와 연어 알 샐러드를 즐겼다는 이야기다. 이역만리 타지의 고된 삶에서 얻은 자유와 그 뒤에 절주를 결심하게 된 경험담을 원고지에 담아 잡지사에 보낸 것이다.

이후 나는 앞으로도 계속해서 글을 쓸 기회가 주어진다면 기억이 허락하는 한 내가 겪은 직무와 관련해 수출 현장에서 직접 보고 들은 일화나 해외 여러 나라에서 조우한 사람들과 나눈 일화를 써보고 싶어졌다.

무엇보다 노인이 일반적으로 겪는 고통에 대해 대화를 나눈 일과 내가 실제로 노년의 세계에 접어들어 알게 된 노년의 아픔과 회한을 글로 담아내고 싶다. 비록 장소와 환경에 따라 사람이 다르고 떠오르는 기억도 모두 까마득하지만 이를 끄집어내어 쪼개진 형체일망정 하나로 묶을 수 있다면 얼마나 다행스러운 일인가 상상해본다.

간혹 나는 서재에 앉아 잠시 눈을 감은 채 명상에 잠긴다. 하지만 다시 눈을 뜨면 노년에 이르러 서재를 멀리한 게으름 탓에 먼지를 뒤집어쓴 채 책장에 꽂혀 있는 책들이 죽어서도 살아 있는 듯한 물고기의 부릅뜬 눈알처럼 나를 쳐다본다. 그 책들은 나에게어서 글을 쓰라며 재촉하는 것 같다.

나는 비록 나날이 연로해지고 있지만 서재의 책들은 내 존재의 뿌리까지 들춰내려는 듯 강렬한 눈총으로 나를 쏘아보는 듯하다. 그 덕분에 나는 노년의 고독감을 넘어 책의 존재를 채찍으로 생각해 후회와 함께 책을 가까이하고 싶어진다. 하지만 나의 시력은 뿌연 안개에 갇혀 밝은 형상을 볼 수 없게 된 지 오래되었고 내가 원하는 것을 더욱 할 수 없다는 강박만을 주는 것 같다.

책은 나에게 글쓰기의 장르는 물론 사물에 대해 인식을 새롭게 하고, 언어나 표현의 과정 등 글쓰기의 여러 요소를 제공해줘 고마운 마음이 든다. 하지만 노년에 이르고 보니 정신도 집중이 잘 되지 않고 무엇보다 몸의 상태가 글쓰기의 노고를 허락하지 않는 것 같다. 그럼에도 만약 책이 없었다면 이 같은 고마운 생각을 하지 못하는 것은 물론 나의 취약하고 주관적인 시야와 판단, 의식에 의존해 실로 아무것도 할 수 없다는 좌절감에 쌓인 채 노년의 삶을 혐오하게 되었을 것이다.

1976년 내가 북유럽의 핀란드 헬싱키에서 무역관장으로 지낼 때의 일이다. 나의 집은 수도에서 약 25킬로미터 떨어진 발트 해를 낀 어느 숲속에 있었다. 그 숲에는 사계절 내내 어느 노인이 와서 노트에 자연을 데생dessin하는 것이었다.

어느 날 나는 노인이 앉은 벤치에 조용히 다가가 그 옆으로 약간 비켜 앉았다. 그런 뒤 노인이 나에게 고개를 돌릴 때까지 기다렸다. 이윽고 그가 고개를 돌리자 인사를 건네며 가볍게 농담처럼 물었다.

"어르신께서는 바로 아름다운 자연의 구도構圖 속에 이미 갇혀 있는 것처럼 보이는데 누가 누구를 그린다는 것입니까?"

그러자 노인은 난데없이 나타난 어느 놈이 아닌 밤중에 홍두깨 내미는 격으로 빈정거리는 줄 알았는지 불쾌한 표정을 지었다. 하지만 곧 내가 자신의 이웃인 것을 알아차리고 얼굴에 잔잔한 미소를 띠우며 이렇게 대답했다.

"맞아! 나 역시 자연에 속한 하나의 종種이니까."

노인은 자연을 가슴에 안고 변하는 계절과 이에 따라 늙어가는 자신의 형상을 그림에 담으며 살고 있다고 했다. 자신의 삶의 길이를 변화하는 계절의 길이에 맞춰 자로 재듯 화폭에 자연과 자신을 담고 있었다. 그의 손이 가리키는 방향에 따라 자연과 자신의 모습을 화폭에 담으며 사는 것이 최대 행복이라고 했다.

한참 동안 이런저런 이야기를 나누다가 노인의 나이가 일흔네 살인 것을 알았다. 그때 내 나이가 서른네 살이었다. 나는 40년 뒤 늙어 무력감으로 죽어 없어지는 모습을 상상하자 지금 노인의 여유 있는 만년의 생활이 경이롭게 보였다. 잠시 흔들렸던 마음의 균형을 다잡으며 노인에게 물었다.

"원래 화가이신가요?"

그러자 노인이 대답했다.

"화가는 무슨 화가야. 이곳 핀란드의 겨울은 춥고 죽음과 같이 어둡고 길지만……. 겨울과는 반대로 여름은 영원할 것처럼 아름답지만 짧아, 욕망으로 가득 찬 삶의 길이도 얼마나 짧고 긴 것인지를 계절이 말해주는 것 같기도 해서……. 나는 자연의 변화하는 광경을 틈틈이 스케치하지. 지금 무슨 말을 하는 건지 알아들을 수 있겠어?"

그림 그리는 노인은 동토인 핀란드에서 내가 만난 가장 이상적인 자연인이었다. 그리고 노인의 모습은 40여 년이 흐른 지금 내 사색에 항상 떠오르는 영상 중 하나다. 나는 그때 30대 중반의 나이였기에 순간적인 충동으로 연로해졌을 때의 내 모습을 상상했다. 그리고 그때의 상상은 나의 의식 속에 오랫동안 숨어 있다가 지금의 내 형상으로 나타났다. 그 노인은 지금 자연 속에서 영원한 잠에 빠져 있을 것이다. 그의 모습을 다시 보고 싶다.

이 같은 경험은 내가 글을 쓰는 일에 소중한 질료質料이자 소재다. 그때 그 노인처럼 나는 그림 대신 글을 쓰며 여생을 행복하게 지낼 수 있다면 얼마나 좋을까. 간절한 희망과 함께 갈증이 밀려온다.

코트라에서 정년퇴직한 뒤 한 중소 수출기업에서 고문으로 일하던 어느 날이었다. 나는 충남 태안반도의 한 항구의 서쪽 해변을 홀로 거닐고 있었다. 거의 다섯 달간 전신 전화만으로 밤낮을 가리지 않고 가죽제품 의류의 수출 요건을 수입상의 요구대로 들어주고 이제 마지막으로 그의 신용장을 기다리며 지친 심신을 달래려고 홀로 떠나 다다른 한적한 해변이었다.

갑자기 마치 박격포 탄이 머리 위를 스칠 때 내는 전율적인 굉음에 놀라 발걸음을 멈추었다. 그 소리는 내 앞에서 불과 몇 발짝 떨어진 해변 가까이에 솟아 있는 바위 틈새에서 갑자기 나타난 한 해녀가 내지른 숨비소리였다.

물에서 갑자기 치솟듯 튀어나오자마자 그녀는 바로 앞에 총총히 박혀 있는 검고 끝이 약간 날카로운 바위틈에 몸을 의지한 채 잽싸게 잠수 안경과 후드를 벗었다. 곧이어 발에 달린 오리발을 벗고 멍히 서 있는 나를 향해 인사를 건넸다.

나와 마주친 해녀는 그간 영상으로 보았거나 직접 마주했던 다른 해녀와는 전혀 다른 아름다움과 젊음을 간직한 삼사십 대 여인이었다. 그녀는 고난스러운 삶의 역정과 정보를 봉인한 듯 입을 굳게 다물고 있다가 나에게 말했다.

"안녕하세요? 여행하는 중이신 것 같은데?"

그녀는 잠수용 장비를 벗기에도 분망한 틈새를 이용해 내가 기대하지 않았던 인사를 했다. 내 마음속에는 웬일인지 어떤 연민감이 떠올랐다.

그녀의 숨비소리는 너무나 비인간적이고 초자연적인 것이었다. 그 소리는 하늘에 울부짖는 비명인가? 아니면 일관된 삶의 경계를 벗어나지 못한 채 고난의 삶을 사는 사람이 그로부터 벗어나려고 버둥대다가 가슴에 쌓인 원한을 일시에 내뱉는 숨소리인가?

나는 궁금했다. 그녀가 막 자리를 뜰 즘 인사에 대한 답례로 위로
의 말을 건넸다.

"춥고 무섭지 않아요?"

그녀가 대답했다.

"왜, 춥고 무섭지 않겠어요! 잠수할 때 바다가 자꾸 내 몸을 잡
아당기는데…… 제가 아직 살아 있다고 느끼는 것은 물에서 튀어
나오기 바로 직전까지 가슴속에 꽉 차 내 귀마저 먹먹하게 했던
숨결이 내 몸이 수면 가까이에 뜨자마자 폭발하듯 터져 나올 때입
니다."

그렇게 말을 남기고 그녀는 총총히 내 앞을 떠나 점차 멀리 사
라졌다.

나는 인간이 물속과 같은 암담한 공간에 갇히면 무한하게 진동
하는 내면의 소리를 자신만은 들을 수 있으나 몸을 외면으로 던지
면 그 소리는 숨비소리처럼 우주를 크게 울리고 자신은 우주에 던
져진 하찮은 피조물 같은 존재로 보일 것이라는 생각을 했다.

이어서 나는 세상의 삶이나 풍습과 관련해 세상은 표면적으로
는 어떤 것도 똑같아 보이지 않는 것이 없고 그 해녀도 별로 다르
지 않지만 내면은 각자가 모두 다르며 잘 보이지 않는 것이라고
생각했다. 여기까지 생각이 미쳤을 때 해녀는 이미 나에게서 멀리
떠난 뒤라서 오직 마음속으로 그녀의 행복만을 기원할 수밖에 없
었다.

나의 글쓰기란 주로 이 같은 가시적인 질료와 내가 마찰하는 중에 촉각을 세우는 데서 약간의 빛과 희망을 찾아가는 일이 아닐까 생각했다. 그런 생각에 이르게 되면 글쓰기의 부담감이 엄청나게 다가온다. 특히 나는 노년이기 때문이다.

누군가 "글을 쓰는 자는 스스로를 일상으로부터 고립시켜 한없는 권태 속에서 죽음과 마주하지 않으면 안 된다"라고 말했다. 이 말과 관련해 여든 살을 넘긴 노인인 나는 매우 처절한 마음을 갖지 않을 수 없다. 하지만 나의 삶을 가장 확신시켜주는 것은 글 쓰는 것 외에 아무것도 없다는 생각뿐인데 이를 어찌하면 좋을지 모를 일이다.

7
회상

어젯밤에는 잡념에서 벗어나 숙면을 취했기 때문인지 맑은 기분으로 아침 일찍 잠에서 깨었다. 아직 해도 뜨지 않은 새벽 네 시쯤이다. 나의 잠은 대부분 잡념을 불러오는 것을 시작으로 졸음에 몰두하다가 스르르 정신이 흐려지는 것이 보통이다. 하지만 어젯밤은 침대 위에 누워 창문을 통해 보름달을 쳐다보다가 지난날에 관한 회상에 잠긴 채 그대로 잠들었다.

지난밤 나의 회상에는 난데없이 1960년 3월 대학을 나와 그해 여름 사회에 처음 발을 내디딘 뒤 지난해까지 50여 년간 내가 종사했던 일, 이미 까맣게 잊었던 일과 내가 일부러 기억하고 싶지 않았던 일까지 모두 떠올랐다.

이제 본격적으로 노년에 접어들어 앞으로의 삶도 명확하지 않은 이때 내 머릿속에 웅크리고 있던 지난날이 스스로 베일을 벗고 회상 속에 끼어들고 있다. 아마 이것은 내가 나 자신으로부터 점점 멀어져 노년의 어둠 속으로 더 깊이 빠져들고 있다고 생각해 그런지도 모른다. 그동안 지속되어왔던 나의 명상이나 회상은 대부분 잡념으로 변해 안개 속에서 뿌옇게 보이는 듯한 기억을 불러온다. 그러면서 시간이 갈수록 집중하고 싶은 대상으로부터 나를 점차 떼어놓는 것 같아 허무감이 일 때도 있다.

특히 어느 추운 겨울날 폭설이 쏟아지는 가운데 공원의 산책길을 걷다가 빙판에서 쓰러진 뒤 무릎의 골절상을 얻어 지금까지 자유롭지 못한 몸으로 지내고 있다. 이러면서 몸과 마음이 사회로부터 조금씩 멀어져가는 듯한 고독감이 더욱 나를 괴롭히고 있다.

하지만 병원의 병상에서 주변 환자의 신음을 듣고 고독감 대신 내 아픔의 깊이를 알았다. 오랜만에 병상에서 벗어나 한여름 아내의 도움으로 지팡이에 몸을 의지한 채 해변의 길을 걸었다. 그러다가 길옆 나무숲 사이로 불어오는 산들바람에 잠시 몸을 식히며 자연의 고마움을 다시 알게 된 때도 있었다.

또한 형형색색의 고운 옷차림으로 짝을 지어 행복한 모습으로 내 앞을 지나치는 어린이들을 보면 1983년 출장을 갔던 서부 아프리카 G국의 수도 C시에서 만난 한 소년이 떠오른다. 남루한 바지만 걸친 칠팔 세쯤 된 소년이 애처로운 눈으로 나를 보며 "빵 살 돈 한 푼을!"이라고 외치는 것이었다. 그때 가슴이 뭉클해 동전 몇 닢을 주고 한숨을 쉬었던 일이 떠오른다. 나의 회상 속에 간혹 소년의 얼굴과 목소리까지 떠오르지만 노년이라는 서글픈 결핍만이

전부인 나는 이제 명확한 능력조차 없다. 그러니까 누가 되었든 그들에게 도움을 줄 수 없는 아픔을 나는 침묵으로 대신하거나 아니면 나의 명상 속에 끼워 넣고 있을 따름이다.

회상과 함께 자주 명상을 하다 보니 어떤 때는 명상이 나에게 무언가 질문을 던지는 것 같다. "왜 하필 아름다운 자연 속, 공원에서 넘어졌느냐?"라고 누군가가 나에게 묻는 것만 같은 환상이 든다. 그러면 나는 마음속에서 이렇게 대답한다.

"사실 나는 자연과 아름다움을 나누려고 한 것보다는 자연으로부터 힘을 얻고 건강과 활력을 얻어서 내가 하고 있는 무역 관련 경쟁자들을 물리쳐보려고 했지! …… 즉 다비드 르 브르통David Le Breton이 『걷기예찬Elooge de la marche』에서 말한 것처럼 '인간은 자신의 욕망이 뻗어간 선을 따라 걷는다'라고 하지 않았나!"

코트라에서 정년퇴직한 지 이미 20여 년이 넘었고 그 뒤에 내가 해온 일도 코트라에서 맡았던 직무와 성격상 크게 다르지 않았다. 다만 실질적으로 달랐던 것은 국제무역 거래를 통해 수익을 창출해야 존속할 수 있다는 점이었다. 이 때문에 해외시장에서 항상 변화하는 유동성에 민감해하고 불안한 마음으로 그곳에서 눈길을 떼지 못했다. 그렇게 하지 않고서는 내게 남아 있는 여생을 의미 있게 보낼 기회가 없을 뿐만 아니라 성공의 가능성도 없을 것이라고 생각했기 때문이다.

세상의 모든 사람들이 각자 가진 소망에 따라 타인에게 직접적으로 또는 내적으로 구원을 애타게 부르짖는 것처럼 나 역시 해외 거래처에 항상 목말라했다.

일반적으로 우리는 이를 서로 모른 체하고 살지만 실체는 표면적으로 나타날 수밖에 없다고 생각한다. 어떤 때는 나 자신보다 낮은 거래처에게도 몸을 낮춰야 했다. 그들을 끌어안기 위해 전력을 다하지 않으면 바다 건너 먼 해외의 거래처를 놓치기 쉽다. 이 때문에 나는 낮이나 밤이나 가리지 않고 끊임없이 내게 부과된 의무를 하나의 위협으로 보고 항상 긴장과 근심 속에 살았다.

나의 주요 거래처는 오래전 내가 코트라에 있을 때부터 친목을 유지해온 수입상과 관련 기업인들로 내가 돕는 우리 중소 수출기업들에게 적지 않은 이익을 보장해줄 수 있는 사람들이었다. 하지만 내가 잠시라도 판단을 잘못 내린다면 거래처는 끊기고 삶은 나를 고달프고 막다른 곳으로 끌고 가리라고 항상 걱정했다. 나는 수출로 돈을 버는 작은 기업의 고문에 불과했지만 그 기업의 사장보다 더 긴장했다. 나는 항상 무섭고 불안한 삶 속에서 살았다.

하지만 이런 업무 환경은 내가 바라는 삶의 의도와는 달라 때로 허무감을 불러올 때도 있었다. 나는 선천적으로 내가 하는 모든 일의 참뜻과 직면한 현실에 대해 깊이 생각해보기를 좋아한다. 그렇게 해서 개관적인 지식과 교훈을 얻는 즐거움을 누렸다. 동시에 영리를 추구하는 기업의 치열한 생존 경쟁하에서 나의 이런 태도는 극히 낭만적인 것으로 보여 기업 경영에 장애요소가 된다는 것도 잘 알고 있었다.

이미 수출입국輸出立國의 길로 들어선 우리 실정상, 나의 낭만적인 사고는 치열하게 경쟁해야 하는 기업 현실과 기업 문화에도 어긋났다. 그렇기에 나는 항상 무거운 긴장과 침묵으로 저울의 눈금을 빈틈없이 쳐다보듯 결단의 순간과 마주해야 했다.

하지만 아무리 불가피한 사정일지라도, 예컨대 우리를 기다리는 향기롭고 맛있는 음식이 바로 눈앞의 식탁에 차려져 있다면 이를 꼭 외면해야 하는지 생각해볼 필요는 있다고 보았다. 왜냐하면 이 세상의 모든 것은 필요에 따라 우리를 기다리고 있고 그중 어떤 것은 인간의 삶에 아름답고 유익한 것을 가져다주기 때문이다.

1970년대에서 1980년대 중반까지 나는 서유럽에서 장기간 주재했다. 서유럽은 비교적 개인의 삶의 미래가 보장되어 있는 편이다. 나는 핀란드, 프랑스, 스웨덴에서 근무했고 이웃 나라여서 노르웨이나 덴마크에도 자주 들렀다. 성탄절이나 새해 전후로 프랑스인들은 주로 누벨칼레도니Nouvelle Calédonie 같은 남태평양으로, 핀란드나 스웨덴인들은 남유럽으로 거의 한 달간 휴가를 떠나 심신을 단련한다.

이때 프랑스의 거의 텅 빈 시가지는 외래 관광객이 채우며 북유럽의 여러 도시는 글자 그대로 텅 비워진다. 이들 국가의 중심에 있던 나의 코트라 무역관도 현지 직원의 장기휴가로 무역관장인 나와 한국인 직원 한두 명만이 사무실을 지키고는 했다.

당시 한국은 한창 경제를 개발하는 중이어서 국내에서 여러 기업인과 정부 고위층이 자주 출장을 왔다. 그런 이유로 나는 항상 무역관을 지켜야 했고 국내 손님들의 방문 활동을 지원해야 했다. 경쟁국에 비해 불리한 환경이었지만 나는 주어진 여건하에서 항상 각오를 새로이 하며 임무를 무사히 마칠 수 있는 것을 다행으로 여겼다. 그랬기에 정기휴가나 일시적인 휴식도 마음껏 가질 수 없었다.

코트라 무역관은 본사처럼 복합적인 기능이나 분야별 전문인력이 없다. 무역관장이 스스로 유연성과 창의성을 추구하다가 자칫 일이 잘못되면 일벌백계의 징벌을 불러올 수도 있다. 그렇기에 무역관의 모든 활동에 가능한 한 신중을 기해야 했다. 창의성을 외면하고 전적으로 본사의 일사불란한 통제 시스템이 제공하는 수행 절차를 따르기는 했지만, 그럴 때도 항상 깊은 검토와 생각을 거친 끝에 임무를 수행했다.

이 때문에 공기업에서 무엇 하나 잘못해 무사안일로 비난당하는 일이 적어도 나에게는 없었다. 오히려 나는 동유럽 진출의 교두보로 당시 가장 중요했던 소련과 구상무역을 협의하는 연락 창구를 핀란드 주재 소련 대사관의 상무관과 구축한 바 있었다.

불과 석 달 전에 해가 바뀌어 2012년이 되었다.* 나에게 소원

---

* 필자가 이 장을 쓴 시점은 2012년 3월 말이다.

이 하나 있다면 멀리 떨어져 사는 아들과 딸의 모습을 올해에는 꼭 볼 수 있었으면 한다는 것이다.

오직 하나뿐인 딸은 미국 뉴욕에 소재한 한국 중견기업의 현지 법인 사장으로 장기간 활동하고 있다. 역시 하나뿐인 아들 역시 한국 대기업의 중국본부 팀장으로 베이징에 주재하고 있다가 지난해 중동의 사우디아라비아 사업팀장으로 나가 있어 자녀 모두가 우리 부부의 곁을 떠나 있다.

아이들은 언제나 내 사유의 지평에 종속되어 있고 노년인 나의 회상의 대상인데 어찌 보고 싶지 않겠는가? 이들은 내 앞에 항상 출현하는 자가 아닐지라도 나의 사유와 그리움 속에 항상 몸에 달고 다니는 영상이다.

오래전인 1974년 4월 나의 최초의 해외 근무지이자 내가 창설한 대만의 타이베이 무역관에서 임기를 마치고 귀국한 지 얼마 되지 않았을 때다. 나는 당시 10대 안팎인 어린 두 자녀를 데리고 서해안 변산의 한 마을을 들렀다.

대만, 핀란드, 프랑스에서 일할 때는 자녀의 학비가 지원되지 않아 빈약한 주머니 사정으로 남들처럼 영어 학교나 외국인 학교에 보낼 수 없었다. 대만 등에서는 두 자녀 중 아들은 우리 교포가 운영하는 학교나 현지 학교에, 딸은 외국인 학교에 입학시켰다. 그러느라고 서울의 전셋집 전세금을 빼내는 등 극심한 경제적 타격을 입었다. 또한 아이들이 외국의 사회 환경과 문화에 적응하게 하지 않을 수 없었다.

나는 아이들이 외국 문화와 언어에만 시선을 두다가 행여 우리 고유의 문화에는 관심을 잃지는 않을까 염려했다. 그래서 대만에서 임기를 마치고 귀국하자마자 우리의 자연과 문화를 학습하도록 아이들을 변산에 데리고 간 것이다.

바닷가에 위치한 허름한 민가에 숙소를 정하고 밤이 되자 우리 가족은 한곳에 모닥불을 피웠다. 그때 우리의 등 뒤 건물의 하얀 벽에 아롱거리는 가족의 그림자가 비쳤다. 나는 가족의 그림자를 보며 이것이 우리의 실체가 아닐까 생각했다. 그때로부터 벌써 40년이 넘게 흐른 지금, 아이들의 모습이 그때 그 그림자처럼 떠오르는 것은 웬일인가? 오직 아이들의 실제 체취와 숨결이 몹시 그리울 뿐이다.

우리 부부는 이따금씩 가족사진 앨범을 펴놓고 지난날을 회고한다. 하지만 사진은 실체와는 아무런 상관없는 색 바랜 그림인 것을 생각하면 허무감만 들 뿐이다.

북유럽 여러 나라의 고물상이나 고서점에 가보면 땅바닥에 버려진 사진 앨범이 수두룩하다. 노년의 삶을 마친 노인들의 주택에서 쏟아져 나온 경매품과 섞인 것이다. 그런 사진 앨범은 언제까지나 땅바닥에 흩어져 있다가 쓰레기 수거차가 치울 때까지 굴러다니는 것을 쉽게 찾아볼 수 있다.

앨범 안에는 한때 행복했던 가족과 인물사진이 담겨 있다. 그런 소중한 것이 고물상을 찾은 사람의 발에 짓밟히는 모습을 보면 삶의 무상함과 슬픈 감정이 솟구쳐 올라온다. 이 때문에 우리 가족은 중요한 사진 몇 장은 디지털기기로 찍어 보관하고 나머지는 차례차례 모두 소각하고 있다.

어느덧 날이 밝아오자 창문을 통해 보이는 푸른 침엽수가 눈송이를 걸친 가지와 더불어 나의 명상과 고요함으로 덧칠된 하나의 회화처럼 서 있다. 어떤 것은 가지에 벌써 새순이 돋아나 있는 것 같아 보인다.

그 나무들을 한참 보고 있자니 나의 눈에는 오직 나무뿐, 다른 것이 보이지 않고 다른 어떤 생각도 떠오르지 않는다. 나는 나무와 다른 얼굴로 존재해 살고 있지만 생명만큼은 자연에 속한 하나의 종으로 생각했기 때문인지 모르겠다.

이러다 보니 인생이라는 것, 살아간다는 것은 아직도 알 수 없는 듯하다. 죽음과 같은 것과 존재의 허무함에 대한 실상을 일일이 표현할 수 없는 상실감과 더불어 붕괴 끝에 찾아올 절망을 어떻게 극복할 것인지에 대해서도 생각하고 싶다. 그런데 세월이 이처럼 빨리 지나가는 것도 놀랍다.

한참 만에 새벽의 여명이 걷히고 밝은 해가 중천에 이르면서 창문 넘어 북한산의 한 끝자락에 눈부신 모습을 드러냈다. 지난해 어느 늦은 오후의 가을 하늘, 석양과 더불어 북으로 사라지는 새의 울음소리를 듣고서 지난날 나의 고된 삶 속에서 조용히 외치던 소리가 되살아났다. 나는 이 소리에 귀를 기울였고 간혹 바닷가를 자주 찾아 배를 타고 슬픔이나 고독감을 달래느라고 낚시를 즐기던 때도 연상했다.

또한 두 해 전에 얼음판에서 넘어진 뒤 지금까지 계속된 병고에 시달리던 중에 건강과 사랑의 어두움 그리고 밝음을 알게 되었다. 병고 중의 경험에서 얻은 신비스러운 힘이 나의 마지막 인생 여정을 어떻게 흔들지, 나의 행복과 불행에 어떻게 끼어들어 오는지를 살펴보고 싶다.

회상 중에 어느덧 태양은 하늘의 중심에서 벗어나 약간 서쪽의 허공, 내 눈이 멎은 높이에 떠올라 있다. 어느 시인이 석양의 해를 향해 "해는 마치 우주만을 지배할 뿐 나를 위해 어떤 의미를 부여할 책임은 없다는 듯 운무 속에 그 자취를 곧 감추는 것 같다"라고 한 말이 떠오른다.

에필로그: 미래 수출 역군을 위한 조언

알리스테어 쿠크Alistair Cooke(1908~2004년)는 영국 BBC 특파원으로 미국에서 반세기 동안 주재한 언론인이다. 그가 진행한 〈미국으로부터의 편지Letter from America〉는 영국에서 58년간 방송되며 세계 최장수 라디오 프로그램이라는 명성을 얻었다. 하루는 누가 쿠크에게 특파원으로 얼마나 오래 근무하는 것이 이상적인지 질문을 던졌는데, 그의 답변은 다음과 같았다.

"로마를 찾은 여행자가 교황에게 이 도시에 대해 잘 알려면 얼마나 체류해야 좋을지 물었다는군요. '이틀은 어떤가요?' '대단히 좋습니다', '2주는 어떤가요?' '더 좋지요', '그럼 2년은 어떤가요?' '충분치 않습니다', 제 생각도 교황님과 같습니다."

코트라 사람들은 몇 년간 해외 근무한 일을 대단한 훈장이나 경력으로 생각한다. 미국이나 일본, 서유럽 같은 선진국에서 근무했다면 더 그런 것 같다. 사실 외국에서 수년간 체류하면서 일하고 견문을 쌓는 경험은 코트라가 아니라면 얻기 어려운 만큼, 남다른 경력에 자부심을 가지는 것도 딱히 뭐라고 할 일은 아니다.

하지만 어떤 나라에서 서너 해 체류했다고 해서 모두가 그 나라에 대해 전문가가 되는 것은 아니다. 이런 사실을 나는 지난 수십 년간의 코트라 생활에서 배웠다. 나는 대만, 핀란드, 프랑스, 스웨덴 네 개 나라에서 모두 14년간 현지 근무했지만, 그렇다고 그중 어느 나라에 대해 내가 정통하다고 말할 수는 없다.

과거 코트라맨들은 외국어 전문가였는데, 정확하게 말하자면 영어 전문가였다. 내가 코트라 배지를 달고 전 세계를 누빌 때는 영어 하나만 잘해도 통상 전문가로 대접받을 수 있었지만 이제 그런 호시절은 지나간 것 같다. 지금은 단지 영어 전문가가 아니라 현지 전문가를 요구하는 시대라고 할 수 있다.

유능한 통상 프로모터가 되려면 주재하는 국가의 언어, 역사, 문화, 국민성을 여러 각도로 이해하려는 노력이 필요하다. 프랑스에서 오래 살았는데 『프랑스사Histoire de la France』나 『레 미제라블』을 읽지 않았다면 프랑스에 대해 아는 것이 없다고 볼 수 있다. 일본에서 일하는 사람이 『국화와 칼The Chrysanthemum and the Sword』이나 『신국일본Japan』을 읽지 않고서 일본인을 이해할 수는 없는 노릇이다.

공인 자격으로 한 국가에서 가장 오래 생활한 인물은 내가 알기로는 아나톨리 도브리닌Anatoly Dobrynin(1919~2010년)이다. 도브리닌은 옛 소련의 외교관으로 냉전 시대 25년간 주미 소련대사를 맡았다. 존 F. 케네디John F. Kennedy부터 로널드 레이건Ronald Reagan에 이르기까지 여섯 명의 미국 대통령을 거쳤고 그의 카운터 파트너를 맡은 미국의 국무부 장관만 해도 헨리 키신저Henry Kissinger, 조지 슐츠George Shultz 등 일곱 명에 이른다.

도브리닌은 성품이 부드러웠고 영어와 불어를 유창하게 구사했다. 20년 넘게 워싱턴에 있었던 만큼 미국 정치에 대한 그의 이해는 정확하기로 정평이 나 있었다. 어느 날 한 기자가 키신저에게 미국의 다음 대통령으로 누구를 예상하는지 물었더니 키신저가 "그런 것은 도브리닌한테 가서 물어보시오"라고 대답했다는 일화는 유명하다. 도브리닌은 가히 타고난 외교관이었던 것이다.

외교관에게 요구되는 자질은 대개 통상 프로모터에게도 필요한 경우가 많다. 탁월한 현지어 구사능력, 원활한 대인관계 능력, 파견된 국가의 역사와 문화에 대한 깊은 이해 같은 것인데, 문제는 이런 자질이 얼마간 현지 체류를 한다고 만들어질 리 없다는 점이다. 도브리닌처럼 25년이나 재임해야 할 필요는 없겠지만 그래도 충분히 긴 시간이 필요하다.

영국 외무부는 일찍부터 외교관을 현지 전문가로 양성하는 인재 정책으로 유명하다. 영국 외교관들이 공부하는 외국어는 모두 80개에 이르지만 그중 핵심은 독일어, 러시아어, 불어, 스페인어, 아랍어, 중국어다. 외국어 교육의 목표는 기자 회견을 현지어로 진행할 수 있을 수준까지라고 한다.

영국은 아프리카나 동남아시아 같은 신흥국에 외교관을 보낼 때도 파견되기 반년 전부터 현지어를 가르친다. 중국이나 일본 같은 주요국은 아예 현지에 언어 연수원을 운영하고 파견될 외교관의 부인까지 현지어 교육을 실시한다. 그렇게 한 번 파견된 외교관은 가능한 한 해당 국가에 지속적으로 반복해서 파견해 전문성을 기르도록 배려한다. 초임 외교관이 대사가 되었을 때쯤이면 그는 해당 국가에 관한 한 영국 최고의 전문가로 성장해 있다.

한국에서도 영국 외무부처럼 현지 전문가를 기르는 일에 적극적인 조직이 있다. 바로 한국 최고의 기업으로 손꼽히는 S사다. S사에서 지역 전문가로 선발되면 한두 해 정도 해외로 파견되어 그곳의 사회, 문화, 산업, 환경 등을 익히고 돌아온다고 한다. 파견 기간 동안의 생활비와 수업료는 모두 회사에서 부담한다. S사는 지역 전문가 제도를 1990년부터 운영했는데 이렇게 양성된 현지 전문가들이 훗날 S사의 글로벌 경영에 크게 기여한 것으로 알려져 있다.

요즘에는 국내 영어 교육의 수준이 높아졌고 어학연수도 보편화되어 영어 잘하는 한국인들이 많다. 외국에서 대학교를 나온 한국인들이 심지어 민간 기업에도 흔하다. 코트라에서 근무할 정도의 인재라면 영어를 구사하는 것은 당연하며 특장점이라고 하기도 어려울 것이다.

코트라맨들은 입사와 동시에 자신의 주특기가 될 만한 지역을 선정하고 해당 지역을 공부하는 것에 자신의 모든 역량을 바쳐야 한다. 최고 수준의 통상 전문가를 지향하는 코트라의 엘리트라면 영국 외교관이나 S사의 인재들보다 당연히 더 높은 수준을 보여줘야 한다. 그리고 코트라는 그런 인재들을 담아내는 큰 그릇이 되어야 한다. 왜냐하면 예나 지금이나 수출 한국에 이바지하는 것이 코트라와 코트라맨들에게 부여된 사명이기 때문이다.

코트라가 걸어온 길은 곧 수출 한국이 걸어온 길이었다. 그때 나는 그 힘겹고 기나긴 여정에 나의 작은 힘을 보탤 기회가 있었다는 점이 지금 와서 돌이켜보니 너무나도 다행스럽다. 지금도 전 세계 여기저기서 코트라 후배들이 수출 한국을 위해 구슬땀을 흘리고 있을 것이다. 지금 나는 그들에게 힘내라는 응원의 메시지만을 전하고 싶다.

지은이 **김 진 숙**

1936년에 태어나 군산고등학교와 중앙대학교 영어영문과를 졸업했다. 1961년 공군본부 군수국에서 영어 번역관으로 일하다가 1964년 코트라에 입사했다. 코트라에서 30여 년간 일하며 대만 타이베이 무역관을 창설하고 핀란드, 프랑스, 스웨덴에서 무역관장을, 본사에서 해외협력사업부장 등의 보직을 수행하다가 1994년에 정년퇴직했다.

코트라에서 재직하는 동안 1970년대 초에는 우리 수출산업과 상품의 대외홍보전략 개발을 맡아 성공적으로 수행했다. 냉전시대였던 1978년에는 소련과 구상무역을 하기 위해 소련 대사관과 정기적으로 접촉했으며 1983년에는 최초로 불가리아 국영 무역기관과 합작사업 계약을 체결했다. 이런 실적으로 정부가 산업발전에 기여한 공로자에게 수여하는 산업포장 등 다수의 표창을 받았다.

특히 1987년에는 미국과의 무역수지 흑자와 관련해 미국의 거센 통상압력에 대처하기 위해 미국산품특별전시회(U.S. Products Show)를 기획했다. 이 일은 미국 정부, 기업, 언론 등에서 큰 반향을 불러일으켰고 주한 미국 대사관으로부터 감사패를 받았다.

1996년부터 (주)금양시스템 창호사업을 운영하다가 정리했다. 1999년부터 2007년까지 가죽의류 생산수출업체인 (주)투나인의 고문과 남성의류 생산수출업체인 (주)홍민의 고문을 역임했으며 그 뒤에 서울특별시 관광협회 부회장을 지냈다.

희망과 좌절
해외시장개척 반평생의 발자취

ⓒ 김진숙, 2017

지은이 ㅣ 김진숙
펴낸이 ㅣ 김종수
펴낸곳 ㅣ 한울엠플러스(주)
편집 ㅣ 조일현

초판 1쇄 인쇄 ㅣ 2017년 1월 13일
초판 1쇄 발행 ㅣ 2017년 1월 26일

주소 ㅣ 10881 경기도 파주시 광인사길 153 한울시소빌딩 3층
전화 ㅣ 031-955-0655
팩스 ㅣ 031-955-0656
홈페이지 ㅣ www.hanulmplus.kr
등록번호 ㅣ 제406-2015-000143호

Printed in Korea
ISBN 978-89-460-6274-0 03040 (양장)
ISBN 978-89-460-6275-7 03040 (반양장)

* 책값은 겉표지에 표시되어 있습니다.